Kohlhammer
Urban-
Taschenbücher

W0417000

Band 14

Hans Freiherr von Campenhausen

Griechische Kirchenväter

Siebente Auflage

Verlag W. Kohlhammer
Stuttgart Berlin Köln Mainz

CIP-Kurztitelaufnahme der Deutschen Bibliothek

Campenhausen, Hans Frhr. von:
Griechische Kirchenväter/Hans Frhr. von Campenhausen. – 7. Aufl. – Stuttgart; Berlin; Köln; Mainz: Kohlhammer, 1986.
(Urban-Taschenbücher; Bd. 14: Theologie, Religionswissenschaft)
ISBN 3-17-009335-5
NE: GT

Umschlagbild: San Apollinare Nuovo, Ravenna,
Zug der Märtyrer (Ausschnitt).

Siebente Auflage 1986

Stuttgart Berlin Köln Mainz
Verlagsort: Stuttgart
Umschlag: hace
Gesamtherstellung:
W. Kohlhammer Druckerei GmbH + Co. Stuttgart
Printed in Germany

Dem sechzigjährigen

HERMANN DÖRRIES

eine Frucht der fünfundzwanzigjährigen Freundschaft

STATT EINES VORWORTS

„Ich halte es, offen gestanden, für nicht gar schwer, besonders in unsern Tagen, ein gelehrtes Buch zu schreiben, oder doch was man so nennt, das heißt: ein Buch mit gelehrten Citaten, Noten, Erklärungen und dergleichen Zuthaten mehr. Weit schwerer, dünkt mich, ist es, ein Werk abzufassen, das alles gelehrten Apparates entbehrt, gründliche und solide Studien aber *voraussetzt;* ich halte dies nicht blos für weit schwerer, ich halte es auch für seltener; denn es gehört dazu eine gewisse Kraft der Entsagung, ein Sinn nämlich, der es über sich vermag, auf den Ruhm vor der Menge, welche die Gelehrsamkeit nach dem äußerlichen Apparate beurtheilt, Verzicht zu leisten. So selten es aber auch sein mag, so fruchtbar und segenbringend dünkt es mich; ja ich halte es für die *nobelste* Art von Schriftstellerei ... Leichte, pikante Waaren auf der einen Seite und auf der andern schwerfällige, verhältnismäßig nur Wenigen zugängliche Arbeiten haben wir fast mehr als genug; dabei geht aber gerade der *Kern des gebildeten christlichen Volkes* leer aus.

Hiermit habe ich das Ideal, das mir bei Abfassung meines Buches vorschwebte, angedeutet. Niemand mehr als ich selbst kann indessen fühlen, wie weit ich hinter diesem Ideal zurückgeblieben bin; aber angestrebt habe ich; und dies wird mir, wie ich hoffe, bei billigen, einsichtsvollen Beurtheilern Anerkennung verschaffen."

Friedrich *Böhringer*,
Die Kirche Christi und ihre Zeugen oder die Kirchengeschichte in Biographien I, 2 (1842), S. VIII f.

INHALTSVERZEICHNIS

DIE VÄTERKUNDE UND DIE KIRCHENVÄTER

Als „Kirchenväter" bezeichnet man die rechtgläubigen Schriftsteller der alten Kirche. Wer über sie schreiben möchte, steht nicht auf Neuland, sondern auf einem sehr alten, oft gepflügten und nicht selten auch heiß umstrittenen Boden der kirchengeschichtlichen Forschung. Ein paar Andeutungen über den Begriff und Ursprung der „Patristik" oder „Patrologie", der „Väterkunde", die sich mit ihnen befaßt, mögen darum am Platze sein.

Gewöhnlich setzt man der Patristik die Aufgabe, die literarisch-theologischen Leistungen der Kirchenväter zu erforschen, zu bewerten und darzustellen. So gesehen, handelt es sich um eine Art kirchlicher Literaturgeschichte, die der Lehr- und Dogmengeschichte zur Seite geht, sie sichert und ergänzt, und gleichzeitig um einen letzten Teil oder Anhang für die Literaturgeschichte der klassischen Antike. Allein der Ursprung der Patristik liegt weder bei der Philologie noch bei der allgemeinen Kirchengeschichte. Von hier aus wäre die seltsame Begrenzung des Gebiets nach dem Glaubensbekenntnis und dem theologischen Standort der Autoren im Grunde gar nicht zu begreifen. In Wirklichkeit stammt „der Begriff des Kirchenvaters aus der Dogmatik und ist aus den Bedürfnissen des katholischen Traditionsbeweises entstanden" (*F. Overbeck*, Über die Anfänge der patristischen Literatur, Hist. Zeitschr. 48, 1882, 418). Es galt, die Zeugen der „echten", orthodoxen Überlieferung zu sammeln, um gültige oder umstrittene Lehren dadurch zu stützen und zu begründen. In dieser Absicht bemühte man sich schon im vierten Jahrhundert um die Meinung der früheren, anerkannten Theologen und bezeichnete sie mit Nachdruck als „Väter" der Kirche. Ihre Autorität wurde auch für die Gegenwart maßgebend und trat damit neben die ältere und eindeutigere Autorität des biblischen Kanons, der Heiligen Schrift. Dieses dogmatische Interesse an der kirchlichen „Tradition" spielt für die katholische Theologie heute noch eine erhebliche Rolle. Nur so versteht man es, daß der Ehrentitel eines „Kirchenvaters" manchen, zu ihrer Zeit voll anerkannten Lehrern wie z. B. Origenes grundsätzlich vorenthalten wird. Für andere wie etwa Klemens von Alexandrien bleibt die Autorität in der Schwebe und wieder andere wie der alexandrinische Patriarch Kyrill empfangen als „doctores ecclesiae" eine besonders betonte Auszeichnung. Diese nachträglichen Klassifikationen bilden die Parallele zu der entsprechenden Beurteilung des Kanons und der urchristlichen Literatur. Hier wird eine Reihe von Urkunden als „apostolisch" bezeichnet und im Neuen Testament zu einer dogmatisch maßgeblichen, „kanonischen" Sammlung vereinigt, während andere, vielleicht ebenso alte und ursprünglich ebenfalls hoch geschätzte Schriften „apokryph" bleiben oder gar ausdrücklich verworfen sind. Wir werden in dem vorliegenden, durchaus historisch gemeinten Versuch auf derlei Unterscheidungen keinerlei Rücksicht nehmen. Denn mögen sie auch kirchlich sinnvoll und im Fall des Neuen Testaments sogar sehr wohl begründet sein, so ist es doch klar, daß einer rein historischen Darstellung der Väter, wie sie hier versucht wird, mit solchen vorgegebenen Normen wenig gedient sein kann. Solange sich die ältere Patristik an sie zu binden suchte, gelangte sie in der Tat nicht über den „Zustand primitivster Konfusion" hinaus, gegen den Franz Overbeck im Jahre 1882 Protest einlegte. Er erhob als Philologe und Historiker die Forderung einer streng literaturgeschichtlichen, d. h. stil- und formgeschichtlichen Beurteilung der Väterschriften, und diese Forderung ist in ihrem prinzipiellen Recht seitdem mehr und mehr anerkannt, mag auch das damit gesteckte Ziel noch nicht völlig erreicht sein.

Allein dieser „literaturgeschichtliche" Gesichtspunkt ist nicht der einzige, der für eine sachliche Darstellung der Kirchenväter in Betracht kommt, und ganz für sich allein genommen, kann er überhaupt nicht genügen. Denn die Männer, um die es in der Väterkunde geht, wollten selbst durchaus nicht als Literaten und bloße theologische Schriftsteller genommen sein. Sie fühlten sich als Vertreter der göttlichen Wahrheit, die sie den Gemeinden erhalten und der Welt ringsum verkündigen sollten. Der rhetorische und wissenschaftliche Ehrgeiz wird von ihnen ausdrücklich verworfen und steht zum mindesten nicht im Vordergrund ihres Interesses. Sie begreifen sich als die berufenen Lehrer der Kirche, als christliche Philosophen, als geschulte und erleuchtete Ausleger der Bibel, die die heilbringende Offenbarung Gottes enthält. In dieser Absicht muß man sie verstehen und ernst nehmen. Sonst wird der entscheidende Gesichtspunkt ihres Schaffens und Wirkens willkürlich verschoben. Das gilt auch für die weltgeschichtliche Beurteilung ihrer Leistung. Zweifellos ist die Verbindung des christlichen und antiken Erbes, auf der die geistige Kultur des Abendlandes beruht, zuerst und bleibend wirksam von den Kirchenvätern geschaffen worden. Schon sie haben über das darin liegende Problem auch reflektiert und sich z. T. ganz bewußt um eine grundsätzliche, theologische Lösung bemüht. Aber es ging ihnen gleichwohl nicht um das vielverhandelte Problem der Anpassung und Bewahrung der antiken Tradition, sondern es ging ihnen um die unbedingte Wahrheit, die sie maßgebend nicht hier, sondern in der Bibel fanden und in der eigenen, heilsgeschichtlichen Tradition ihrer Kirche.

Die nachstehenden Skizzen wollen die Kirchenväter in ihrem Beruf und ihrem Berufungsbewußtsein so schildern, wie sie sich selbst verstanden. Sie wollen nicht als ein Abriß der altchristlichen Literaturgeschichte gelesen werden und auch nicht als eine kurzgefaßte Dogmengeschichte, die die theologischen Lehranschauungen in den Mittelpunkt stellt. Es geht hier um die Persönlichkeiten, um ihr geistiges Wollen im Rahmen ihrer Welt und Zeit und um die kirchliche Funktion, die sie mit ihrem Lehren und Unterrichten jeweils ausgeübt haben. Das vorliegende Bändchen beschränkt sich auf die Kirchenväter griechischer Zunge. Die uns erreichbare christliche Literatur beginnt im griechischen Raum, und die griechische Theologie bleibt für die ersten vier Jahrhunderte der Kirche überhaupt führend. Sie entwickelt sich dabei durchaus eigenwüchsig, und man darf das geschlossene Bild, das so entsteht, nicht dadurch trüben und verwirren, daß man noch andere Erscheinungen des Westens oder Ostens bloß darum hinzunimmt, weil sie der äußeren Chronologie nach „gleichzeitig" waren.

Die erste Persönlichkeit von Rang, mit der die Reihe griechischer Kirchenväter beginnen muß, tritt nicht zufällig in derselben Zeit auf, da auch die Vorstellung eines neutestamentlichen Kanons greifbar geworden ist und langsam bestimmende Bedeutung gewinnt. Die Kirchenväter fühlen sich nicht mehr als unmittelbare Zeugen der Christusoffenbarung wie die Generationen der apostolischen und nachapostolischen Zeit. Sie setzen deren feste und grundsätzlich abgeschlossene Bezeugung in ihrer Arbeit vielmehr überall voraus. Sie schreiben keine Evangelien, Apokalypsen und apostolischen Sendschreiben mehr, sondern sie verfassen Auslegungen und Abhandlungen, polemische und apologetische Traktate erbaulichen, systematischen, gelegentlich auch historischen Charakters, und sie halten dabei auf ihre Ausbildung und Methode. Sie wollen mit ihren besonderen Gaben und Fähigkeiten der Kirche dienen, aber sie fühlen sich bei diesem Dienste andererseits noch völlig frei. – Schwieriger als der Beginn ist die untere Grenze zu bestimmen, mit der die Epoche der „Kirchenväter" zu Ende geht. Ich habe sie dort gesucht, wo durch die jahrhundertelange Arbeit der Väter selbst eine Tradition entstanden ist, die bestimmende Geltung verlangt und die anfängliche Bewegungsfreiheit der biblischen und systematischen Forschung grundsätzlich beschränkt. Damit ändert sich die Methode und die kirchliche Stellung der Theologie. Seit dem fünften Jahrhundert wird sie in diesem Sinne „scholastisch": die Autorität der alten, der Vergangenheit zugehörigen Kirchenväter überschattet in der Kirche mehr und mehr die Vollmacht und die geistige Eigenverantwortung des gegenwärtigen Lehrers.

Es versteht sich von selbst, daß die zwölf Männer, die wir behandeln, aus der unübersehbaren Schar der griechischen Kirchenväter nur eine kleine Auswahl bilden; ihre Zahl ließe sich ohne Mühe vervielfachen. Aber von den bedeutendsten Persönlichkeiten wird, hoffe ich, keiner fehlen, und die wesentlichsten Punkte der geistigen Entwicklung dürften durch diese Namen einigermaßen bezeichnet sein.

Die erhaltenen Werke der älteren griechischen Kirchenväter finden sich fast vollständig in den kritischen Ausgaben der „Griechischen christlichen Schriftsteller der ersten drei Jahrhunderte", die die Berliner Akademie seit 1897 veröffentlicht hat. Für die späteren Väter sind die vielfach minderwertigen Nachdrucke der Sammlung von J. P. Migne immer noch unumgänglich: Patrologiae cursus completus, Series Graeca (mit lateinischen Übersetzungen), Paris 1857 ff. Eine große Auswahl deutscher Übersetzungen bietet die 2. Auflage der „Bibliothek der Kirchenväter", Kempten und München 1911 ff.

Hier sei auch eine Anzahl der wichtigsten patristischen Handbücher genannt, die den interessierten Leser weiterführen können. A. Harnacks „Geschichte der altchristlichen Literatur bis Eusebius" kam über die vorbereitenden Teile I (Überlieferung und Bestand 1893) und II (Chronologie 1897–1904) nicht hinaus. Als älteres, vollständigstes Repertorium ist O. Bardenhewers bienenfleißige „Geschichte der altkirchlichen Literatur" I–V (1913² ff.) vor allem zu nennen. Für die griechischen Kirchenväter tritt ihr die philologische Darstellung von O. Stählin, „Die altchristliche griechische Literatur" (1924) als Teilband von W. v. Christs „Geschichte der griechischen Literatur" an die Seite. Eine neuere knappe, aber ausgezeichnete Gesamtdarstellung der „Patrologie" verdanken wir B. Altaner (1951³). In englischer Sprache hat jetzt eine mehrbändige „Patrology" von J. Quasten zu erscheinen begonnen (Utrecht 1950 ff.).

In deutscher Sprache sind die wichtigsten dogmengeschichtlichen Gesamtdarstellungen für das griechische Altertum: A. v. Harnack, „Lehrbuch der Dogmengeschichte" I/III (1909/10⁴); Fr. Loofs, „Leitfaden zum Studium der Dogmengeschichte" I/II, 5. Aufl., herausgegeben von K. Aland (1950/53). 1951 hat ein katholisches „Handbuch der Dogmengeschichte" (in thematischer, nicht primär chronologischer Gliederung), herausgegeben von M. Schmaus, P. Geiselmann, H. Rahner, zu erscheinen begonnen.

Von den allgemein-kirchengeschichtlichen Darstellungen seien genannt: K. Müller, Kirchengeschichte I, 1 (3. Auflage, 1941, in Gemeinschaft mit H. v. Campenhausen); H. Lietzmann, Geschichte der alten Kirche I–IV (1953 in 3. und 2. Auflage) und die ersten vier Bände des katholischen Sammelwerkes „Histoire de l'Église", herausgegeben von A. Fliche und V. Martin (Paris 1935 ff.).

1. Kapitel

JUSTIN

Das Urchristentum hatte keine Theologie getrieben. Es hatte geistig von seinen Überlieferungen gelebt und von den Offenbarungen seiner Führer und Propheten. Ihre Prophetien, Unterweisungen und Briefe sind z. T. anonym, in der Vollmacht des heiligen Geistes gegeben, später auch pseudonym, im Namen der apostolischen Zeugen des Ursprungs. Theologische Lehrer, die sich bewußt auf ihre eigene geistige Arbeit stützen, eine wissenschaftliche Bildung und Ausbildung voraussetzen und von hier aus die christliche Wahrheit zu verteidigen, zu begründen und zu entfalten suchen, treten erst im Laufe des zweiten Jahrhunderts auf. Diese Entwicklung ist ohne den Einfluß des griechischen Geistes, des griechischen Vernunftbegriffs und der hellenistischen Bildungstradition nicht zu denken. Sie wirken nicht bloß äußerlich ein, obschon gewisse Berührungen auf alle Fälle unvermeidlich waren, seitdem sich die Kirche von ihrem jüdischen Mutterboden gelöst hatte und in das römische Weltreich und seine Weltkultur hineinwuchs. Die Aufnahme des griechischen Erbes war, wie die religionsgeschichtlichen Parallelen des Judentums und des Islam zeigen, vielmehr auch innerlich unumgänglich und notwendig, um das hervorzubringen, was wir heute als Theologie bezeichnen. Der erste Theologe in diesem Sinne war Justin – „der Philosoph", wie man ihn damals nannte, oder auch: „Justin der Märtyrer", weil er sein Leben als christlicher Philosoph mit dem Blutzeugnis für Christus „versiegelte" und schloß.

Man kann freilich die Frage aufwerfen, ob Justin wirklich der erste gewesen ist, der sich um eine Erfassung des Christentums im Geiste der Griechen gemüht hat. Die Geistesgeschichte lebt in Übergängen, und jeder Einschnitt, jedes Aufhören oder Beginnen, das der Historiker setzt, ist eine symbolische Vereinfachung. Tatsächlich hat man schon vor Justin, d. h. schon in der ersten Hälfte des zweiten Jahrhunderts, gelegentlich den Versuch gemacht, die christliche Botschaft in den Formen vernünftiger, „philosophischer" Bildung zur Darstellung zu bringen, um sie so einer weiteren Öffentlichkeit zu erschließen. Aber wenn wir von den frühesten Ansätzen innerhalb der lukanischen Apostelgeschichte absehen, so sind diese älteren Versuche durchweg so stümperhaft, so unselbständig und primitiv geraten, daß man sie getrost beiseite lassen darf. Geistigen Rang und theologisches Gewicht gewinnen sie erst bei Justin, und insofern ist dieser eben doch ein Erster und ein Neuerer gewesen, obschon er sich nirgends als solchen gibt. Man tut Unrecht, wenn man ihn, wie meistens geschieht, mit den sonstigen „Apologeten" des späteren zweiten Jahrhunderts zusammennimmt und dadurch stillschweigend nur als Vertreter einer größeren Gruppe und einer allgemeinen geistigen Strömung anerkennt. Die späteren Verteidiger des Christentums wie Tatian oder Athenagoras haben fast alle von ihm gelernt, und die früheren wie Aristides und den kaum näher bekannten Quadratus überragt er offensichtlich um mehr als Hauptеslänge. Das ist nicht nur die Folge einer reicheren und tieferen Bildung, sondern vor allem einer neuen, veränderten Einstellung, die er selbst der Bildung gegenüber einnimmt. Justin will nicht nur vor Heiden als ein Philosoph erscheinen, sondern er will es auch sein, und das, was er ihnen zu sagen hat, interessiert ihn nicht bloß „apologetisch", sondern er hat es sich selber zuvor gesagt. Seine christliche Philosophie ist nicht einfach ad hoc von jüdischen oder skeptischen Polemikern gegen den Götterdienst abgeschrieben, sondern ist das Ergebnis seiner eigenen Lebensentwicklung und selbständiger Wahl und geistiger Entscheidung. Das macht sie interessant, so vieles im einzelnen auch bei ihm noch übernommenes Schulgut ist und so bescheiden und unfertig diese Theologie im ganzen noch bleibt.

„Justinos, der Sohn des Priskos und Enkel des Bakcheios" stammte nach eigener Angabe aus Flavia Neapolis (d. h. Machusa bei Sichem) in Palästina. Mit weltmännischer Liebenswürdigkeit bezeichnet er die Samaritaner einmal als seine Stammesgenossen; aber wir brauchen ihn uns darum nicht als einen „Orientalen" vorzustellen. Die alte Stadt war von Vespasian im jüdischen Kriege bis auf den Grund zerstört und dann als griechisch-römische Kolonie neu errichtet worden. Jedenfalls war Justin von Haus aus Heide. Er wirkt wie ein typischer Vertreter des besseren städtischen Mittelstandes jener Zeit – loyal, von alten Traditionen gelöst und kosmopolitisch eingestellt, aber geistig regsam und interessiert, rechtlich gesinnt und wirtschaftlich unabhängig. Justin hat es nicht nötig, seinen Unterhalt zu verdienen; er lebt seinen Bildungsinteressen und wird „Philosoph". Als solcher ist er den Christen begegnet und einer der Ihren geworden. „Dies ist die einzige wirklich zuverlässige und nützliche Philosophie, die ich gefunden habe." Die Bekehrung dürfte in Ephesos erfolgt sein, wo er seinen „Dialog mit dem Juden Trypho" rückblickend lokalisiert hat. Später finden wir ihn in Rom. Hier ließ Justin in den fünfziger Jahren u. a. eine an die Heiden gerichtete

„Apologie“ erscheinen, und hier wurde er dann auch, etwa ein Jahrzehnt später, als Märtyrer enthauptet.

Zu Eingang des „Dialogs“ hat uns Justin eine stilisierte Schilderung seines Entwicklungsganges gegeben. Er findet, platonisierend, die Überlegenheit des Christentums vorzüglich in der klaren Erkenntnis des wahren, göttlichen Seins, die nur bei gleichzeitiger Übung von Tugend und Gerechtigkeit möglich sei. In der Apologie hebt Justin besonders die Feindesliebe, die Geduld, die Keuschheit und Wahrhaftigkeit und vor allem den Todesmut der Christen hervor. Diese sollten allein schon ausreichen, um die landläufigen Verleumdungen über die christliche Lebensführung zu widerlegen, denen auch er zunächst Glauben geschenkt habe. Das Drängen auf die Praxis und die unbedingte Gewißheit der letzten Überzeugungen ist für Justins Christentum bezeichnend. Die Christen besitzen die Wahrheit; denn ihr Leben, ihre Sittlichkeit beweist es, und die Quellen, aus der sie ihre Gotteserkenntnis schöpfen, sind von unbezweifelbarer Verläßlichkeit. Insofern erfüllt ihre Lehre die eigentliche Aufgabe der Philosophie, die, wie Justin meint, entscheidend dazu da ist, das Göttliche zu erforschen.

Noch aufschlußreicher ist die Kritik, die er von hier aus gegen die philosophischen Schulen des Heidentums richtet. Justin will auf der Suche nach der Wahrheit mit allen Richtungen, dem ganzen „vielköpfigen“ Monstrum (dial. 2, 2) der Philosophie Bekanntschaft gemacht haben. Aber die Belehrungen des Stoikers blieben für ihn unergiebig, weil sie auf das eigentliche Gottesproblem überhaupt nicht eingingen. Noch mehr enttäuschte der Peripatetiker, als er schon nach wenigen Tagen mit der eines Philosophen unwürdigen Frage nach der Bezahlung herausrückte. Der Pythagoreer schreckte den Lernbegierigen ebenfalls ab; denn er verlangte von ihm eine solche Menge von musikalischen, astronomischen und geometrischen Voraussetzungen, wie sie Justin nicht besaß und zu erwerben auch nicht die Zeit hatte. Die Philosophie soll seiner Meinung nach eben keine Fachwissenschaft sein, und so hält er sich zuletzt an Plato und bezeichnet sich als einen Platoniker. Das Platobild wird nun freilich nach den neuen theologischen Bedürfnissen vereinfacht: die reine, dem reinen Denken der Vernunft zugängliche Wahrheit des wahren Seins, Gott, der einer ist, jenseits der geschaffenen Welt, und eines mit dem Guten und Schönen selbst – das sind die leicht dualistisch akzentuierten Hauptgedanken des Platonismus, auf die es Justin ankommt. Aber auch der heidnische Durchschnittsphilosoph besaß damals schwerlich ein sehr viel tiefer gehendes Verständnis für das, was Plato wirklich gelehrt hatte. Andererseits ist es nicht zu bezweifeln, daß

Justin Plato nicht bloß zitiert, sondern auch selbst gelesen und in seiner Weise lebendig aufgefaßt und verstanden hat. Er hat ihn in seinen Schriften wiederholt angezogen und nachgeahmt. Plato ist für ihn wie für so viele nach ihm zur geistigen Brücke geworden, die zu den besseren, „älteren Philosophen“ (dial. 7, 1) hinüberführt, die jener gekannt und benutzt haben soll, d. h. zu den Propheten des Alten Testamentes und damit zu Christus selbst. Bei diesen hat Justin von nun ab seinen geistigen Standort, und Plato ist aus einem Führer zum Vorläufer und Bundesgenossen geworden.

Justin hatte also nicht die Absicht, so etwas wie eine philosophische Durchdringung der christlichen Botschaft durchzuführen und Plato mit Christus zu verschmelzen. Das Christentum ist für ihn die philosophische Wahrheit selbst; Plato stimmte mit dieser nur schon weithin überein. Gott wirkte zu allen Zeiten und bei allen Völkern. Er ließ ihnen durch Christus von jeher und auch außerhalb des jüdischen Volkes Fragmente und Brocken seiner Wahrheit zuteilwerden. Aber in Jesus Christus ist seine ewige Vernunft endgültig erschienen. Darum kann man auch sagen, daß „alle Menschen, die der Vernunft gemäß gelebt haben“, Christen gewesen seien, bei den Griechen z. B. Sokrates und Heraklit und bei den „Barbaren“ Abraham, Elias und viele andere (apol. I 46). Mit einem kühnen Griff wird so die ganze Geschichte des menschlichen Geistes, dessen Größe in der „Philosophie“ erscheint, in Christus zusammengefaßt und zum Abschluß gebracht. Jesus Christus war Gottes Sohn. Für diese Grundlehre des Christentums hat Justin vor den Heiden auch so etwas wie eine vernünftige, philosophische Begründung gegeben, mit der der Verdacht des Polytheismus zerstreut werden sollte. Christus war der „Logos“, d. h. die göttliche „Vernunft“ selbst, die Gottvater ohne Minderung seines Seins aus sich hervorgehen ließ. Durch ihn wurde dann auch die Welterschaffung vollzogen. Und als Gottes „Wort“ konnte der Logos zuletzt sogar Fleisch annehmen, um die Menschen in der vollkommenen Wahrheit und Weisheit zu unterrichten. Der sicherste Beweis für die Wahrheit dieser Aussagen liegt in der wunderbaren Erfüllung aller Weissagungen, die Jesus Christus mit seinem Erscheinen gebracht hat. Im Verein mit den Wundern, die er wirkte und heute noch wirkt, und mit der Erhabenheit der christlichen Verkündigung selbst ist ein Zweifel an seinem göttlichen Ursprung nicht mehr möglich. Christus ist „der neue Gesetzgeber“, der alle dämonischen Widerstände überwindet und der Welt vor ihrem nahen Ende das uneingeschränkte Heil bringt. Sein Leiden und sein Tod dürfen uns so wenig daran irre machen wie die gegenwärtigen Verfolgungen, die über die Christen ebenso ergehen wie über die wahren Philosophen zu jeder Zeit.

Man ist überrascht, mit welcher Selbstverständlichkeit Justin seinen Glauben als eine jedermann einleuchtende, vernünftige Erkenntnis verficht und wie wenig er sich auch an solchen Lehren stößt, die der antik-philosophischen Denkweise geradezu ins Gesicht schlugen und Spott und Kritik von jeher herausgefordert hatten. Die Kreuzigung des Gottessohnes, die wunderbaren Wirkungen seines Abendmahls, die Fleischesauferstehung, ja sogar die alte, damals bereits in der Kirche selbst umstrittene Hoffnung auf das tausendjährige Reich mit der erneuerten Stadt Jerusalem im Mittelpunkt werden von Justin auf Grund der biblischen Zeugnisse als unumstößliche Gewißheit hingenommen und machen ihm offenbar keine ernsthaften Schwierigkeiten. Man sieht daraus, wie fest und selbstverständlich er, all seiner philosophischen Bildung zum Trotz, in der Glaubens- und Vorstellungswelt seiner Gemeinde verwurzelt ist und welche unbedingte Gültigkeit die Bibel für ihn besitzt. Wahrscheinlich würde dies noch viel deutlicher hervortreten, wenn nicht all seine im engeren Sinne kirchlichen, d. h. ausschließlich für christliche Leser geschriebenen Werke heute verloren wären. Denn einer späteren Zeit konnten sie nicht mehr genügen und mußten ihr vielleicht sogar bedenklich erscheinen.

Trotzdem, Justin weiß sich als Philosoph, und gerade als Christ beginnt er nun auch selbst zu lehren und aktiv tätig zu sein. Er bezieht in Rom „oberhalb des Timotinischen Bades“ (?) ein eigenes Lokal und sammelt Schüler um sich, darunter auch solche, die später ihrerseits als christliche Lehrer und Schriftsteller bekannt geworden sind. Als ein echter Lehrer der Weisheit nimmt er für den Unterricht selbstverständlich keine Bezahlung an. Er teilt „die Lehre der Wahrheit“ ohne weiteres jedermann mit, „der zu ihm zu kommen wünscht“ (act. Just. 3). Nach wie vor trägt er mit Stolz seinen Philosophenmantel. Natürlich kann man ihn seiner Wirkung nach auch als einen Missionar der christlichen Kirche bezeichnen. Aber er tritt dabei im eigenen Namen auf und wirkt nicht mehr wie die früheren, urchristlichen „Lehrer“ innerhalb der Gemeinde, sondern in dem neuen soziologischen Rahmen einer privaten philosophischen „Schule“. Er und seine Schüler werden auch in den üblichen Konkurrenzstreit der philosophischen Schulen und Cliquen hineingezogen, nur daß diese Zänkereien jetzt durch den dahinter stehenden religiösen Gegensatz an Schärfe und Gefahr gewinnen. Justin selbst berichtet (apol. II 8 [3]), wie er den kynischen Philosophen Crescenz, der die Christen angegriffen hatte, persönlich gestellt und ihm seine völlige Unwissenheit nachgewiesen habe, natürlich erfolglos. Dieser bösartige Aufschneider hörte trotzdem nicht auf, die Christen zu verleumden und über Dinge zu reden, die er nicht verstand oder nicht verstehen wollte; er verdient darum nach Justin gar nicht den Namen eines Philosophen. Wie er sich selbst eine ernsthafte philosophische Diskussion über Glaubensfragen denkt, zeigt er uns in seinem Dialog. Der Christ und der Jude, die hier miteinander im Streit liegen, bemühen sich beiderseits um einen würdigen Ton und um eine vernünftig argumentierende Sachlichkeit und Unparteilichkeit. Einer läßt dem andern sein Recht und verzichtet auf billige Triumphe. Es geht einzig darum, zu erkennen, was die Wahrheit sei, und diese Wahrheit muß sich in leidenschaftsloser, sozusagen wissenschaftlicher Diskussion an den Tag bringen lassen. Das ist die neue, „philosophische" Haltung, die sich auch in der gefälligen, an Plato orientierten Urbanität des Umgangs spiegelt; die älteren Wortführer der Kirche hatten etwas derartiges noch nicht gekannt.

Blickt man auf das Inhaltliche, so ist der Zusammenhang mit der älteren christlichen Tradition freilich überall erkennbar, und die philosophische Stilisierung der Einleitung erscheint fast wie eine zufällige und im Grunde entbehrliche Verkleidung. Justin sagt einmal selbst, daß er auf (methodisch und rhetorisch) kunstgerechte Darlegungen verzichten müsse. An Stelle einer systematischen Behandlung der christlichen Ethik bringt er, katechismusartig geordnet, einfach die Gebote des Herrn; an Stelle einer prinzipiellen Darlegung dessen, was die Kirche sei, erzählt er, wie es in ihr zugehe, und beschreibt ihren Gottesdienst. Auch in theologischen Zusammenhängen begnügt er sich gelegentlich mit den überkommenen Formulierungen, etwa des trinitarischen Bekenntnisses. Seine vornehmste Aufgabe sieht Justin in der Auslegung der heiligen Schriften, vorab noch des Alten Testaments. Dazu bekennt er – wie ein urchristlicher Lehrer – von Gott die „Gnadengabe" empfangen zu haben. Nur kommt es jetzt auch hier, wie eigens betont wird, auf ein klares und vernünftiges Vorgehen an. Das bloße, mechanische Herzählen von auswendig gelernten Sprüchen erregt eher Widerspruch und Verachtung. Und noch in einer anderen Hinsicht strebt Justin über seine Vorgänger hinaus: er möchte den Schriftbeweis erschöpfend führen. So wird der Dialog zu einem umfassenden Kompendium aller alttestamentlichen Belegstellen für den Christusglauben. Er ist in seiner Reichhaltigkeit auch später nur selten übertroffen worden. Natürlich stützt sich Justin bei dieser Arbeit in erster Linie auf die Mittel der schon im Judentum verwandten allegorisch-typologischen Methode, verbunden mit einer wahrhaft rabbinischen Sorgfalt im Sammeln scheinbar zusammengehöriger Stichworte und oft ganz versteckter Beziehungen. Das „Holz des Lebens“ im Paradiese, die Stöcke, mit denen Jakob die Lämmer färbt, die gesalbte Stein-„säule“ von Bethel und alle „Gesalbten“ überhaupt, der Stab Aarons und Mosis und alle sonstigen Stäbe und Hölzer des Alten Testaments bis hin zu dem „Baum, gepflanzt an den Wasserbächen“ und zum „Stecken und Stab“, den der Psalmist besingt – sie sind für Justin sämtlich klare Hinweise und Vorbilder, „Typen“ von Christi Kreuz und damit Weissagungen auf Christus selbst. Aber so kraus und ermüdend solche Darlegungen in ihrem umständlichen und keineswegs gefälligen Stil heute auch wirken mögen, man kann trotzdem nicht sagen, daß Justin die großen, beherrschenden Gesichtspunkte darüber verloren habe; er steht über seinem Stoff. Und eindrucksvoll sind insbesondere seine abschließenden Darlegungen über die Christenheit als das neue Gottesvolk, seine Heiligkeit und Geistigkeit und die wunderbare Universalität seiner alle Welt umspannenden Gemeinschaft. In dieser Deutung der Kirche meldet sich erneut die aufgeklärt-kosmopolitische Grundhaltung zum Wort, aus der heraus unser Philosoph das Christentum als die neue Weltreligion begrüßt, die einzige Wahrheit, die es seinem Zeitalter zu verkünden gilt.

So viel ist überall deutlich: Justin wendet sich an alle Menschen, gleichviel ob er insbesondere zu Juden, Ketzern oder Heiden spricht, und das geschieht nicht aus bloßer Freude an der Diskussion, auch nicht zu allgemeiner geistiger Förderung und Belehrung, sondern es geschieht, um eine klare Entscheidung zu erzwingen. Die Wahrheit steht nicht mehr in kühler Neutralität über den streitenden Parteien, sondern sie ist selbst in Christus konkret geworden und lebt in einer bestimmten Gemeinschaft, in einer bestimmten Lehre, in einem bestimmten Wort. Daß sie in dieser Gestalt nicht nur den Gebildeten, den Philosophen im bisherigen Sinne, sondern wirklich jedermann zugänglich geworden ist, erscheint als ein neuer Beweis ihrer endgültigen Vollkommenheit. Darum soll man jetzt auch gegen alle Vorurteile und Verleumdungen öffentlich für sie eintreten, unerschrocken, wie es den Philosophen ziemt, und wenn es sein muß, auch unter Einsatz des eigenen Lebens. Philosoph-sein heißt eine Mission haben und ihr dienen.

Das eindringlichste Zeugnis für diesen Willen ist Justins noch vor dem Dialog in Rom entstandene „Apologie“. Sie trägt die Form einer förmlichen Beschwerde, mit der er sich öffentlich

Klage führend an die Kaiser – Antoninus Pius samt seinen Mitregenten –, den Senat und das „ganze römische Volk" wendet. Es ist Unrecht, erklärt er darin, daß die Christen als eine Sekte von Verbrechern angesehen und immer von neuem verfolgt werden. Man weise ihnen die angeblichen Untaten erst einmal nach; sie selbst werden die Schuldigen dann am allerwenigsten beschützen. Denn in Wahrheit sind sie die gerechtesten, loyalsten und frömmsten Untertanen, die das Reich hat; sie sind die eigentlichen, natürlichen Bundesgenossen der Herrscher in dem Kampf für den Frieden der Welt. Daß sie die verrotteten Vorurteile des Aberglaubens nicht teilen, wird ihnen eine aufgeklärte Regierung nicht zum Vorwurf machen wollen. Hinter den Christenverfolgungen der heidnischen Menge stecken in Wirklichkeit nur feindselige Dämonen, die an ihrer Macht über die Menschen nicht rühren lassen wollen. (Justin greift damit eine volkstümliche Vorstellung auf, die jetzt auch schon in philosophischen Kreisen eine Rolle spielt, und gibt ihr eine neuartige apologetisch-polemische Wendung.) „Wer aber wirklich fromm und philosophisch empfindet, dem befiehlt die Vernunft die Wahrheit allein zu ehren und zu lieben; er wird es ablehnen, bloßen überkommenen Meinungen zu folgen, wenn sie verkehrt sind" (apol. I, 2, 1). Justin sucht die Kaiser so bei der Ehre ihres Philosophennamens und dem oft betonten Anspruch einer aufgeklärten, neuzeitlichen Regierungsweise zu fassen. Aber diese Captatio hat nichts mit Schmeichelei zu tun. „Ihr hört es allenthalben, daß man euch als fromme und philosophische Herrscher, als Hüter der Gerechtigkeit und Freunde der Bildung preist. Ob ihr es wirklich seid, das wird sich zeigen. Ich bin nicht gekommen, um euch in dieser Schrift zu schmeicheln oder nach dem Munde zu reden, sondern um eine Forderung vorzubringen: ihr sollt nach einer genauen und sorgfältigen Prüfung ein Urteil fällen, damit ihr nicht unter dem Druck der Vorurteile und des Aberglaubens, aus Nachgiebigkeit gegen die dumpfe Menge oder in unverständiger Übereilung auf Grund der alten, üblen Verleumdungen euch selbst das Urteil sprecht. Uns aber ... könnt ihr wohl töten, aber nicht schaden" (apol. I, 2, 2).

Das Bedeutsame der justinischen Apologie liegt in der neuartigen Verknüpfung des moralisch-theologischen mit dem juristisch-politischen Moment. Die letzte Voraussetzung der Christenverfolgungen: die grundsätzliche Verknüpfung von Staat und Religion, die das römische Reich wie jede antike Ordnung und Staatlichkeit voraussetzen und fordern mußte, hat Justin zwar nicht durchschaut oder nicht sehen wollen. Die Rhetorik seiner quasi-juristischen Ausführungen wirkt daher zum Teil etwas künstlich und gesucht. Aber im ganzen sind seine Argumente und auch seine praktischen Hinweise auf die Christen als Steuerzahler, auf die Zwecklosigkeit der Verfolgung und die moralische Peinlichkeit eines solchen Vorgehens doch recht geschickt. Es hat etwas Rührendes, wie eifrig Justin bei jedermann Interesse für sein Anliegen voraussetzt und beispielsweise die Vermutung äußert, auch die Kaiser würden von ihm und seinen Auseinandersetzungen mit Creszenz gewiß schon gehört haben. Aber statt über solche Naivitäten zu lächeln und die Schnitzer nachzurechnen, die Justin in seinen langen polemischen Darlegungen über die heidnische Mythologie und Philosophie gelegentlich unterlaufen sind, sollte man doch vor allem die Ehrlichkeit, den Freimut und die beispiellose Kühnheit bewundern, mit der ein Mann hier für die Sache einer Gemeinschaft eintritt, deren hoffnungslose Lage ihm selbst am allerwenigsten verborgen sein konnte. Es ist kein Wunder, daß er zuletzt auf der Strecke geblieben ist.

Der Bericht über das Ende Justins ist uns noch erhalten. Unter dem Stadtpräfekten Rusticus (163–167 n. Chr.) wird er mit noch sechs weiteren Christen zusammen ergriffen. Er gilt als „vernünftig und wohlunterrichtet" und wird im Verhör zu ihrem Wortführer. Wie seine Genossen lehnt er es kategorisch ab, dem Befehl des Richters nachzukommen und Jesus Christus, den Heiland, zu verleugnen; denn dessen Lehre hat er nach sorgfältiger Prüfung für wahr erkannt, und bei ihr will er bleiben, „auch wenn sie den im Wahn befangenen Leuten nicht paßt" (act. Just. 2, 3). Er bekennt seinen festen Glauben an die Auferstehung und das Jüngste Gericht und empfängt so, unerschrocken, mit den übrigen sein Urteil: „Weil sie den Göttern nicht opfern und den Befehlen des Kaisers nicht gehorchen wollen, sollen sie dem Gesetz gemäß gegeißelt und zur Enthauptung abgeführt werden" (act. Just. 5, 8).

Eine schlichte, freie, nicht übermäßig komplizierte Natur – so steht Justin vor uns. Was er glaubt und was er will, das spricht er aus und zweifelt nicht, daß es die Wahrheit ist, daß die „Lehren Christi", die er bringt, für alle Welt das Heil bedeuten. Weder sein Verhältnis zur Philosophie noch seine Stellung in der Kirche sind ihm von hier aus zum Problem geworden. Welche Schwierigkeiten seine Haltung in sich begreift, hat erst die Folgezeit langsam erfahren. Aber das Leben dieses „Philosophen und Märtyrers" (Tertullian, adv. Val. 5) ist ein Programm. Fast alle griechischen Kirchenväter stehen, bewußt oder unbewußt, in seiner Nachfolge.

Eine neue Ausgabe der Apologie Justins wird von W. Schmid vorbereitet. Die zahlreich vorhandenen Ausgaben seiner Schriften sind unzureichend.

Die Forschungen über Justin stehen meist im Zusammenhang mit weiter gespannten Untersuchungen über die Apologeten überhaupt oder beschränken sich auf Aufsätze. Verwiesen sei auf J. Geffcken, Zwei griechische Apologeten (1907) und A. v. Ungern-Sternberg, Der traditionelle Schriftbeweis „de Christo" und „de evangelio" in der alten Kirche (1913). Zusammenfassende Darstellungen der Theologie Justins boten M. v. Engelhardt, Das Christentum Justins des Märtyrers (1878) und E. R. Goodenough, The Theology of Justinus (Jena 1923). Wichtig für die geistesgeschichtliche Einordnung ist W. Schmid, Die Textüberlieferung der Apologie des Justin, Zeitschr. f. neutest. Wissensch. 40 (1941) 87 ff. und ders., Frühe Apologetik und Platonismus, Festschrift Otto Regenbogen (1952) 163 ff.

2. Kapitel

IRENÄUS

Irenäus ist ein Menschenalter jünger als Justin und theologisch von ihm beeinflußt. Trotzdem erscheint er in mancher Hinsicht als Vertreter eines älteren Typs christlicher Lehre und kirchlichen Lehrertums. Irenäus tritt nicht von außen mit bestimmten Fragen und Erwartungen an die Kirche heran; er ist in der alten Kirche aufgewachsen, er kennt ihre Traditionen und lebt für ihren Dienst. Er will kein „Philosoph" sein, sondern ein Schüler der früheren Väter, ein geisterfüllter Hüter der echten, apostolischen Überlieferung. Allerdings sind uns von ihm nur solche Schriften erhalten, die für kirchliche Leser bestimmt waren. Die Dinge liegen hier anders als bei Justin, den wir umgekehrt nur als Apologeten kennen. Wahrscheinlich wird auch Irenäus dort, wo er zu den Heiden sprechen wollte, ihre Probleme und ihren geistigen Geschmack stärker berücksichtigt haben. Aber offenkundig steht diese Aufgabe für ihn nur am Rande seines kirchlichen Wirkens und seiner Schriftstellerei. Die einzige apologetische Schrift, die Irenäus „an die Griechen" gerichtet hat, war nach dem Zeugnis Eusebs wohl „schlagend", aber auch „sehr kurz" (hist. eccl. V, 26). Der Schwerpunkt seines Interesses lag nicht an dieser Stelle. Das zeigt sich auch in der Art seines Vortrags, im ganzen Stil seines Denkens in den erhaltenen Schriften. Irenäus hat die Redeweise eines erfahrenen kirchlichen Predigers, nicht eines Philosophen oder werbenden Missionars: breit, väterlich, erbaulich, mitunter auch etwas grob und polternd, ein Schriftsteller, der dort, wo er gelehrt oder witzig erscheinen will, kein Glück hat, der aber andererseits doch durch Wärme, Eindringlichkeit und Ernst der religiösen Grundanschauung gewinnt, die er mit überzeugtem und überzeugendem Eifer entwickelt. So wird Irenäus für seine Zeit das Urbild des gewissenhaften Seelenhirten und unermüdlichen Verteidigers der kirchlichen Lehre. Die folgenden Jahrhunderte haben auf ihn mit dankbarer Verehrung zurückgeblickt als den großen Zeugen apostolischer Wahrheit in einer schweren und versuchlichen Zeit.

Irenäus stammte aus dem altgriechischen Küstengebiet Kleinasiens. In Smyrna hatte er, wie er gerne hervorhebt, als Knabe noch den Predigten des großen Bischofs und Märtyrers Polykarp gelauscht, der seinerseits als Schüler der Apostel galt. Hier hat er die echte, unverfälschte Verkündigung kennengelernt, der er zeitlebens treu bleiben will. Erwachsen finden wir ihn als Presbyter in der Gemeinde von Lyon. Im Jahre 177 wurde ihr greiser Bischof das Opfer einer tumultuarischen Verfolgung, und Irenäus wurde, noch verhältnismäßig jung, zu seinem Nachfolger gewählt. Als solcher war er zugleich Bischof von Vienne und wohl noch weiterer kleiner Gemeinden oder Gemeindegruppen im ganzen südlichen Gallien, die sämtlich an denselben Vorort angeschlossen blieben. Das Griechische, die Muttersprache des Irenäus, wurde hier noch von einem erheblichen Teile der Bevölkerung gesprochen und in allen Städten ohne weiteres verstanden. Griechisch ist im zweiten Jahrhundert überhaupt noch eine Art Kirchensprache der abendländischen Christen. Niemand nahm daran Anstoß, daß ein Bürger der fernen Asia in Gallien zum Bischof erhoben wurde. Der kosmopolitische Charakter des römischen Reiches und seiner hellenistischen Weltkultur trägt auch die Kirche vorwärts. Aber sie bleibt nicht an eine einzige Sprache und Kultur gebunden. In Afrika beginnt man um dieselbe Zeit mit der lateinischen Predigt, und Irenäus selbst bedient sich um seiner keltischen Zuhörer willen gelegentlich auch ihrer Sprache. In ihrem missionarischen Eifer ist die christliche Kirche insofern noch etwas „ökumenischer" und vorurteilsloser eingestellt als die sonstige griechisch-römische Gesellschaft, die das „Barbarische" ignoriert.

Der Einfluß, den Irenäus ausübte, blieb nicht auf den gallischen Bereich beschränkt. So wie er selbst an der Verbundenheit der einen Kirche hängt und sie als ein göttliches Wunder verkündet und preist, wird seine Stimme alsbald fast in der ganzen Christenheit vernommen und beachtet. Noch als Presbyter wurde er von den gefangenen Führern der Lyoner Gemeinde mit einer warmen Empfehlung nach Rom entsandt, um hier einen Brief zu übergeben, der für die „neue Prophetie" des Montanismus um Verständnis warb. Es handelte sich hierbei um eine von Haus aus kleinasiatische Erweckungsbewegung, die damals die ganze Kirche in Unruhe brachte. Aber Irenäus fühlte sich ihr verbunden. Ihr altertümlicher Glaube an die Wunderkraft des „Geistes" und ihre zum Teil reaktionäre sittliche Strenge berührten ihn heimatlich und vertraut; er wünschte keine verständnislose, kirchenamtliche „Erledigung" des frommen Aufbruchs der Gemeinde und ihrer „Propheten". Später verfaßte Irenäus Briefe im eigenen Namen, die bis nach Rom und Alexandria gingen. Meist ist es sein Anliegen, Frieden zu stiften und zwischen streitenden Parteien zu vermitteln. Als Viktor von Rom sich dazu hinreißen ließ, wegen alter Differenzen in der Osterfeier mit den kleinasiatischen Gemeinden den kirchlichen Verkehr abzubrechen, schrieb er ihm einen energischen Brief, in dem dies herrische Vorgehen „in geziemender Weise“ verurteilt wurde (Eus. H. E. V 24, 11). Die Unterschiede in der kirchlichen Praxis können ohne Schaden ertragen werden, ja sie unterstreichen in gewisser Weise nur die fortdauernde Einheit, die der Glaube schafft. Auf diesen alten Glauben, die von den Aposteln überlieferte Wahrheit der Verkündigung kommt es an; und hier gilt es allerdings auf der Hut zu sein, wenn neue Lehrer auftauchen und den ursprünglichen Schatz zu entwenden oder zu fälschen suchen. Einzelne Männer, deren Theologie ihm bedenklich erscheint, stellt Irenäus persönlich zur Rede; er drängt darauf, daß sie zum mindesten im Klerus der Kirche nicht länger geduldet werden, und dem Diakon, der ihn in Vienne vertritt, übermittelt er dogmatische Instruktionen darüber, wie Ketzer zu belehren seien. Die Abwehr der Irrlehre ist ein Teil der rechten Verkündigung und eine dringende kirchliche Aufgabe, der sich Irenäus zeitlebens zu widmen sucht. Ihr dient auch seine Schriftstellerei in erster Linie.

Das Hauptwerk, die fünfbändige „Entlarvung und Widerlegung der fälschlich so genannten ‚Erkenntnis‘“, ist ausschließlich dem Kampf gegen die Ketzerei geweiht und ist noch heute die wichtigste Fundgrube für die Theologie- und Sektengeschichte des zweiten Jahrhunderts. Man darf Irenäus darum nicht als bornierten und rechthaberischen Kampfhahn ansehen, dem der dogmatische Streit als solcher Bedürfnis gewesen wäre. Bei der schnellen, ungesicherten Ausbreitung in eine von Haus aus fremde, heidnische Umwelt war die Kirche jener Tage tatsächlich in eine schwere Krise geraten, die die religiöse Substanz des Glaubens zu verändern und seine geschichtlichen Fundamente zu zerstören drohte. Nur eine energische Abwehr konnte dagegen helfen. Irenäus steht hier mit Justin und verschiedenen anderen Theologen seiner Generation in ein und derselben Front. Die Gegner befinden sich teils noch innerhalb, überwiegend jedoch schon außerhalb der Großkirche, zersplittert in unzählige Gruppen und „Schulen“ und hie und da auch schon zu festen Gemeinschaften zusammengefaßt, unter denen die Anhänger Markions die stärkste und bedeutendste bilden. Gemeinsam ist ihnen scheinbar nur dies eine, daß sie das, was Irenäus als ursprüngliche, apostolische Lehre betrachtet, verändern und bekämpfen. Aber in Wirklichkeit handelt es sich bei allen Verschiedenheiten im einzelnen doch um eine zusammenhängende, in den letzten Antrieben und Zielen gleichsinnige religiöse Bewegung, die die ganze spätantike Welt durchzieht. Wir bezeichnen sie heute als „Gnosis“, weil ihre Vertreter vielfach eine höhere, nach Irenäus freilich nur mit Unrecht „so genannte" religiöse „Erkenntnis", griechisch „gnosis", für sich in Anspruch nehmen. Die Gnostiker bilden das Christentum zu einer dualistisch-weltflüchtigen Erlösungsreligion um und geben dafür nicht nur das Alte Testament, sondern auch das urchristliche Verständnis des Glaubens und der Heilsgeschichte als eine niedere Vorstufe des Vollkommenen preis. Christus gilt nicht mehr als wirklicher, geschichtlicher Mensch von Fleisch und Blut, der die Verheißungen Israels zur Erfüllung bringt, sondern erscheint vielmehr als ein halbmythisches Himmelswesen von kosmischen Dimensionen. Seine entscheidende Tat ist die Übermittlung der offenbarenden Kunde, durch die die Menschenseele aus der sinnlichen Welt herausgerissen und an ihre wahre, ewige Heimat erinnert wird. Ihr soll sie sich nun auf Grund des erlösenden, neuen Geistwissens in unmittelbarem Aufschwung oder auch mit Hilfe besonderer sakramentaler und asketischer Praktiken wieder zuwenden. So gelangt sie ins geistig-göttliche Wesen zurück, von dem Christus gezeugt hat. Mit dieser Welt hat sie nichts mehr zu tun; der Schöpfergott mit seinen Engeln, Dämonen und Gesetzen ist die eigentlich feindliche Macht, der es zu entfliehen gilt.

Irenäus ist es freilich nicht gelungen, die wirre Fülle der gnostischen Anschauungen, Mythen und Spekulationen nach diesen einfachen Grundlinien zu erfassen und zu bekämpfen. Er macht sich die Mühe, den Lehren und vermeintlichen Ursprüngen jeder einzelnen Sekte nachzugehen, womit sich der Eindruck der Verwirrung und krausen Phantastik nur noch steigert. Irenäus versucht es, seine „Widerlegungen" möglichst gründlich und sozusagen methodisch anzulegen. Aber es fehlt ihm selbst an der erforderlichen systematischen Klarheit, unvoreingenommener Sachlichkeit und ordnendem Darstellungsvermögen. So wird das Buch zum typischen Beispiel einer unübersichtlichen und ermüdenden Ketzerbestreitung, die aus Mangel an geistiger Überlegenheit nach jedem Argument greift, mit dem sich die Gegner verunglimpfen, verdächtigen und karikieren lassen. Deren lächerlichen Prätensionen, die Widersprüche und die Phantastik ihrer willkürlichen Lehrsätze, der ständige Zwiespalt zwischen ihren Gruppen und Parteien und nicht zuletzt das schmutzige Leben und die haltlose Gesinnung ihrer Anführer werden immer wieder vor uns ausgebreitet. Aber sobald Irenäus zur positiven Darlegung des kirchlichen Glaubens übergeht, hebt sich das Niveau, und es zeigt sich, daß er für das, worum es in diesem Kampfe geht, durchaus ein Gefühl hat. Es gilt, die gnostische Lästerung der Schöpfung und die Behauptung eines gegen Christus stehenden Juden- und Schöpfergottes abzuweisen und dagegen den Zusammenhang von Schöpfung und Erlösung, die innere Einheit des dreifachen Wirkens von Vater, Sohn und Heiligem Geist ihrem Sinne nach zu erfassen. Gott hat im Anbeginn mit seinen zwei Händen, dem Sohne und dem Geist, die Welt erschaffen und geschmückt und den Menschen für diese Welt nach seinem Ebenbilde gemacht. Gewiß, der Mensch und die ganze Schöpfung sind abgefallen; nur hat sie Gott darum seinerseits nicht fallen gelassen. In drei Schritten führte er die Menschheit wieder empor: er ließ sich im Alten Bunde durch die Propheten als Herrn bezeugen, er hat uns jetzt durch seinen Sohn die Kindschaft beschert, und er wird sich dereinst, in seinem Reiche als Vater offenbaren. Seinen Wesen nach bleibt er zwar immer unergründlich; aber in der Liebe ist er uns gleichwohl nahe gekommen und vertraut und hat uns mit seinem Geiste beschenkt. „Es ist Gottes Ehre, daß der Mensch lebe; das Leben des Menschen aber ist, daß er Gott schaut" (haer. IV, 20, 7). Von hier aus offenbart die Weltgeschichte ihren Sinn, und die Erlösung, die die Schöpfung nicht aufhebt, führt doch in überschwänglicher Weise über sie hinaus. Irenäus vertritt damit nicht einen billigen Fortschrittsglauben; alles ist bei ihm auf das neue Gottesverhältnis der Kindschaft bezogen, das Christus begründet hat. Aber es ist ein und derselbe Gott, der in seiner dreieinigen Gewalt alles erfüllt und nach seinem geheimnisvollen Ratschluß die Welt und Menschheit zur ewigen Vollendung leitet.

Es ist nicht sicher auszumachen, wieweit solche Sätze wirklich geistiges Gut des Irenäus sind. Er selbst legt, wie schon gesagt, keinen Wert darauf, originell zu erscheinen; im Gegenteil, er beruft sich durch sein ganzes Werk auf das Zeugnis der „Alten", das er nur bewahren und weitergeben will. Das Beste von dem, was er vorbringt, ist nicht auf seinem eigenen Acker gewachsen. Seitdem dies deutlich geworden ist, hat Irenäus von seinem einstigen Ruhm als großer Theologe erheblich verloren. Immerhin, er hat sich die übernommenen Gedanken und Lesefrüchte lebendig zu eigen gemacht und weiß sie auch mit eigenen Worten zu vertreten. Am selbständigsten erscheint Irenäus dort, wo er die Ketzer nicht mehr rein dogmatisch bekämpft, sondern mit historischen Argumenten angreift. Er behandelt sie als „Neuerer" und wird nicht müde, die Halt- und Wurzellosigkeit ihrer Christentümer zu betonen, das echte und ursprüngliche Zeugnis des apostolischen Glaubens dagegen zu halten. Die wahre Kirche duldet keine willkürlichen Veränderungen des Besitzes, den sie im Anfang empfangen hat. Irenäus legt sich natürlich nicht die Frage vor, ob nicht auch seine Kirche trotz ihrer Sicherungen, ja vielleicht gerade durch die betonte und uneingeschränkte Bindung an Schrift und Bekenntnis der Vergangenheit eine Umbildung erfahren haben könne. Ihm genügt die Berufung auf die alten Urkunden ohne weiteres zum Erweis der echten, kirchlichen Verkündigung. Blickt man aber auf die gnostischen Offenbarungsschriften mit ihren Mythen und ihren mancherlei apokryphen Traditionen, so wird man allerdings auch sagen dürfen, daß er mit deren Ablehnung auf alle Fälle Recht gehabt hat.

Irenäus ist der erste bewußte Schrifttheologe der christlichen Kirche. Bei ihm zuerst tritt der Vierevangelienkanon mit einer Reihe weiterer Apostelschriften, noch nicht ganz in der heutigen Auswahl, neben das Alte Testament. Sie werden wie dieses als „Schrift" zitiert; die zweigeteilte, christliche Bibel ist im Entstehen. Aber entscheidend ist die grundsätzliche Einstellung, die Irenäus ihr gegenüber einnimmt, der erklärte Wille, über das am Anfang Offenbarte keinesfalls hinausgehen zu wollen, und die Überzeugung, daß das abgeschlossene, feste Depositum der apostolischen Lehre ein für allemal zum Heile ausreicht. Die Texte sind unverrückbar, und auch seine eigenen Schriften wünscht Irenäus gegen alle Verschlimmbesserungen zu schützen. Die Tradition der Kirche ist jetzt neben der Schrift kein selbständiger Faktor mehr; sie tritt deren Zeugnis nur bestätigend an die Seite. Wenn sich die Gnostiker auf ihre vermeintlichen Geheim- und Sondertraditionen berufen, so ist gegen sie zu sagen, daß sie Neulinge sind und daß nur die Ältesten der Kirche, ihre Bischöfe und Lehrer, den Zusammenhang mit den Aposteln in gerader Folge bewahrt haben. Diese müssen also auch die echte und ursprüngliche Tradition besitzen. Am Beispiel der kurz zuvor entstandenen römischen Bischofsliste, die Irenäus mitteilt (haer. III, 3, 3), läßt sich dieser Zusammenhang mit den apostolischen Anfängen musterhaft zeigen, und die herrliche Einmütigkeit aller rechtgläubigen Gemeinden bestätigt noch einmal, wo die Wahrheit wirklich zu finden ist.

Mit dieser Hervorhebung der Katholizität, der Sukzession und der amtlichen Lehrübernahme durch die Bischöfe, für die das römische Beispiel „vor anderen" deutlich und lehrreich ist, bringt Irenäus Gedanken vor, die dem klerikalen Denken einer späteren Kirchlichkeit besonders wertvoll geworden sind. Er selbst hat sie nur zur Abwehr der gnostischen Ansprüche herangezogen und nimmt an ihnen, von dieser polemischen Verwendung abgesehen, kein Interesse. Für ihn gründet sich die Kirche als ganze unmittelbar auf das alte, apostolische Wort der Wahrheit, und durch den Heiligen Geist, der ihr seine wunderbaren Gaben schenkt, ist sie überall im Glauben geeint. Man sieht das besonders deutlich in einem späteren, heute nur in einer armenischen Übersetzung erhaltenen Schriftchen, das die Hauptstücke der christlichen Lehre „zum Erweis der apostolischen Verkündigung“ erbaulich zusammenfaßt. Hier ist von den genannten „kirchenrechtlichen“ und amtlichen Gesichtspunkten gar nicht mehr die Rede. Die christliche Botschaft erscheint in der schlichten Form einer biblischen Geschichte, die mit der Schöpfung und dem Sündenfall beginnt und über die heilige Geschichte Israels zu Jesus Christus hinführt. Dieser hat mit seinem Leiden, Sterben und Auferstehen die Menschheit erlöst und das Leben wiedergebracht. Dieses entscheidende Geschehen bedarf keiner anderen Sicherung als des alttestamentlichen Schriftbeweises, den Irenäus ähnlich wie Justin wieder in voller Breite entfaltet. Dann haben die Apostel die Botschaft über die Erde verbreitet und die Kirche begründet; sie ist ein neues, in diese Welt gepflanztes Paradies. Der Heilige Geist durchtränkt sie in allen Gemeinden und ebnet den Weg der Gottesverehrung und Gerechtigkeit. Die Macht der Götzen und des Götzendienstes ist seitdem gebrochen, und ein neues Leben vollkommener Heiligkeit hat begonnen. Auch das Judentum gehört jetzt endgültig der Vergangenheit an. „Denn wir besitzen den Herrn des Gesetzes, den Sohn Gottes, und durch den Glauben an ihn lernen wir Gott von ganzem Herzen lieben und den Nächsten wie uns selbst. Die Liebe zu Gott hat aber keinen Teil an allem, was Sünde ist, und die Liebe zum Nächsten vollführt am Mitmenschen nichts Böses“ (epid. 95). Die heilige Kirche ist in ihrer Einfalt von aller menschlichen Verführung geschützt. Denn ihre Glieder wissen, daß ein unwissender Frommer immer noch besser ist als ein frecher Sophist.

Justin hatte den „philosophischen“ Anspruch erhoben, das Christentum auch vor einem vernünftigen, kritischen Urteil als Wahrheit schlechthin zu erweisen. Irenäus erinnert daran, daß das Christentum trotzdem niemals eine bloße Philosophie sein kann, daß es vielmehr auf Offenbarung und heiliger Überlieferung ruht, im Heiligen Geiste wirkt und nur durch die katholische Kirche und ihr apostolisches Wort dem Glauben übermittelt wird. Mit diesem Zeugnis bleibt er grundlegend und wirkt so besonders in der abendländischen Welt lebendig weiter. Er ist früh ins Lateinische, dann auch ins Syrische und Armenische übersetzt worden. Sein rechtgläubiges Bekenntnis zur Tradition wird auch von den griechischen Kirchenvätern durchaus gebilligt. Aber bei ihnen tritt Irenäus, der selbst ein Grieche war, mit seinen Schriften doch merkwürdig schnell in den Hintergrund und gerät schließlich fast in Vergessenheit. Seine einfache, auch im literarischen Sinne unbeholfene und naive Art, erschien hier offenbar als etwas altmodisch und allzu primitiv. Die griechischen Theologen sahen sich in ihrem Verständnis von Christentum und Kirche alsbald vor neue und schwierige Fragen gestellt, die sich in den traditionellen Bahnen der Gemeindefrömmigkeit nicht mehr lösen ließen. Sie sind wieder „philosophischer" als Irenäus und suchen in erstaunlicher innerer und äußerer Unabhängigkeit nach neuen Wegen, die alte Wahrheit zu verstehen und ihren Zeitgenossen deutend verständlich zu machen.

Die ihrer Zeit vorzüglichen Ausgaben der „Entlarvung und Widerlegung der fälschlich so genannten Erkenntnis" (zitiert: adversus haereses) von A. Stieren (1848/53) und W. W. Harvey (Cambridge 1857) sind noch verwendbar. Eine neue Ausgabe mit französischer Übersetzung hat F. Sagnard (Paris 1952) in Angriff genommen. „Zum Erweis der apostolischen Verkündigung" wurde armenisch mit deutscher Übersetzung 1907 von K. Ter-Mekerttschian und E. Ter-Minassiantz herausgegeben (deutsche Übersetzung von S. Weber in der Bibliothek der Kirchenväter 4, 1912 [2]).

Grundlegend für die Quellenfrage ist die (allerdings nicht unbestrittene) Analyse bei Fr. Loofs, Theophilus von Antiochien und die anderen theologischen Quellen bei Irenäus (1930). Für sein kirchliches Denken vgl. W. Schmidt, Die Kirche bei Irenäus (1934) und H. v. Campenhausen, Kirchliches Amt und geistliche Vollmacht in den ersten drei Jahrhunderten (1953) 185 ff.

3. Kapitel

KLEMENS VON ALEXANDRIEN

Wie Justin kommt auch Klemens von Alexandrien zum Christentum über die Philosophie. Aber dies Wort hat bei ihm einen viel tieferen und reicheren Inhalt als bei jenem, der in seinem redlichen Bildungs- und Bekehrungseifer immer die kürzesten Wege zu gehen wünscht und dessen philosophischer Schulsack nichts Ungewöhnliches enthält. Kein Kirchenvater wird so verschieden beurteilt wie Klemens; denn er ist bei aller Liebenswürdigkeit und Elastizität seines Wesens im Grunde eine komplizierte, zum mindesten eine sehr vielschichtige und vielseitige Natur, die nicht in den gewohnten Bahnen läuft, feste Formeln und Schlagworte bewußt vermeidet und mit seinem Fragen, Forschen und Weiterdenken niemals zum Abschluß kommt. Er ist ein Meister der Diskussion, fast möchte man sagen: ein ewiger Literat und Bohémien der akademischen Bildung. Aber auch er hat als Christ einen eindeutigen, bestimmten Schritt getan, der all seinen Interessen und geistigen Bemühungen ein letztes, unverrückbares Ziel gibt. Auch Klemens steht im Dienst und sieht es als den Sinn seines Lebens an, Menschen zu Christus zu führen. Er tut dies in einer seltsam biegsamen, undogmatisch-persönlichen Weise. Klemens ist kein Mann der öffentlichen, kirchlichen Erziehung und trotz seiner ausgebreiteten Kenntnisse nicht eigentlich ein Gelehrter. Er ist ein Mann des Gesprächs, der geistlichen Erfahrung und der gebildeten Seelsorge. Als solcher gewinnt er Einsichten, stellt er Fragen und erwägt Möglichkeiten und Probleme, die sonst kaum je begegnen. Manche Lehrer in den gnostischen Konventikeln mögen ihm ähnlich gewesen sein, und später sind es besonders einige hochstehende Mönche, die ihn gelesen und geschätzt haben. Aber sie streifen dann meist schon an die Grenze des Häretischen oder haben sie ungewollt überschritten, während das Jahrhundert des Klemens ihn, wie es scheint, noch ohne Schwierigkeiten ertrug.

Über das Äußere seines Lebens wissen wir nicht viel. Klemens soll in Athen geboren sein; aber vielleicht hat diese Nachricht nur ein symbolisches Recht. Auch er begibt sich wie Justin auf Reisen; er reist noch als Christ durch alle griechisch redenden Provinzen des Reiches, von Kleinasien und Syrien bis Unteritalien und Ägypten, und überall sucht er sich weiterzubilden. Es ist bezeichnend, daß er diese Wanderschaft später selbst als die Suche nach einem rechten „Lehrer“ versteht. Erst der sechste Meister, den er fand, tat ihm wirklich genüge, Pantainos, der nach seinem Urteil alle anderen in der Kunst der Schriftdeutung übertraf, der es aber verschmähte, irgend etwas von seinen Vorträgen schriftlich zu überliefern. Wie die „Alten“, die Lehrer der christlichen Urzeit, hat auch Pantainos nur mündlich unterwiesen; für uns ist er in seiner Eigenart darum nicht mehr zu fassen. Um 180 lernte ihn Klemens in Alexandrien kennen, und hier ließ er sich darauf nieder, um alsbald selbst, wie Justin in Rom, als Lehrer zu wirken. Natürlich stand er auch mit der christlichen Gemeinde in Verbindung; aber es ist nicht anzunehmen, daß er seinen Unterricht sozusagen in ihrem Auftrag, als bestellter Leiter ihres Katechumenenunterrichts durchgeführt hätte, wie die Überlieferung will. Es handelte sich um eine unabhängige „Schule“ mit frei geworbenen Hörern aus allen Lagern. Heiden, Juden und „Philosophen“ aller Art mögen hier mit gebildeten und bildungshungrigen Christen, auch solchen häretischer Herkunft, zusammengetroffen sein, wurden belehrt, gefördert und auf diesem Wege gewiß oft genug zuletzt für die Kirche gewonnen.

Klemens fühlt sich als rechtgläubiger, katholischer Christ, und er ist es auch wirklich, insofern er das wichtigste Ergebnis des antignostischen Kampfes, die Bibel der Kirche, übernommen hat. Er bejaht das Alte Testament und seinen Schöpfungsglauben und sucht von der Schrift aus die Lehre zu begründen. Auch Klemens ist also als Theologe vor allem Exeget; er sieht in der Bibelauslegung seine eigentliche Berufung und Aufgabe. Aber gleichzeitig berücksichtigt er alle sonstigen Lehren und „Philosophen“, die ihn umgeben, und sucht sie ins Gespräch zu ziehen. Er kämpft gegen die Irrlehren der Gnostiker und anderer Ketzer; aber er geht auf sie ein und bemüht sich auch, selbst von ihnen zu lernen. Seine Auseinandersetzungen zielen weniger auf ein schroffes „Anathema“ als auf Belehrung und Verständigung. Auch mit den heidnischen Philosophen lebt er in einer geistigen Welt, soweit sie nicht gerade Epikuräer sind und die göttliche Vorsehung leugnen. Plato steht wieder voran und kommt der christlichen Wahrheit am nächsten.

Die Großstadt Alexandria mit ihrem bunten, reich bewegten Leben ist für einen Menschen wie Klemens ein idealer Ort der Betätigung. Man darf dabei nicht nur an das wissenschaftliche und im engeren Sinne philosophische Bildungsleben denken. Die Mischung und der Austausch zwischen den Kulturen, den Schulen und Traditionen war hier seit langem im Gang und hatte jede Art von Religion und „Weltanschauung“ erfaßt. Gerade die mysteriösen und theosophischen Neigungen der Spätantike schossen hier in der Nachbarschaft der alten ägyptischen Zauberwelt mächtig ins Kraut. Das hatte schon längst dem Judentum wie jetzt auch dem Christentum innerhalb der geistig interessierten Gesellschaft besondere Möglichkeiten eröffnet. Klemens selbst ist ohne diesen weiteren Hintergrund nicht zu verstehen. Er interessiert sich brennend für alle alten Offenbarungen, geheimen Überlieferungen und Mysterien, auch dort, wo er ihren Inhalt verurteilt, und er versteht das Christentum nicht nur als „Philosophie", sondern auch als eine mysteriöse, den ganzen Menschen wandelnde und erhöhende Wirklichkeit und Kraft. Im Gegensatz zu manchem gnostischen Lehrer ist Klemens jedoch nicht in dieser magischen Traumwelt versunken. Denn er suchte den Schauder des Geheimnisses nicht um des Schauders und des Rausches willen, sondern er suchte überall nach der Wahrheit, der ernsten, ganzen, das menschliche Leben gründenden und bindenden Wahrheit, die für ihn Gotteserkenntnis, sittliche Entscheidung und Vernunft in einem bedeutet. Dies war es, was er schon bei Plato erkannte, und in der irdischen „Erscheinung" des göttlichen Logos, d. h. in Christus, vollkommen ergriff. Alles wahre geistige Leben und Erleben konnte seitdem nur die Entfaltung dieser einen ebenso klaren wie unerschöpflichen, geheimnisvollen und doch offenbarten und erkannten, lebendigen Wahrheit Gottes sein.

Der literarische Nachlaß des Klemens erfuhr dasselbe Schicksal wie der aller Väter dieser frühen Zeit: er ist zum großen Teil verlorengegangen. Immerhin ist uns in diesem Fall verhältnismäßig doch viel erhalten, genug, um die eigenartige Beweglichkeit des Mannes auf den verschiedensten Gebieten zu verfolgen. Der „Protreptikós" ist eine christliche Missions- und Werbeschrift, die sich ganz im Stile der antiken philosophischen „Mahnreden" präsentiert. Sie stimmt der Absicht nach mit den üblichen christlichen „Apologien" des zweiten Jahrhunderts überein; nur hat sie ein ganz anderes Niveau erreicht und läßt sich mit deren ungelenker, breitspuriger Banalität in der Form gar nicht mehr vergleichen. Gleich das Proömium gehört nach Eduard Norden (Die antike Kunstprosa [1898 [1]] 549) „mit seinen zerhackten, rhythmisch fallenden figurengeschmückten Sätzen zu dem Raffiniertesten, was es aus der sophistischen Prosa gibt". Es fordert den Leser schwungvoll heraus, statt der mythischen Gesänge auf die alten Götter hinfort lieber auf das neue Lied zu hören, dessen Sänger und Gegenstand der neue Orpheus, der von Zion ausgegangene Logos sei. Dann folgt die traditionelle Polemik gegen die Torheit und Unmoral der heidnischen Mythen, Mysterien,

Opfer und Bilder. Der relative Wahrheitsgehalt der philosophischen Verkündigung wird anerkannt. Aber die volle und ungetrübte Erkenntnis ist doch erst bei den Propheten und vor allem beim Logos selber zu finden, der in alle Wahrheit leitet.

Die Fortsetzung dieser Mahnrede bildet der umfangreiche „Paidagogós“, der „Erzieher“. Er will in lockerer, unpedantischer Weise Fragen der sittlichen und gesellschaftlichen Führung für christliche Anfänger behandeln. Die Erörterung dreht sich vorzüglich um praktische Fragen des Lebens und Benehmens, die kulturgeschichtlich recht interessant sind: die Formen beim Essen und Trinken, die Wohnung und die Wohnungseinrichtung, Feste und Vergnügen, Schlaf und Erholung, Putz und Schmuck, Umgang in der Gesellschaft und zwischen den Geschlechtern werden besprochen. Ein ganzes Kapitel geht über die Fußbekleidung, ein anderes von erheblichem Umfang ausschließlich über Parfüms, Salben und Kränze. Es ist unverkennbar, daß Klemens den Stoff weithin aus der gängigen Anstandsliteratur übernommen hat, und auch die grundsätzlichen Bemerkungen über das Tugendhafte und Naturgemäße sind nicht immer originell. Aber es ist trotzdem deutlich, daß Klemens im unbefangenen Plaudern und Eingehen auf alle möglichen Erwägungen eine bestimmte Linie verfolgt, von der er sich nicht abdrängen läßt, und ein Ziel im Auge hat, das über solche Vorerörterungen hinausliegt.

Das Christliche darf nicht als etwas Äußerliches verstanden werden, irgendein Gebot oder irgendeine Forderung, die als solche „gesetzlich“ erfüllt werden müßten; das Christentum ist eine Sache des Herzens, d. h. des ganzen Menschen, und eine christliche Ethik ist Ethik der Gesinnung in ihrer Gebundenheit wie in ihrer Freiheit. Darum ist Klemens kein Freund radikaler asketischer Ideale. Paulus selber ruft uns ja zu, daß das Reich Gottes nicht in Essen und Trinken bestehe (Röm. 14, 17) und also auch nicht in der Enthaltung von Wein oder Fleisch, sondern in Gerechtigkeit, Friede und Freude im Heiligen Geist. Man kann zugleich arm sein und reich sein, Güter haben und nicht haben, die Welt gebrauchen und nicht gebrauchen (I. Kor. 7, 31). „So wie die Demut nicht in Kasteiung des Leibes, sondern in der Sanftmut besteht, so ist auch die Enthaltsamkeit eine Tugend der Seele, die nicht im Sichtbaren, sondern im Verborgenen ihr Wesen hat“ (strom. III, 48, 3). Alles Äußerliche ist als solches neutral, ein „adiaphoron“ im stoisch-philosophischen Sinne, und der Christ ist ihm gegenüber durchaus „frei“. Aber diese Freiheit ist nicht Willkür und Zügellosigkeit. Alle Ausschweifung ist menschenunwürdig und somit auch christenunwürdig. Daß Jesu Füße mit kostbarer Salbe gesalbt wurden (Luk. 7, 37 f.), kann sich Klemens nur mit dem unbekehrten Stande des salbenden Weibes erklären, und im übrigen hilft er sich mit einer allegorischen Auslegung: der überreiche Duft bezeichnet die göttliche Lehre, die durch Jesu Füße, d. h. seine Apostel, in die Welt hinausgetragen werden sollte. Im allgemeinen ist das Mäßige, Beherrschte, Nicht-zu-auffallende, Nützliche, Vernünftige und Geistige auch als das Christliche zu empfehlen, das immer passend ist und auch mit den philosophischen Forderungen soweit völlig übereinstimmt. Doch ist die letzte, bewegende und ordnende Kraft, die die christliche Freiheit lenkt, nicht die bloße Vernunft, sondern die Liebe, die Gott und darum auch den Nächsten liebt und ihm gerne alles mitteilt, dessen er bedarf. Aber diese schon im Alten Testament gebotene Liebe kommt auch wieder mit der Gerechtigkeit und dem Gemeinsinn überein, den Grundbegriffen der antiken Sozialphilosophie.

Man versteht es, daß Klemens von jeher ein Liebling aller Humanisten gewesen ist. Er will ja selbst den klassischen, den „hellenischen" Idealen treu bleiben, und es ist keineswegs als bloße „Anpassung" zu beurteilen, wenn er immer wieder darauf bedacht ist, das, was er zu sagen hat, nicht nur biblisch, sondern auch philosophisch und vernünftig zu begründen. Hier besteht für ihn kein unversöhnlicher Gegensatz. Die klassischen Philosophen und die „barbarischen", d. h. alttestamentlichen Propheten scheinen mitunter fast ganz in einer Linie zu stehen, als Wegbereiter derselben Wahrheit, die Christus offenbar gemacht hat. Kein Volk war von der Vorsehung jemals ganz verlassen, und „von allem Schönen, mag es nun hellenisch, mag es unser sein, ist zuletzt doch der eine wahre Gott der einzige Urheber" (strom. I, 28). Daß bei den Philosophen, anders als in der Bibel, auch viel „Unkraut" zu finden ist und „nicht alle Nüsse eßbar sind" (strom. I, 7, 3), kann an dieser Grunderkenntnis nichts ändern. Klemens läßt sich von den ängstlichen Gemütern, die der Wissenschaft mißtrauen und vor der griechischen Philosophie eine Furcht empfinden „wie die Kinder vor dem schwarzen Mann" (strom. VI, 80, 5), in keiner Weise einschüchtern. Nimmt man hinzu, daß er die schroff asketischen Forderungen überall mit grundsätzlicher Entschiedenheit zurückweist und einen edlen Genuß irdischer Güter als das Naturgemäße und Gottgewollte bejaht („warum sollte ich mich nicht daran freuen? für wen sind sie denn geschaffen, wenn nicht für uns?" paid. II, 119, 2), so erscheint er in der Tat fast wie das Urbild eines liberalen Theologen und seiner „Weltfrömmigkeit". Aber in Wirklichkeit ist Klemens so wenig ein Liberaler wie ein Pietist. Er strebt bewußt über beide

Haltungen hinaus, indem er das Christentum als eine eigene Religion preist, die das Heidentum und das Judentum übergipfele. Das Christentum ist neues Leben aus einem neuen Sein, das sich hoch über allen früheren Lebensweisen, jenseits aller bloßen Vernunfterkenntnis und jenseits der gesetzlichen Moral als ein neuer Enthusiasmus der Gottesgemeinschaft in Glaube, Hoffnung und Liebe vollendet, und eben damit die Krönung aller menschlichen Kultur und Religion schlechthin; es ist die Vollendung des Lebens in Gott.

Will man Klemens ganz kennenlernen, so muß man zu seinen „Stromata", den „Teppichen" greifen, einem umfangreichen, recht eigentlich uferlosen Werk, in dem sich der Eindruck des Fremdartigen zunächst allerdings noch steigert. Schon die äußere Form, in der sich keinerlei klare Planung erkennen läßt, hat für unser Gefühl etwas Rätselhaftes. Der Titel stellt diese Bücher mit ähnlichen Erzeugnissen der antiken Buntschreiberei zusammen, den „Geweben", „Stickereien", „Auen" und „Helikonen". Es sind „Miscellanea", Studien und Materialien oder „Brouillons", die als solche im Hellenismus zu einer Art Kunstform entwickelt waren. Im letzten, achten „Teppich" fehlt die Bearbeitung noch gänzlich; hier haben wir es wohl in der Tat nur mit Vorarbeiten und Auszügen zu tun, die Klemens später zu verwenden wünschte. Aber es fragt sich, wieweit die Stromata überhaupt für eine größere Öffentlichkeit bestimmt waren. Vielleicht haben wir es hier mit internen Schriftstücken der klementinischen Schule zu tun, die uns von seiner Lehr- und Unterrichtsmethode, etwa in der Weise eines Kollegheftes, eine Vorstellung geben können. Aber die literarische Absicht scheint dann doch darüber hinauszugehen.

Der Inhalt der „Teppiche" ist überaus bunt, aber durchweg auf grundsätzliche und zentrale Fragen bezogen. Klemens behandelt z. B. die Bedeutung der antiken Philosophie, er kommt auf Glauben und Wissen, auf die Gottesliebe, auf die Fragen von Ehe und Jungfräulichkeit zu sprechen. Längere, zusammenhängende Abschnitte betreffen den Sinn und die Bedeutung des wahren Martyriums, des Wort- und Blutzeugnisses der Christen. Klemens setzt sich mit bestimmten Sonderlehren der Ketzer auseinander, er beruft sich auf die Überlieferung seiner eigenen Lehrer und der „Ältesten" und Väter der Kirche. Zum Schluß wendet er sich mit besonderer Liebe und Beteiligung dem Bild des vollkommenen „Gnostikers" zu, d. h. desjenigen Christen, der in Erkenntnis und Liebe mit Gott völlig geeint ist. Das Wort wird also noch keineswegs wie vielfach im modernen Sprachgebrauch auf die Häretiker eingeengt. In dem Ideal des „erkennenden" Christen vollendet sich für Klemens vielmehr seine Gesamtanschauung des Christentums.

Ein durchlaufender Gedankengang ist in den „Teppichen“, wie gesagt, kaum festzustellen. Aber die größte Schwierigkeit für das Verständnis entsteht durch das ständige Wechseln nicht nur des Themas, sondern auch der Blickrichtung, der Vortragsweise und der geistigen Höhenlage der Erörterung. Sie orientiert sich immer wieder an der Bibel, die auch unbeabsichtigt anklingt und die ganze Rede durchdringt. Aber daneben werden Dichter und Philosophen ebenfalls reichlich zitiert, und Klemens folgt ihnen streckenweise sehr weit. Er geht auf Einwände und abweichende Meinungen ein, er scheint wie in einem ständigen, Rücksicht nehmenden Gespräch hin und her zu pendeln, zu fragen, zuzuhören, zu erörtern, um dann mit einigen Vorbehalten doch wieder weiterzugehen und selbständig fortzufahren. Klemens scheut nicht das Urteil und eigene Stellungnahme; aber sie haben oft nur vorläufigen Charakter, er scheint den Gegenstand nicht ganz erschöpft zu haben und verweist auch ausdrücklich auf spätere Darlegungen. Man hat den Eindruck, als habe er ein Ganzes im Auge, auf das er zusteuert und das ihm doch immer wieder entgleitet, das sich nicht fassen läßt. Aber diese Vieldeutigkeit und Wirrnis der Darstellung, die zum Weiterdenken und Weiterfragen hindrängt, ist durchaus gewollt. Klemens ist gewiß kein strenger systematischer Denker; aber man täte ihm Unrecht, wollte man sein ausdrückliches Bekenntnis zu diesem wunderlichen Stile nur als verschämtes Eingeständnis der eigenen Hilflosigkeit interpretieren oder auch als ein vorsichtiges Ausweichen vor der Kritik, die sich an dieser literarischen, freien Erörterung heiliger Dinge möglicherweise stoßen könnte. Klemens hat es zu Beginn des Werkes und auch sonst oft und klar genug gesagt, warum er sich dazu entschließen mußte, die Gesichtspunkte und Maßstäbe zu wechseln und die Regellosigkeit zum Prinzip zu machen. Die Methode folgt für ihn aus dem Wesen der Sache, der sie dienen soll. Das Christentum läßt sich nicht einfach lehren, es läßt sich jedenfalls nicht schriftlich mitteilen und ein für allemal jedermann verfügbar machen. Denn seine Wirklichkeit ist geheimnisvoll und erschließt sich in seiner Fülle nur dem, der dafür reif und hinlänglich von Gott begnadet ist. Der Glaube fordert die persönliche Aneignung und wird durch eine vorschnelle Veröffentlichung nicht verbreitet, sondern nur entweiht. So bilden die „Teppiche“ ein gewolltes Dickicht, einen „geistlichen Park“, in dem die fruchtbaren und unfruchtbaren Bäume so durcheinander gepflanzt sind, daß kein Neugieriger und kein Heuchler die Früchte stehlen, der innerlich

Bereite sie aber alsbald schon finden und genießen wird. Es genügt Klemens, für den einen Leser geschrieben zu haben, der ihn wirklich versteht; dieser aber versteht ihn gewiß nicht bloß nach den Büchern, sondern auf Grund der lebendigen Erfahrung und einer inneren Verwandtschaft, die das Verwandte entdeckt.

Wie man sieht, handelt es sich bei Klemens um mehr als um die übliche Geheimniskrämerei der Arkandisziplinen und mysteriösen Verhüllungen. Es geht ihm im modischen Gewande solcher Vorstellungen vielmehr um die „Wahrheit als Begegnung" und Erfahrung, um die Schwierigkeiten und Möglichkeiten einer individuellen und existentiellen Übermittlung und Aneignung der Wahrheit. Das war ein Problem, mit dem schon Plato gerungen hatte, wenn er auf eine direkte, dogmatische Mitteilung seiner Lehre auf schriftlichem Wege ausdrücklich verzichtete, und Klemens beruft sich auf ihn insofern durchaus mit Recht. Die wirkliche, lebengründende Erkenntnis muß persönlich vollzogen, sie kann also auch nur persönlich und mündlich in unmittelbarer Verantwortung gelehrt, gezeigt und gezeugt werden. Die letzte Erkenntnis geht nicht über das Buch, und sie darf im Buch darum auch nicht enthüllt werden, weil man den Kindern kein Messer in die Hand gibt. Von hier aus versteht man nun die außerordentliche Bedeutung, die die Person des Lehrers gewinnen muß. Er ist für ein lebendiges Christentum geradezu unentbehrlich, und Klemens ermahnt jedermann mit eindringlichem Ernste, sich einen solchen Seelsorger, Freund und Seelenleiter zu wählen, der ihm offen die Wahrheit sagt, der sich nicht scheut, notfalls auch hart zuzupacken und eben dadurch hilft und heilt. Aber im Bereich der höheren religiösen Erkenntnis gewinnt die Lehrergestalt eine noch weitergreifende Bedeutung. Er ist nicht bloß der wachsame Erzieher, der sokratische Partner und Helfer auf dem Wege zum selbständigen Ergreifen und Verstehen der Wahrheit; er ist als der von Gott Ergriffene und Geheiligte ihr eigentlicher Mittler, der sie für den Neuling erst wahrhaft vergegenwärtigt und sichtbar macht. Indem er ihn in die neue Welt des christlichen Betens, Schauens und Liebens schrittweise ein- und weiterführt, bildet er den Sucher und schlichten Gläubigen um und macht ihn so erst zum verstehenden, brennenden und leuchtenden „Erkenner" seines Herrn. Gemessen an diesen letzten Erfahrungen und Wirklichkeiten kann alle theoretische Erkenntnis nicht mehr als bloße Vorbereitung und Hinführung, eine Vorerkenntnis und ein Vorverständnis im Sinne der philosophischen Hilfswissenschaften sein wie die Geometrie oder sonstige „propaideumata". Auch ein christliches Buch, ja die Bibel selbst, in der doch alle Weisheit beschlossen liegt, kann als bloßes Buch den Lehrer nicht ersetzen. Nur am lebendigen Feuer wird sich das Feuer des Geistes entzünden.

Auf der höchsten Stufe der Erkenntnis ist die Vollendung erreicht. Der vollkommene Gnostiker hat den menschlichen Lehrer nicht mehr nötig, weil er durch den Logos unmittelbar mit Gott verbunden, Gottes Freund und Vertrauter geworden ist. Über die alltäglichen Sorgen und Süchte dieser Welt ist er weit, weit hinausgehoben, sie erreichen ihn nicht mehr, obschon er äußerlich frei und ungezwungen weiter in dieser Welt lebt. Die sichtbaren Dinge locken und schrecken ihn nicht mehr. Er ist durch die innere Heftung seines Willens an Gott gleichsam eingetreten in den Chor der ewig anbetenden Engel. Er mag wandeln und mit Menschen verkehren, ruhen, lesen, Geschäfte treiben – im Grunde ist doch sein ganzes Leben nur ein ununterbrochenes Gebet, Umgang mit Gott selber, ein ständiges Fest. Und Gott erhört diese inwendige Richtung auf ihn hin immerdar, auch wenn sie keine geformten Worte findet. Gerade in dieser seligen Vollendung lebt aber der wahre Gnostiker nicht mehr für sich. Indem er Gott liebt, lebt Gottes Liebe auch in ihm, er wird zum lebendigen und wirkenden Abbild Christi und neigt sich mit Freuden zu seinen Mitmenschen hinab, die alle – gleich ihm – zum Höchsten berufen sind und durch ihn in das Reich der göttlichen Erkenntnis eintreten sollen.

In diesem Preis des vollkommenen Gnostikers hat Klemens sich selbst geschildert, das Ideal, das er mit seinen Schülern zu verwirklichen suchte, die in ihm ihren Lehrer, ihren Seelsorger und ihr Vorbild erblickten. Von der größeren kirchlichen Gemeinde und ihrer Organisation ist in den Schriften des Klemens dagegen kaum je die Rede. Wenn er einmal von den Klerikern und ihren Aufgaben spricht, wozu ja schon die alttestamentlichen Texte einladen mußten, so werden sie unwillkürlich zu Typen und Allegorien der geistlichen Vollkommenheitsgrade, die ihn allein beschäftigen. Im Grunde sind die Amtsträger der Gemeinde als solche für Klemens ohne Interesse. Der Gnostiker und der gnostische Lehrer sind die eigentlich priesterlichen Naturen, und das geistliche Erbe, von dem sie zehren, wird nicht auf dem Instanzenweg weitergeleitet. Doch darf man diese geringe Beachtung des Klerikalen und Kirchlichen nicht im Sinn einer Ablehnung und geheimen Gegnerschaft deuten. Klemens selbst sagt einmal, daß der echte Gnostiker die Gottesdienste der Gemeinde nicht meiden solle, auch wenn er ihrer selbst nicht mehr bedarf. Wir besitzen sogar eine umfangreiche Predigt, die Klemens selbst gehalten hat. Allerdings ist es nicht deutlich, ob es sich hierbei um eine wirkliche Gemeindepredigt handelt und nicht vielmehr um eine Art „Bibelstunde“ oder geistlichen Vortrag, der nur auf einen engeren Kreis seiner eigenen Schüler gemünzt war. Man sieht hier jedenfalls, wie gut es Klemens versteht, einen Gedankengang, wenn es sein soll, in völliger Einfachheit und Klarheit zu entfalten und ohne alles prunkende Beiwerk warm und eindringlich zum Ziel zu führen. Aber das „akademische“ Niveau der Ansprache und auch die Frage, mit der sie sich befaßt, scheinen in erster Linie doch auf bestimmte, gehobene Kreise der christlichen Gesellschaft berechnet zu sein. Klemens zeigt im Anschluß an die Perikope vom „reichen Jüngling“, daß es nicht die Absicht Jesu gewesen sein könne, die Reichen vom Himmelreich überhaupt auszuschließen. Im Grunde geht es auch hier wieder um etwas Inwendiges, nämlich um die Lösung des Herzens aus den Banden der irdischen Begierlichkeit. Ist diese erreicht, so ist der Reichtum, richtig angewandt, sogar ein Gut und kann seinerseits ein Mittel zum ewigen Heile werden. An diesem darf kein Mensch verzweifeln. Die Predigt klingt lebendig und ergreifend in die Geschichte vom „geretteten Jüngling“ aus, die Herder zu einem deutschen Gedicht gestaltet hat: der alte Bericht über den Apostel Johannes, der einen abtrünnigen Schüler, der zum Räuberhauptmann geworden ist, für die Kirche zurückgewinnt, illustriert die Grenzenlosigkeit des göttlichen Vergebens, die Rettung des scheinbar Verlorenen durch die Kraft der Buße und die wunderbare Macht des umwandelnden, christlichen Evangeliums. –

Gegen Ende seines Lebens geht die Spur unseres Kirchenvaters wieder verloren. Er ist nicht bis zuletzt in der Stadt Alexandrien geblieben, die ihn so lange beherbergt hatte. Im Jahre 202 oder 203 hat er sie endgültig verlassen, wie es scheint, um den Unannehmlichkeiten der unter Septimius Severus verschärften Maßnahmen gegen die Christen und ihre Missionspropaganda aus dem Wege zu gehen. Um 211 hören wir aus Kappadokien, daß Klemens die dortige „Gemeinde des Herrn gestärkt und ihre Erkenntnis erweitert“ habe und als Überbringer eines kirchlichen Schreibens von dort nach dem syrischen Antiochien gereist sei (Eus. H. E. VI 11, 5 f.). Bald darauf muß er gestorben sein. Denn um das Jahr 215/16 rechnet der frühere kappadokische Bischof Alexander den „heiligen Klemens“, seinen ausgezeichneten „Herrn und Bruder“ neben Pantainos bereits zu den „voraufgegangenen Vätern“ (Eus. H. E. VI 14, 8 f.).

Die spätere Kirche hat es verschmäht, Klemens unter ihre anerkannten Heiligen aufzunehmen. Man wußte zu wenig von ihm, und seine Lehren schienen z. T. verdächtig. Das war allzusehr vom

Standpunkt einer veränderten Zeit aus geurteilt. Klemens hätte bei den Nachfahren ein besseres Gedächtnis verdient. Aber die Zurückhaltung ist immerhin verständlich, wenn man bedenkt, daß Klemens unter allen Kirchenvätern ohne Zweifel der „unkirchlichste", d. h. der organisierten Kirche gegenüber gleichgültigste gewesen ist. Und doch gewinnt eben die Frage nach der Kirche, ihrem Recht, ihrem Amt und ihrer rechtgläubigen Verkündigung schon in seiner Zeit überall vermehrte praktische und grundsätzliche Bedeutung. Von nun ab ist es nicht mehr möglich, diese Dinge so, wie er es getan hatte, als religiös mehr oder weniger nebensächlich zu behandeln oder einfach auf sich beruhen zu lassen. Das lebendige Christentum versteht sich vor allem als Kirche und nicht mehr als Sache einer bloß persönlichen Bildung und Erkenntnis, als Lehre von der überschwenglichen, individuellen geistlichen Vollkommenheit.

Die Werke des Klemens sind von O. Stählin in den „Griechischen christlichen Kirchenvätern" 1905–09 vorzüglich herausgegeben worden; dazu der Registerband von 1936 und die deutsche Übersetzung in der „Bibliothek der Kirchenväter" (1934–38) mit Einleitung und neuen Textverbesserungen. Einen revidierten Text mit französischer Übersetzung bieten einzelne Bände der Sammlung „Sources chrétiennes", Paris 1949 ff.

Die Klemensliteratur ist uferlos und schwillt immer weiter an. Vor allem wichtig sind: W. Bousset, Jüdisch-christlicher Schulbetrieb in Alexandria und Rom. Literarische Untersuchungen zu Philo und Clemens von Alexandria, Justin und Irenäus (1915); J. Munck, Untersuchungen über Klemens von Alexandria (1933); G. Lazzati, Introduzione allo studio di Clemente Alessandrino (Mailand 1939). Für die Fragen seiner Theologie und geistigen Haltung seien genannt: E. Molland, The conception of the Gospel in the Alexandrinian Theology (Oslo 1938); W. Völker, Der wahre Gnostiker nach Clemens Alexandrinus (1952); H. v. Campenhausen (o. S. 31), S. 215 ff.

4. Kapitel

ORIGENES

An Origenes gemessen wirkt die geistige Arbeit der früheren Kirchenväter nur wie ein Vorspiel. Sie greifen aus der reichen Masse der urchristlichen Überlieferung je nach Herkunft und persönlicher Eigenart die Dinge heraus, die ihnen am Herzen liegen, um sie der heidnischen Welt mit missionarischem Eifer zu empfehlen, sie lehnen sich an die Forderungen und Erwartungen der Gebildeten an, um das Christentum als Erfüllung aller Weisheit und Religion zu preisen; sie fühlen sich als Verkündiger der offenbarten Wahrheit, wobei die frei gedeutete Bibel ihr einziger fester Rückhalt ist. Aber sie gründen nirgends ein theologisches Ganzes im systematischen Sinne, und ihre Aneignung der Philosophie und Wissenschaft bleibt – Klemens ausgenommen – ziemlich dilettantisch und durch die jeweiligen apologetischen und polemischen Interessen bestimmt. Das Problematische ihrer kirchlichen Stellung ist ihnen noch nicht zum Bewußtsein gekommen. Als der bedeutendste dieser Männer erscheint Hippolyt von Rom, der zum Teil noch gleichzeitig mit Origenes gewirkt hat (bis 235). Hippolyt war ein Schüler des Irenäus und wahrscheinlich so wie dieser aus dem Osten gebürtig. Er wurde römischer Presbyter und Bischof und fühlte als solcher mit Stolz die Verantwortung für die Vertretung und Verteidigung der alten, von den Aposteln stammenden katholischen Tradition. Hippolyt war auch „Philosoph" und ein gründlicher Gelehrter, der neben seinen Predigten die ersten zusammenhängenden Bibelkommentare verfaßt hat, dazu eine Chronographie und kalendarische Tabellen. Seine Anhänger haben ihm eine Statue gesetzt, die ihn lehrend auf seinem Bischofsthron zeigt, ein Verzeichnis seiner Werke an dessen Gewände. Aber so achtbar Hippolyts philologische Studien und sein dogmatischer Eifer auch sein mögen – er ist alles in allem doch eine viel zu primitive und ideenlose Erscheinung, um das umfassende geistige und kirchliche Selbstbewußtsein schaffen zu können, dessen die Christen im neuen Jahrhundert bedurften. Das hat erst Origines gegründet. Er ist neben dem Heiden Plotin der umfassendste Geist der Epoche, und er erscheint am geschichtlichen Wendepunkt der Entwicklung, da die Kirche die Enge eines konventikelhaften Daseins endgültig hinter sich läßt und die Weichen für die Zukunft gestellt werden. Indem er die Weltanschauung, das Lebensideal und die Kirchlichkeit seiner Zeitgenossen formte, hat er die Richtung der griechischen Theologie für mehr als ein Jahrhundert bestimmt und ist ihr zum Schicksal, ja in gewisser Weise: zum Verhängnis geworden.

Über Leben und Wirken des Origenes sind wir weit besser orientiert als über seine Vorgänger. Eusebios hat ihm fast das ganze sechste Buch seiner Kirchengeschichte gewidmet und konnte dazu aus der origenistischen Bibliothek in Cäsarea schöpfen, wo der ganze Nachlaß und die jetzt verlorenen Briefe des großen Lehrers gesammelt waren. Von den Schriften, deren Zahl angeblich in die Tausende ging, sind uns immer noch erhebliche Mengen erhalten, obschon vielfach nur in Übersetzungen und Auswahlsammlungen, die gerade die kühnsten und darum anstößigsten Gedanken „verbessert" oder fortgelassen haben. Wir müssen uns im folgenden auf das Notwendigste beschränken.

Origenes ist wohl der erste literarisch tätige Christ, von dem wir mit Sicherheit wissen, daß er aus einem christlichen Hause stammte und christlich erzogen wurde. Origenes nähert sich der Kirche wie Irenäus nicht von außen, er sucht nicht besondere Brücken und Anmarschwege, um es der „Welt" zu erschließen und verständlich zu machen, sondern der christliche Glaube ist für ihn eine feste Gegebenheit, das Zentrum der Wahrheit, von dem aus er alles zu überschauen meint. Seine geistige Entwicklung geschieht ohne Fanatismus und ohne Kompromiß, bruchlos, reibungslos und ohne Aufenthalt. Man hat den Eindruck, daß dieser Mann, dessen Leben, wie Eusebios sagt, „von den Windeln an" beachtlich erscheint (H. E. VI 2, 2), nie einen Augenblick Zeit verloren und nie an einer inneren Hemmung gelitten habe. Auch die Richtung aufs Geistige stammt schon aus seinem Elternhaus. Der Vater Leonides war in Alexandrien Lehrer gewesen und wird als solcher seinen Sohn gewiß nicht nur in den „enkyklischen" Fächern – Mathematik, Grammatik, Rhetorik –, sondern auch schon in den Anfängen der christlichen „Erkenntnis" unterrichtet haben. Im Jahre 202 fiel er einer Christenverfolgung zum Opfer. Origenes, der damals etwa siebzehn oder achtzehn Jahre zählte, hatte ihn noch im Gefängnis brieflich dazu ermuntert, ja nicht um seiner Frau oder um der Kinder willen schwach zu werden und nachzugeben. Die Legende erzählt, daß er selbst dem Martyrium nur dadurch entgangen sei, daß ihm die Mutter seine Kleider versteckte und ihn so am Ausgehen verhinderte. Unter solchen Vorzeichen tritt er ins Leben. Origenes hat nichts von der unbekümmerten, mitunter fast spielerischen Bildungsfreude eines Klemens an sich, der eben damals sich der Verfolgung entzog. Hinter der gelehrten Riesenarbeit, die er durchführen sollte, stand von Anfang an ein strenger, asketischer Ernst und die eiserne Entschlossenheit eines Mannes, der die Möglichkeit des Martyriums niemals aus dem Auge verlor. Es mag sein, daß sein enthusiastischer Radikalismus in der Jugendzeit bis ans Häretische streifte. Unter Berufung auf ein Jesuswort (Matth. 19, 12) tat Origenes damals den später von ihm selbst mißbilligten Schritt, sich „um des Himmelreichs willen" zu entmannen. Aber er stand von Anfang an in der rechtgläubigen Kirche. Ihr gliederte er sich in Alexandrien ein, und ihr blieb er später auch auf den weiten Reisen treu, die er wie Justin oder Klemens nach Kleinasien, nach Griechenland und Rom unternahm.

Zunächst wurde auch Origenes Lehrer, nur daß sich das Schwergewicht bei ihm noch mehr als beim Vater von Anfang an auf die christliche Unterweisung verschob. Es fehlte damals an christlichen Lehrern und an Lehrern des Christentums, nachdem die Verfolgung sie in erster Linie getroffen hatte. Origenes schreckte das nicht ab, und Demetrios, der energische Bischof von Alexandrien, erkannte seinen Mann und gewann ihn trotz seiner Jugend für den regelmäßigen Unterricht der kirchlichen Katechumenen. Diese halbamtliche Schule gewann unter seiner Leitung eine schnell wachsende Bedeutung und sozusagen akademischen Rang. Sie wurde auch von Ketzern und Heiden besucht, natürlich kostenlos. Origenes lebte davon, daß er die väterliche Bibliothek heidnischer Autoren verkauft hatte und dafür eine überaus bescheidene Rente zog, eben ausreichend für das Leben eines unausgesetzt arbeitenden, alle entbehrlichen Genüsse sich versagenden Asketen. Aber Origines blieb noch nicht endgültig in dieser Bahn. Mochte er unter seinen Freunden Erfolg und Bewunderung ernten, ihm selbst genügte die bisherige Ausbildung nicht, und so entschloß er sich, noch einmal selbst in die Lehre zu gehen, die enkyklischen Wissenschaften und vor allem die Philosophie von Grund auf zu studieren. Das konnte nur bei Heiden geschehen: Plotins Meister, Ammonios Sakkas, scheint etwa fünf Jahre lang auch sein Lehrer gewesen zu sein. In dessen Schule lernte Origenes u. a. den nachmaligen alexandrinischen Bischof Heraklas kennen, den er für die eigene Schule als Mitarbeiter gewann. Später überließ er ihm den niederen Unterricht ganz und widmete sich selbst nur noch den höheren, philosophisch-theologischen und biblischen Vorlesungen für die Fortgeschrittenen. Nach dem Bruch mit Demetrios ist Heraklas in der Leitung der Schule Origenes Nachfolger geworden.

Die Bedeutung, die diese philosophischen Studienjahre für Origenes gewannen, kann kaum überschätzt werden. Origenes ist der erste Christ, der unmittelbar in die geistige Führerschicht seiner

Zeit einrückt und die christlichen Lehren hier in einer Weise zu Gehör brachte, die auch bei den Gegnern Beachtung erzwang. Kein Geringerer als Porphyrios, der Biograph Plotins, bezeugt dies mit einer Mischung von Erbitterung und Bewunderung. Origenes, meint er (Eus. H. E. VI 19, 7 f.), bekannte sich zwar zur „barbarischen“ Lehre und lebte als Christ im Widerspruch zu den Gesetzen; aber in seiner Welt- und Gottesanschauung war er gleichwohl hellenisch gesinnt. „Mit den Schriften des Numenios, Kronios, Apollophanes, Longinus, Moderatus, Nikomachos und der berühmten Pythagoräer war er völlig vertraut.“ Nur schob er – „leider“ im Sinne des heidnischen „Hellenen“ – die platonischen Gedanken „den fremden Mythen unter“, d. h. er verstand sie als Aussagen der jüdisch-christlichen Bibel Alten und Neuen Testaments. Natürlich hätte Origenes dieser Charakterisierung selbst niemals zugestimmt. Er studierte die heidnischen Philosophen, um sie zu widerlegen, und war fest davon überzeugt, das, was ihn gleichwohl mit ihnen verband, selbst früher und vollkommener aus der christlichen Offenbarung geschöpft zu haben. Aber für nutzlos kann er das methodische Studium der Philosophie doch nicht gehalten haben, da er es auch seinen Schülern zur Pflicht machte. Es fragt sich daher, ob das scharfe Urteil seines Gegners sachlich nicht trotzdem zu Recht besteht. Origenes bietet das erste große Beispiel einer Theologie, die nichts als christlich sein will und die trotzdem, ungewollt und unbewußt, in das Schlepptau ihrer „ernst genommenen“ Gegner zu geraten droht – damals des werdenden Neuplatonismus, so gut wie bei manchen Späteren in das von Kant, Hegel oder Heidegger. –

Die Frage nach dem christlichen oder nicht mehr christlichen Charakter einer derartigen Theologie läßt sich niemals mit einem glatten Ja oder Nein beantworten. Auch bei Origenes ist das Verhältnis der geistigen Mischung und Durchdringung der Elemente dafür viel zu lebendig und zu kompliziert. Im Gegensatz zur neuzeitlichen philosophischen Entwicklung war die damalige mittelplatonische Philosophie noch nicht durch das Christentum beeinflußt und mitbedingt; aber sie wurde doch in zunehmendem Maße von derselben gnostisch-religiösen Stimmung getragen, die auch das christliche Denken der späten Antike durchdringt und lenkt. Theologische und anthropologische Probleme wie die Theodizee, die sittliche Entwicklung, die Unsterblichkeitslehre, die Forderung einer Abkehr von der materiellen Welt, die Frage nach dem Sinn ihrer Verfallenheit und ihrer möglichen Rückführung zum Ursprung des Göttlich-Einen, die Untersuchung des Seinsbegriffs selbst unter dem Vorwalten solcher Gesichtspunkte – das alles sind

Themen und Aufgaben, die sich jetzt in den Vordergrund schieben und als die Grundfragen der platonischen Philosophie verstanden werden, so wie es für Origenes die Grundfragen des Christentums selber sind.

Im Ganzen ist Origenes in seinen Fragestellungen und Antworten der gleichzeitigen philosophischen Entwicklung, geistesgeschichtlich gesehen, schon voraus. Sein Ausgangspunkt ist insofern anders, als er von der Wirklichkeit einer allgenügsamen Gottesoffenbarung nach dem Zeugnis der Bibel bereits ausgehen kann. Jüdische Theosophen und „Philosophen" wie Philo von Alexandrien, christliche Gnostiker und Theologen wie Klemens hatten ihm vorgearbeitet. Aber auch die heidnischen Philosophen interessierten sich schon längst für die heilige Weisheit alter Mythen und Mysterien und hatten von hier aus mit einer entsprechenden allegorisch-philosophischen Auslegung besonders der homerischen Epen den Anfang gemacht. Blickt man beispielsweise auf die Engel- und Dämonenlehre, die Origenes lebhaft beschäftigt und die auch die Neuplatoniker als ein wichtiges Stück ihrer Theologie und Welterklärung zu behandeln pflegen, so ist es ganz unmöglich, die Herkünfte und Einflußlinien mit Bestimmtheit zu sondern. Das Neue, das Origenes der Kirche gebracht hat, ist in erster Linie die große, systematische Zusammenfassung, der Übergang von der gelegentlichen und oftmals krausen und oberflächlichen philosophischen Interessiertheit zur methodischen geistigen Arbeit, vom Aphorismus der gebildeten Diskussion zum verantwortlichen Aufbau eines gegründeten theologischen Systems. Es gibt bei Origenes keinen Satz, der nur obenhin gesagt wäre, keinen Gedanken, der nicht ernst genommen und weiter verfolgt werden könnte. So wie er seine Schüler in einem wohl überlegten Ausbildungsgang über das Studium der Logik und der ontologischen „Physik", der Geometrie und der Astronomie zur Ethik und von da zur eigentlichen Theologie und zur Erforschung der Bibel zu leiten wußte, dem heilgen Inbegriff des geistigen Alls, so ist auch jeder einzelne Gedanke in seinem System in einem weiten Zusammenhang geordnet und geprüft. Kein Späterer unter den griechischen Kirchenvätern hat das so jemals wieder vermocht. Origenes ist der einzige, der das Ganze des Christentums auch literarisch in der Form eines angehenden philosophischen Systems zur Darstellung gebracht hat. Noch in der ersten, alexandrinischen Periode seines Lebens, etwa vierzigjährig, schreibt er sein eigentümlichstes Werk: „Perì archôn" (lateinisch: de principiis), eine christliche Dogmatik „über die Urdinge" (oder auch „über die Hauptlehren"). Freilich bringt die Kühnheit dieses Versuchs auch das Problematische der ganzen origenistischen Theologie zwangsläufig ans Licht. Nur mit Hilfe einer radikalen Um- und Neudeutung kann die christliche Verkündigung in den Rahmen einer objektivierten Gottes- und Weltlehre gebracht werden. Die heilsgeschichtlich-mythologische Überlieferung der Kirche verbindet sich mit den abstrakten Kategorien und Wertbegriffen der Philosophie zu einem seltsamen Mischgebilde, einer Art kosmisch-theosophischen Geistes- und Offenbarungsgeschichte, die auf Grund gewisser biblischer Voraussetzungen spekulativ entwickelt wird.

Das Werk ist uns in seiner originalen Gestalt nicht mehr vollständig erhalten. Origenes versichert zu Beginn, er wolle und werde darin kein Haarbreit von der kirchlichen Verkündigung abweichen; aber was er dann in Wirklichkeit bietet, ähnelt doch viel mehr einem gnostischen Mythos vom Fall und vom Entstehen und Vergehen der Welt, nur daß dieser Mythos jetzt weitgehend in die philosophische Begrifflichkeit umgesetzt und mehr oder weniger „symbolisch“ verstanden wird – eine Art „Entmythologisierung“, die das Ganze bereits in die Nachbarschaft der späteren neuplatonischen Systematik Plotins rückt. Am Anfang wird die Lehre von Gott behandelt, der die absolute, unveränderliche geistige Substanz ist, das Ur-Eine, das zugleich als das Ur-Lebendige und darum immerdar Schaffende oder Zeugende gedacht werden muß. Aus ihm quillt der Logos als sein Abbild ewig hervor. Durch den Geist wird das göttliche Wesen zur Trinität erweitert, und endlich schafft Gott durch den Logos die unabsehbare Welt der Geister, die ihn liebend und geliebt umgeben. Diese sind als persönliche Wesen frei; sie können ihre Freiheit darum auch mißbrauchen und sich schuldhaft von Gott entfernen. Indem sie das tun, entsteht die Welt, fortschreitend in immer weitere Kreise der „Abkühlung“, der Gottentfremdung und Verfinsterung bis hin zur materiellen Stofflichkeit der Leiber, in die die gefallenen Geister – auch die Menschenseelen sind präexistent – als Strafe und läuterndes Gefängnis eingeschlossen werden. Doch auch die gefallene Schöpfung bleibt immer von Gottes Vorsehung gehalten und geleitet, der unermüdlich um die Rückwendung und Rückführung des scheinbar Verlorenen wirbt. Die Sendung des Logos Christus, der sich mit einer reinen menschlichen Seele eint, ist in diesem Prozeß ein entscheidender Akt. Am Ende steht die volle Rückführung aller, auch der finstersten Teufel der Hölle, weil das Böse keine positive Macht ist und keine dauernde Wirklichkeit besitzen kann. Es ist wie alle Sünde, alle Strafe und aller Schmerz nur ein dunkler Übergang, den Gottes Fürsorge dennoch zum Besten lenkt. Die Freiheit und damit die Möglichkeit zur Besserung ist unverlierbar.

Origenes kennt also kein „radikales Böses“ und keine ewige Scheidung und Verdammnis. Das Ketzerische dieser idealistischen Konzeption wird dadurch noch gesteigert, daß auch die schließliche Wiederherstellung des „Gottesreiches“ für ihn konsequenterweise kaum einen endgültigen Abschluß bilden kann. Es folgt aus dem Wesen der geistigen Freiheit und aus dem Charakter der göttlichen Pädagogik (die wohl führt, aber niemals zwingt), daß in unabsehbaren zeitlichen Fernen wieder neue Verfinsterungen und damit neue Weltperioden und Welterlösungen ausgelöst werden können. Doch hat Origenes diesen Gedanken nicht stark betont. Die Zeit selbst ist ihm, von Gott her gesehen, nichts Letztes. Das wahre Leben liegt jenseits der Zeit in der Ewigkeit. Wir sind in unserem irdischen Stande nur nicht dazu in der Lage, dieses ewige Sein in sachgerechten Vorstellungen zu erfassen. Indem Origenes die Grenzen der christlichen Offenbarung tatsächlich überschreitet, ist er sich doch bewußt, daß all seinen Spekulationen ein Moment des Uneigentlichen, Bildlichen oder Dichterischen unweigerlich anhaftet. Aber er zweifelt nicht daran, daß er so der biblisch gemeinten Wahrheit immer noch näherkommt, als wenn er bei den wörtlichen, „verhüllten“ Aussagen ihres Anthropomorphismus einfach stehenbliebe, wie es die einfältige, unphilosophische Menge der Gläubigen allerdings zu tun gewohnt ist.

Die Anthropologie und Ethik, die zu dieser Metaphysik passen, zeigen die entsprechenden idealistisch-asketischen Züge. Durch die Erkenntnis ihres Ursprungs und ihrer Berufung, die Christus vermittelt hat, ist jede einzelne Seele aufgerufen, sich von den Fesseln dieser sichtbaren Welt zu lösen und den Rückweg und Aufstieg zu Gott in neuer Heiligkeit zu beginnen. Origenes verharrt nicht in kühler Schilderung und Betrachtung. Er fühlt sich als Missionar und Seelsorger seiner Schüler und will sie zu Betern, zu Märtyrern und Heiligen erziehen. Jedermann soll als geistlicher Streiter in die Reihen der Christen, der helfenden Geister und Engel eintreten und mit den Lastern und Dämonen der Welt den Krieg beginnen. Es gibt mancherlei Dienste und Hilfen; aber die entscheidende Macht der Rettung und Überwindung bleibt doch die „Gnosis“, die volle „Erkenntnis“ der göttlichen Wahrheit. Sie ist nur bei Christus, dem Lehrer und Vorbild aller Christen, wahrhaftig zu finden. Er begegnet der Seele so, wie sie es nötig hat, er stellt ihr auch in der Kirche die geistlichen Helfer und Gnadenmittel reichlich zur Verfügung. Aber entscheiden muß sie sich selbst, und zuletzt ist es doch das angeborene Vermögen der geistigen Freiheit, durch die die Wahrheit erkannt und die Erlösung gewonnen wird.

Dieser Begriff der Freiheit und Führung bestätigt nicht nur die unverlierbare geistige Würde des Menschen; er dient auch zur Rechtfertigung Gottes und des scheinbar unvollkomenen göttlichen Weltregiments. Der Gedanke der Theodizee nimmt bei Origenes einen breiten Raum ein und verbindet seine Theologie deutlich mit den gleichzeitigen Systemen des mittleren Platonismus. Für die genuin christliche Vorstellung des Gerichts, der Sünde und Vergebung, der Erlösung im strengen Sinne ist daneben kein Platz. Origenes fühlt nicht, wie sich ihm die entsprechenden biblischen Begriffe unter den Händen verwandeln, während er sie doch nur aufzunehmen und tiefer zu verstehen meint. Fast hat es den Anschein, als zeigte sich der christliche Charakter seiner Weltanschauung nur noch in der größeren Wärme, mit der er sie bekennt, der persönlichen Hingabe und Herzlichkeit, mit der er für sie zu werben sucht. Origenes schildert den Erlösungsvorgang weniger anthropologisch als die Philosophen, d. h. nicht einfach als Mythos vom Fall und der möglichen Heimkehr der Seele, sondern vielmehr theologisch als Ausdruck einer göttlichen Liebesgesinnung und Führung. Aber das sind schließlich doch nur Tönungen und leichte Verschiebungen innerhalb der gleichen Grundanschauung. Entscheidend christlich ist nur dies, daß Origenes – gegen die formale Logik seines Systems – nicht davon läßt, konkret alle Erkenntnis und Heiligung an die Person und das Vorbild Christi anzuschließen und daß die Bibel die entscheidende Urkunde, Sicherung und Hilfe seines Glaubens bleibt. Darin verfolgt er immer noch die alte Linie der christlichen „Lehrer", und kein philosophischer Spott über die Barbarei seiner „Mythen" kann ihn irre machen. Der letzte Teil seines Hauptwerks bringt noch eine ausdrückliche Rechtfertigung dieses Vorgehens: eine eingehende Lehre über die Heilige Schrift und die Grundsätze ihrer richtigen, „geistlichen" Auslegung. –

Auch Origenes ist also in erster Linie als Bibeltheologe zu beurteilen wie alle Väter der frühen Zeit. Das gilt auch insofern, als die große Masse seiner literarischen Arbeiten, in denen sich sein Unterricht spiegelt, aus biblischen Exegesen besteht. Zwar können neben „Perì archôn" noch einige theologische Monographien von geringerem Umfang genannt werden: über die Auferstehung, über das Gebet, über das Martyrium und außerdem wieder ein – heute leider verschwundenes – Werk mit dem uns schon bekannten Titel der „Teppiche", das eine Art Konkordanz biblischer und philosophischer Lehren enthalten haben soll. Aber ganz abgesehen davon, daß auch diese Schriften zum guten Teil Auslegungen enthalten, verschwinden sie fast neben der Menge von breiten biblischen Kommentaren, kürzeren, vornehmlich Einzelpunkte erläuternden „Scholien" und den Homilien, d. h. Predigten, die z. T. ebenfalls ganze biblische Bücher fortlaufend behandeln. Erhalten ist davon etwa ein Drittel, von den Scholienkommentaren im Zusammenhang überhaupt nichts. Doch beschränkte sich Origenes als Bibelgelehrter nicht auf die Auslegung. Mit gewohnter Sorgfalt suchte er auch hier, alles auf einen breiten und sicheren Grund zu stellen, und so schuf er sich als erstes eine umfassende Textausgabe des Alten Testaments für den eigenen Gebrauch, die sogenannte „sechsfache" Ausgabe, die „Hexaplâ". Neben dem unvokalisierten hebräischen Text bot sie zunächst eine griechische Umschrift zur Sicherung des Lautbestandes, und dann folgten in weiteren Spalten die verschiedenen griechischen Übersetzungen, vor allem die altgeheiligte jüdisch-alexandrinische Übersetzung der „Septuaginta" (LXX), deren Lücken und Überschüsse mit den üblichen textkritischen Zeichen besonders kenntlich gemacht wurden. Normalerweise waren es vier Übersetzungen, im ganzen also sechs schmale Kolumnen, die sich so mit einem Blick übersehen und untereinander vergleichen ließen. Aber gegebenenfalls hat Origenes auch noch eine fünfte, sechste und siebente Übersetzung mit hinzugenommen. Von einem solchen Text bemerkt er gelegentlich, er wäre in einem Kruge bei Jericho gefunden worden. Die modernen, Aufsehen erregenden „Höhlenfunde" am Toten Meer haben also schon im dritten Jahrhundert ihre Vorläufer gehabt. Für einen weiteren Benutzerkreis wurde als Auszug aus der Hexaplâ die sogenannte „Tetraplâ" hergestellt, die nur die vier griechischen Übersetzungen, ohne den hebräischen Text umfaßte. Das Original der Hexaplâ selbst ist wohl niemals vervielfältigt worden. Doch hat es Hieronymus hundertundfünfzig Jahre später in der katholischen Bibliothek von Caesarea noch benützen können, wobei ihm die Korrekturen von Origenes eigener Hand besonders aufgefallen sind.

Auf diese solide handschriftliche Grundlage konnte sich Origenes bei seinen exegetischen Arbeiten also jeweils beziehen. Seine Auslegung ist, besonders in den großen Kommentaren, als streng wissenschaftliche Leistung gemeint. An Ausführlichkeit stehen sie hinter keinem modernen Kommentar zurück. Allein die Auslegung des Johannesevangeliums umfaßt bis Joh. 13, 33 nicht weniger als zweiunddreißig „Bände". Schon die fünf Worte des ersten Satzes „Am Anfang war das Wort" erforderten zu ihrer Erklärung einen ganzen Band. Auf literarischen Aufputz oder rhetorische Effekte legte Origenes grundsätzlich überhaupt keinen Wert. Er war keine künstlerische Natur und verachtete „die Lehrer, die immer nur wohltönende Aussagen und klingende Sätze zusammenstellen wollen" (hom. Ezech. 3, 3). Einzig an der Sache ist ihm gelegen. Ruhig, geordnet und klar stellt er die Fragen und gibt er seine Antworten. Er geht auf abweichende Meinungen ausführlich ein und vermeidet keinen Aufenthalt oder Umweg, wo es für das Verständnis wesentlich scheint. Mitunter werden auch textkritische Probleme und historische Voraussetzungen erörtert. Aber das geschieht, aufs Ganze gesehen, doch nur selten und steht ganz am Rande. Das eigentlich wissenschaftliche Interesse ist rein theologisch-systematischer Natur. Die Bibel ist ja die maßgebende Urkunde für alles, was Origenes lehrt und zu erforschen sucht, die unerschöpfliche Quelle aller Metaphysik und Ethik, aller theologischen, philosophischen und wissenschaftlichen Erkenntnis überhaupt. Origenes ist davon überzeugt, daß die Bibel in ihrer vorliegenden Gestalt als das Buch der Kirche ein wunderbares, beziehungsreiches Ganzes darstellt, das Gott durch unmittelbare Eingebungen geschaffen habe. Er versteht sie meist nicht als „Zeugnis", d. h. als Niederschlag einer hinter ihr stehenden heiligen Geschichte oder als gläubiges Bekenntnis ihrer jeweiligen menschlichen Verfasser, sondern als zeitlosen Inbegriff der göttlichen Offenbarung selbst, „ein Meer von Geheimnissen". Die einzelnen Geschichten und Worte werden bis ins letzte ausgedeutet und zu Trägern von neuen, mitunter höchst überraschenden „Mysterien" gemacht. Wir sind dieser Auslegungsweise schon bei Justin und Klemens begegnet; die Methode als solche ist in der Kirche nicht neu. Aber durch die überlegte Gründlichkeit, mit der sie Origenes handhabt, gewinnt sie nun eine allumfassende theologische Bedeutung. Für unser Empfinden ist sie dadurch erst recht phantastisch geworden; aber es gehört zum Wesen der Allegoristik, daß sie sich immer mehr zu rechtfertigen und zu bestätigen scheint, je rücksichtsloser und konsequenter man sie anwendet. Sie ist in ihren Ergebnissen so wenig zu widerlegen wie das Vorurteil, von dem sie ausgeht, vom Text her zu kontrollieren ist. Origenes zweifelt darum nicht, daß sein Vorgehen gerade methodisch, völlig wissenschaftlich und sachgemäß sei. Dabei konnte er sich, wie gesagt, auch schon auf die Lehren der hellenistischen Philologie berufen, und für ihn ist die Allegorese vor allem dadurch gerechtfertigt, daß sie auch innerhalb der Bibel selbst mitunter zur Anwendung kommt. Systematisch fügt sie sich aber seinem ganzen Weltbild mit seinen geistigen Stufungen und Beziehungen wunderbar ein. Wir dürfen uns also nicht darüber wundern, daß er von der Gültigkeit seiner Erkenntnisse völlig überzeugt war.

Grundsätzlich unterscheidet Origenes für jeden biblischen Text eine „leibliche“, eine „seelische“ (psychische) und eine „geistliche“ (pneumatische) Bedeutung. Das entspricht ungefähr, aber nicht völlig den späteren Unterscheidungen eines historischen, moralischen und theologischen Schriftsinns. Doch fallen ihm die beiden höheren Stufen praktisch meistens in eins, und die erste, leiblich-historische Auslegung kann mitunter auch ganz ausfallen. Es gibt nach Origenes Meinung Texte, für die eine buchstäbliche Auslegung geradezu unsinnig und unmoralisch sein würde. Diese haben eben die Bestimmung, durch den Anstoß, den sie erregen, den Leser auf die eigentliche, tiefere Bedeutung hinzuweisen, die hinter den vordergründigen Worten steckt. „Welcher vernünftige Mensch wird z. B. glauben, daß der erste, zweite und dritte Tag, Abend wie Morgen, ohne Sonne, Mond und Sterne geworden sei, der erste sogar ohne Himmel?“ Oder „wer würde nicht unterwiesen . . . die Unzucht für nichts anzusehen, wenn er liest, wie Juda bei einer Hure einkehrte oder die Patriarchen gleichzeitig mehrere Frauen hatten“ (de princ. IV, 16)? – es sei denn, dies alles wird, wie sichs gehört, nur bildlich genommen und dann in seinem wahren, geistlichen Sinne bejaht. Andernfalls müßte ein Christ für das alttestamentliche Gottesgesetz geradezu „erröten“ angesichts der so viel „feiner und vernünftiger wirkenden Menschengesetze, etwa der Römer oder Athener“ (hom. Lev. 5, 1). Man sieht aus solchen Überlegungen, wie die moralisierende, rationalistisch-unhistorische Auffassung der Bibel Origenes förmlich zwingt, die Allegorese als rettenden Ausweg anzunehmen. Anders war das Alte Testament gegen die Heiden und vor allem gegen die Kritik der gnostischen und markionitischen Ketzer überhaupt nicht zu halten. Es ist auch zuzugeben, daß die allegorische Auslegung trotz ihrer methodischen Verkehrtheit nicht immer die Sache zu verfehlen braucht, um die es in der Bibel geht. Sie hat die wahre Meinung des Textes im Laufe der Kirchengeschichte oft genug, wiewohl auf Umwegen, immer noch erreicht. Aber bei Origenes ist das selten der Fall. Es ist erschütternd zu sehen, mit welcher Energie, mit welch einem Maß von wissenschaftlichem und menschlichem Ernste dieser große und fromme Gelehrte die Arbeit eines Lebens daran setzt, die Wahrheit des einen, heißgeliebten Buches zu entsiegeln, fest davon überzeugt, auf seinem Wege immer tiefer in ihren Gehalt einzudringen, und wie er in Wirklichkeit doch ganz in den Voraussetzungen seiner gnostisierend-platonisierenden Weltanschauung befangen bleibt, unfähig, das, was ihn vom Alten und Neuen Testament trennt, jemals auch nur in den Blick zu bekommen. –

Allen, die in seinen geistigen Bann gerieten, erging es nicht anders, und ihre Zahl wuchs schnell. Origenes war seinem Wesen nach kein einsamer Gelehrter, sondern in erster Linie ein Lehrer, der sich ähnlich wie Klemens, nur noch viel gründlicher und methodischer, vor allem der mündlichen Unterweisung und Erziehung seiner Schüler hingab. Wir haben noch die Valediktionsrede eines solchen, des später ebenfalls hochberühmten kleinasiatischen Bischofs und Missionars Gregors des Wundertäters, mit der er seinem geliebten Lehrer den begeisterten Dank abstattet. Origenes ist für ihn der einzige Mensch, von dem er weiß, daß er „die göttlichen Aussprüche rein und klar versteht und andern auszulegen weiß" (Greg. Thaumat. XV, 175). Unter der Leitung dieses Meisters, sagt er, sei ihm bald nichts mehr „verborgen und unzugänglich" erschienen. Origenes wußte auf jede Frage die rechte Antwort und stellte jede Erkenntnis an den richtigen Platz. Durch einen wohlhabenden Gönner namens Ambrosios, den er einst selbst von der Ketzerei zur katholischen Wahrheit bekehrt hatte, waren ihm die Mittel zur wissenschaftlichen Arbeit und Publikation in reichem Maße zur Verfügung gestellt worden. „Sieben Stenographen, die einander in bestimmten Abständen ablösten, ebensoviele Buchschreiber sowie Mädchen, die im Schönschreiben geübt waren" (Eus. H. E. VI 23, 2), standen ihm dauernd zur Verfügung und sorgten, daß möglichst keins seiner Worte verlorenging. Nur so erklärt sich die nahezu unbegreifliche Produktivität dieses Mannes, der nach seinem eigenen Zeugnis zeitlebens keine Ruhe gekannt hatte und den etwas zweideutigen Beinamen eines Arbeiters „mit ehernen Eingeweiden" (Chalkénteros) gewann. Seine Schriften tragen fast alle noch die Spuren des ungeglätteten, mündlichen Vortrags. Aber sie wirkten jetzt in der ganzen griechisch redenden Kirche, weit über den Umkreis Alexandriens und seiner engeren Schule hinaus.

Origines war in der Zwischenzeit eine Weltberühmtheit geworden. Der heidnische Statthalter Arabiens wandte sich an seinen ägyptischen Kollegen und schrieb auch an Bischof Demetrios einen höflichen Brief, man möchte Origines gestatten, vor ihm einige Vorträge zu halten. Auf Befehl der Kaiserin Julia Mammäa wurde er an ihr Hoflager nach Antiochien eskortiert, weil sie „eine Probe seiner allbewunderten Einsicht in die göttlichen Dinge" zu erhalten wünschte (Eus. H. E. VI 21, 3). Aus späterer Zeit existierten Briefe, die Origenes auch an den christenfreundlichen Kaiser Philippus Arabs und dessen Gattin gerichtet hatte. Innerhalb der Kirche galt Origenes natürlich erst recht als Autorität. Von überallher ergingen an ihn die Einladungen, und besonders wenn es darauf ankam, einen gelehrten Ketzer zu widerlegen oder schwierige theologische Fragen zu klären, rief man nach seinem Beistand. Origenes verstand es, seinen Gegnern nicht bloß durch Gelehrsamkeit und Scharfsinn zu imponieren, sondern sie auch innerlich zu überzeugen und für die katholische Kirche zu gewinnen. Die kürzlich entdeckten Akten einer solchen Disputation, der die ganze Gemeinde beiwohnte, geben ein sehr anschauliches Bild seines ebenso bescheidenen wie überlegenen Auftretens und seiner durch und durch sachlichen Kampfesweise.

Es erscheint auf den ersten Blick erstaunlich, daß dieser Mann in seiner engeren Heimat gleichwohl mehr und mehr in kirchliche Differenzen und Schwierigkeiten geriet, die schließlich zu einem offenen Zusammenstoß führen sollten. Der „Fall Origenes“ ist das erste berühmte Beispiel einer Rivalität und eines Konflikts zwischen der freien, nicht amtlichen Vollmacht eines unabhängigen „Lehrers“ mit der Autorität der über ihm stehenden kirchlichen Behörde. Die Einzelheiten lassen sich nicht mehr vollständig klären. Neben persönlichen Unstimmigkeiten mögen schon damals Bedenken gegen seine Rechtgläubigkeit mitgespielt haben. Entscheidend war aber wohl die Frage nach der rechtlichen Stellung der origenistischen Schule im Verhältnis zur Lehrgewalt des „apostolischen“ Bischofs. Demetrios war ein entschlossener Hierarch, der eben damals mit Erfolg bemüht war, seine Autorität in ganz Ägypten zur Anerkennung zu bringen. Er wünschte, auch die „Katechetenschule“ seiner unmittelbaren Aufsicht zu unterstellen; aber hier stieß er auf Widerstand. Wir erinnern uns, mit welcher sorglosen Unbekümmertheit noch ein Menschenalter zuvor Klemens von Alexandrien seinen theologischen Unterricht gestaltet hatte. Er dachte nicht daran, irgendwelche klerikale Instanzen zu befragen, und hatte dies bei seiner gänzlich unabhängigen Stellung auch nicht nötig. Origenes war von Haus aus „kirchlicher“ gesinnt. Er wollte der gesamten Kirche als ihr Lehrer dienen und zugleich ein treues Glied seiner besonderen, alexandrinischen Gemeinde sein. Aber auch er fühlte sich in seinem Lehren frei und keiner „menschlichen“ Beurteilung im voraus unterworfen, so willig er sich jeder Frage und geistlichen Kritik zu stellen bereit war. Gott selbst hatte ihn wie einen urchristlichen Propheten mit der „Gabe“ der Weisheit und Schrifterkenntnis gesegnet, die als solche nicht jedermanns Ding sein konnte. Zwar läßt Origenes auch das schlichte Gemeindeglied in seinem Christentum bestehen und erkennt dessen einfältigen Glauben von Herzen an. Aber die höhere „Erkenntnis“ behält daneben ihr Recht und darf nicht einfach mit dem Normalmaß des Durchschnittschristen gemessen werden. Origenes bemüht sich wohl darum, die verschiedenen Stufen geistlicher

Reife und Erleuchtung miteinander zu verbinden und im Gleichgewicht zu halten. Aber eben dadurch kommt der geheime Vorbehalt und Vorrang der „Gnostiker“ erst recht zum Vorschein, die Verschiedenheit wird unübersehbar, und das Mißtrauen der „Einfältigen“ ist gereizt. Dies ist die Lage, die der Bischof vor Augen hatte. Origenes suchte den drohenden Riß von innen her, rein geistlich zu überwinden: durch die substanzielle Rechtgläubigkeit seiner höheren Theologie und durch die bereitwillige Teilnahme am Leben und Gottesdienst der Gemeinde. Demetrios aber wünschte die formelle Ein- und Unterordnung im rechtlich-organisatorischen Sinn: das gottgesetzte, monarchische Bischofsamt sollte der lebendige Garant der rechtgläubigen Wahrheit und die einzige und eindeutige Darstellung der kirchlichen Einheit sein.

Die einfachste Lösung der gespannten Situation wäre im Sinne des Origenes die gewesen, ihn selbst durch eine Priesterweihe dem Klerus einzugliedern und die amtliche mit der nichtamtlichen Vollmacht so gewissermaßen in Personalunion zu verbinden. Es scheint, daß er sich selbst darum bemüht hat, aber vergeblich. Demetrios wünschte eine Unterwerfung, und bei der fast bischofsgleichen Stellung der alexandrinischen Presbyter wäre die Unabhängigkeit des Schulleiters durch eine hinzutretende Weihe noch verstärkt worden. Außerhalb Ägyptens hatte man für diese Form der klerikalen Kirchenpolitik jedoch kein Verständnis. In Jerusalem, dessen Bischof schon mit Klemens von Alexandrien befreundet gewesen war, in Caesarea, wo ein Schüler von Origenes der Gemeinde vorstand, ließ man ihn bei seinen Besuchen ohne weiteres im Gottesdienst predigen. Die heftigen Proteste, die Demetrios gegen diese „unerhörte“ Neuerung erhob, wurden zurückgewiesen. Aber als Origenes einige Jahre später erneut in Palästina weilte, um von dort aus „in Kirchenangelegenheiten“ weiter nach Griechenland zu reisen, entschloß man sich doch, ihn kurzerhand selbst zum Presbyter zu weihen. Origenes ließ das geschehen, offenbar in der Hoffnung, nunmehr gegen weitere Beschränkungen seiner Wirksamkeit gedeckt zu sein. Aber das Gegenteil geschah. Durch diesen Schritt wurde seine Stellung in Alexandrien vollends unhaltbar. Bei seiner Heimkehr wurde ihm dort ein so unfreundlicher Empfang zuteil, daß er sich entschließen mußte, das heimatliche Feld seiner Tätigkeit ganz aufzugeben und nach Caesarea überzusiedeln, wo man ihn mit offenen Armen aufnahm. Demetrios ließ ihn auf einer alexandrinischen Presbytersynode nachträglich noch in aller Form verbannen, und eine zweite Synode erklärte ihn im Jahre 231/232 auch des Presbyterats für verlustig, weil es ohne Beachtung der Zuständigkeit erteilt und für einen Eunuchen ohnedies nicht statthaft sei.

Dieser scheinbar zufällige, willkürlich provozierte Konflikt weist auf einen tieferen Gegensatz, der damals freilich den unmittelbar Beteiligten vielleicht nicht völlig bewußt geworden ist. Es läßt sich nicht verkennen, daß Origenes bei aller Friedfertigkeit und persönlichen Demut letzten Endes dem Bischofsamt überhaupt nicht die Bedeutung zubilligen konnte, die es für sich in Anspruch nahm, und zwar aus prinzipiellen, religiös-theologischen Erwägungen. Das, worauf es letzten Endes ankommt, die lebendige Erkenntnis und Erleuchtung durch die Wahrheit, läßt sich seiner Meinung nach nicht amtlich übertragen und beherrschen. Alle Rechte, die der Bischof empfängt und besitzt, die Sakramente, die er spendet, die Bann- und Absolutionsgewalt, die er ausübt, bleiben für sich allein genommen so lange etwas „Äußerliches", als sie nicht mit rechter innerer Vollmacht ergriffen und fruchtbar gemacht sind. Das bewirkt aber nicht das Amt als solches, sondern der Geist, die rechte Gesinnung der Liebe und die Erkenntnis die Gott schenkt und der geistliche Lehrer vor allem vermittelt. Origenes ist darum ganz und gar nicht revolutionär gestimmt. Er weiß es und betont es gern, daß auch die Christenheit wie jedes „Volk" seine Regenten haben müsse und daß die Ordnung in der Kirche unentbehrlich sei. Schon aus diesem Grunde verdienen die Amtsträger Gehorsam und Respekt, und Origenes wünscht von Herzen, sie möchten nach Möglichkeit alle von geistlichen Gaben erleuchtet, echte Lehrer und Vorbilder ihrer Herde sein. Aber er weiß und sieht es nicht minder, daß sie es in Wirklichkeit keineswegs immer sind, und darum steht der Geistesmensch ihrer Autorität grundsätzlich frei und unabhängig gegenüber. Mit der einen Hälfte seines Wesens ist Origenes ein konservativer, kirchlicher Pietist; aber mit der anderen bleibt er ein liberaler Idealist und lebt mit seinem Herzen mehr in der unsichtbaren als in der sichtbaren Kirche. Bei ihm zuerst gewinnt diese folgenschwere Unterscheidung grundsätzliche, theologische Bedeutung.

So hat es Origenes mit Würde und Ruhe ertragen, daß Demetrios gegen seinen einstigen Schützling nunmehr „alle Winde der Bosheit" losließ (comm. Joh. VI, prol. 9). Er sucht in gesammelter Weiterarbeit an seinen theologischen Aufgaben der Bitterkeit Herr zu werden und tröstet sich mit dem Bibelwort, es solle sich niemand auf Menschen verlassen. Seine Feinde, meint er, seien mehr zu bemitleiden als zu hassen. Man solle für sie beten, nicht ihnen fluchen; denn zum Segnen sind wir geschaffen. Äußerlich konnte ihm Demetrios jetzt nichts mehr anhaben. Vergeblich mühte er sich, die bischöflichen Kollegen außerhalb Ägyptens gegen Origenes aufzuhetzen. Die Schule wurde in Caesarea aufs neue errichtet. Daneben wirkte Origenes als eifriger Prediger für die Gemeinde. Seine Schüler und bischöflichen Freunde liebten und verehrten ihn wie einen Heiligen. Hier, in Caesarea hat Origenes zuletzt auch noch den höchsten Ruhm erworben, den die Kirche kannte: das leidende Zeugnis für die Wahrheit seines Glaubens und seines Herrn.

Der größte Teil von Origenes Leben fällt in eine Periode des „Friedens", d. h. eines ruhigen, mitunter geradezu freundschaftlichen Einvernehmens zwischen dem staatlichen Regiment und der Kirche. Origenes selbst zeigt als guter Platoniker ein weitgehendes Verständnis für die Rechte der Regenten und für die Verantwortung, die jeder Bürger für das Wohlergehen des Reiches zu tragen hat. Aber ein billiger Synkretismus und politischer Kompromiß liegt ihm gleichwohl gänzlich fern. Die Christen sind unter allen Völkern des römischen Reiches ein Volk von eigener Art, nämlich das heilig Volk Gottes, das sich nicht in die Händel dieser Welt mischt und ihren Zielen niemals dienstbar werden kann. Die Christen erfüllen wohl die äußerlichen Pflichten und beten auch für den Kaiser und sein Heer; aber selbst die Waffen zu ergreifen müssen sie ablehnen, weil sie ein priesterliches Geschlecht sind, das nur den geistlichen Waffendienst kennt. Im Alter arbeitete Origenes noch eine umfangreiche Apologie aus, mit der er die Angriffe, die der heidnische Philosoph Kelsos zwei Menschenalter zuvor gegen die Christen gerichtet hatte, von Grund auf zu widerlegen wünschte. Sie zeigt noch einmal beides: die enge weltanschauliche Verbundenheit wie das stolze Überlegenheitsgefühl, das ihn als Christen gegen den philosophischen Gegner erfüllt. Bald darauf, mit dem neuen Kaiser Decius, der 249 zur Herrschaft kam, erfolgte der politische Umschlag, und die erste planmäßig das ganze Reiche erfassende Verfolgung brach herein.

Damals war es nicht mehr möglich, die Kirche durch direkte, physische Ausrottung ihrer Mitglieder zu vernichten. Es kam darauf an, sie durch Terror und wohlüberlegte Zwangsmaßnahmen zur Selbstaufgabe zu zwingen, und dazu war die Beugung oder Beseitigung ihrer Führer das erste und wichtigste Erfordernis. So wurde auch Origenes, damals ein fast siebzigjähriger Greis, ergriffen, ins Gefängnis geworfen und grausam gefoltert. Man wollte den berühmten Mann offenbar nicht umbringen; aber man legte ihn in Halseisen, spannte ihn in den Folterblock so daß seine Füße tagelang „bis zum vierten Loch" gedehnt wurden, man bedrohte ihn mit dem Feuertode und erreichte mit dem allen zuletzt nichts. Origenes mußte wieder entlassen werden; nur körperlich war er gebrochen. Doch hat er später gleichwohl noch einige kleinere Schriften verfaßt, „welche für die Trostbedürftigen von großem Nutzen" waren (Eus. H. E. VI 39, 5). Spätestens im Jahre 254 ist Origenes gestorben.

So ist das Lebens- und Charakterbild des seltenen Mannes bis zuletzt von eindeutiger Klarheit und Geschlossenheit: eine strenge und doch gütige, durch und durch lautere Persönlichkeit, der geistigen Arbeit und der asketischen Frömmigkeit allein geweiht, ein Gelehrter und vor allem ein systematischer Denker, der es mit jedem Gegner aufnehmen konnte. Origenes ist keine irgendwie problematische und im letzten Sinne wohl auch keine originelle Natur. Er verbindet das unphilosophische kirchliche Erbe mit den gnostisch-neuplatonischen Tendenzen des Jahrhunderts auf höherer, geistiger Ebene und schafft so ein wissenschaftlich-theologisches Ganzes, dessen Größe und wohldurchdachte Vollständigkeit immer wieder zur Bewunderung zwingen. Aber für die tieferen, sachlichen Probleme einer wesenhaft christlichen Theologie hatte Origenes kein Gefühl. Eben darum glückten ihm seine Lösungen so glatt und scheinbar ohne Widerspruch. Es sind die Lösungen eines genialen Theoretikers, der die Wirklichkeit vom Gedanken her ordnet, ohne von ihren Aporien und Leiden tiefer erfaßt zu werden. Solche Leute haben es nicht schwer, Schüler und Nachfolger zu gewinnen. Erst im Kreise der Origenessöhne und -enkel brachte der Fortgang der geschichtlichen Entwicklung die geistlichen Unzulänglichkeiten, die innere Unangemessenheit der origenistischen Theologie für ihren Gegenstand langsam, aber unaufhaltsam zum Vorschein. Die neue Generation stand dieser Entwicklung um so hilfloser gegenüber, als sie bei dem verehrten Meister für ihre Nöte und Fragen nicht wirklich Rat finden konnte und sich ihm gleichzeitig doch in der systematischen Kraft und Zucht des Denkens, in der Universalität und Gründlichkeit der philosophischen Bildung und auch in der Reinheit des Wollens und der Gesinnung mit Recht unterlegen wußte.

Die alten Ausgaben von de la Rue (1733–59) und Lommatzsch (1831–48) sind nicht mehr ausreichend und werden seit 1899 fortschreitend durch die Berliner Akademieausgaben in den „Griechischen christlichen Schriftstellern" ersetzt. Wichtig ist das neugefundene und von Jean Scherer herausgegebene Diskussionsprotokoll „Entretien d'Origène avec Heraclide" (Paris 1949).

Die Literatur über Origenes ist kaum mehr übersehbar; doch fehlt nach der älteren, viel Stoff speichernden Darstellung von E. R. Redepenning (1841–46) und der etwas zu eleganten neueren von E. de Faye (3 Bde., Paris 1923–28) eine befriedigende wissenschaftliche Gesamtdarstellung. Grundlegend für das Verhältnis zur zeitgenössischen Philosophie ist Hal Koch, Pronoia und Paideusis. Studien über Origenes und sein Verhältnis zum Platonismus (1932), nützlich auch A. Miura-Stange, Celsus und Origenes. Das Gemeinsame ihrer Weltanschauung (1926). W. Völker, Das Vollkommenheitsideal des Origenes (1931), sucht diesen einseitig von seiner Frömmigkeit und vermeintlichen Mystik her zu interpretieren; vgl. H. Jonas, Die origenistische Spekulation und die Mystik, Theol. Zeitschr. 5 (1949), 24 ff. Besonders fruchtbar ist die französische Origenes-Forschung: R. Cadiou, La jeunesse d'Origène (Paris 1935); J. Daniélou, Origène (Paris 1948); H. de Lubac, Histoire et esprit. L'intelligence de l'Écriture d'après Origène (Paris 1950); Fr. Bertrand, Mystique de Jésus chez Origène (Paris 1951); H. Crouzel, Théologie de l'image de Dieu chez Origène (Paris 1956) usw. Die Gefahr liegt hier in einer oft allzu starken Betonung der spezifisch kirchlichen und sakramentalen, „katholischen" Gesichtspunkte. Die beste sachliche Orientierung bietet Hal Koch, (Art. Origenes 5) in Pauly-Wissowa-Krolls Realencyklopädie XVIII 1 (1939) 1036 ff.

5. Kapitel

EUSEBIOS VON CAESAREA

Ein halbes Jahrhundert nach Origenes Tode hatte sich seine Theologie in der ganzen Kirche des Ostens verbreitet. Sie erscheint als die einzige wirklich wissenschaftliche Theologie, die mit der höheren, insbesondere philosophischen Bildung in Einklang steht. Die literarischen Verteidiger des Christentums, die geistig regen und arbeitenden Christen an den Schulen und Bildungsstätten, die Bischöfe der größeren Gemeinden fallen ihr zu und suchen in ihrem Geiste zu lehren und zu wirken. Unmerklich beginnt sich das Erbe damit auch zu wandeln, mit anderen Traditionen zu mischen, den neuen geistigen und kirchlichen Gegebenheiten anzupassen. Mit den Verschiebungen treten auch schulmäßige Sonderungen und Unterschiede hervor, und die inneren Schwierigkeiten kommen ans Licht. Sie lassen sich um so weniger überwinden, als auch die philosophischen Voraussetzungen des Origenes nicht mehr konsequent festgehalten werden. Aristotelische Begriffe und Vorstellungen verändern die platonischen Grundlagen des Systems, kirchliche Interessen und die Rücksicht auf die wörtlichen Aussagen der Bibel fordern ihr Recht, und neue Fragen treten in den Vordergrund.

Origenes war ein systematischer Denker gewesen und hatte als solcher seine Exegese wie seine Gotteslehre und Ontologie unter einheitlichem Gesichtspunkt gestaltet. Die neue theologische Generation suchte in ihrer wissenschaftlichen Arbeit neue Methoden anzuwenden. Der Umschlag von der Philosophie zur Philologie, zur kritisch-exakten Erforschung der biblischen Grundlagen wird u. a. in der Person und Lebensarbeit des Pamphilos erkennbar. Pamphilos war ein reicher, aus dem phönizischen Berytos stammender Jurist, der sich unter dem Einfluß des damaligen Leiters der alexandrinischen Katechetenschule, Pierios, dazu entschloß, seine öffentliche Laufbahn aufzugeben und ganz in den Dienst der Kirche zu treten. Als Presbyter von Caesarea wurde er der Bibliothekar des reichen origenistischen Nachlasses, den er zu sammeln und zu sichten begann. Vor allem bemühte er sich um einen zuverlässigen Bibeltext, den er aus der Hexaplâ und den alt- und neutestamentlichen Kommentaren des Origenes zu rekonstruieren suchte. Dazu brauchte er Gehilfen und Mitarbeiter, und der brauchbarste und fleißigste seiner Leute wurde der junge

Eusebios. Er verhalf ihm so zu wirtschaftlicher und geistiger Unabhängigkeit, und Eusebios, der ihm in seinen Anfängen sozusagen alles verdankte, brachte seine Anhänglichkeit dadurch zum Ausdruck, daß er – wie ein freigelassener Sklave – den Namen seines Meisters mit dem eigenen Namen verband: als „Eusébios ho Pamphílu", Eusebios Pamphili geht er in die Literatur und Kirchengeschichte ein. Wir besitzen noch eine Bibelhandschrift, die die Notiz der gemeinsamen Revisionsarbeit trägt. Eusebios übernahm von seinem Lehrherrn auch die innige Verehrung für Origines und mühte sich nun seinerseits um den Nachlaß und den Ruhm des Unvergleichlichen. Er suchte ein vollständiges Corpus des origenistischen Briefwechsels zu schaffen, der die Zerstreuung und das Auseinandergehen der Überlieferung verhindern sollte. Während der letzten großen Verfolgung wurde Pamphilos ins Gefängnis geworfen und im Angesicht des Todes entschloß er sich, noch eine „Apologie" für den großen Lehrer zu verfassen, die ihn gegen die mißtrauische Kritik der Mitgefangenen und verschiedener neuerer Theologen in Schutz nehmen sollte. Es ist dies die einzige selbständige Schrift, mit der Pamphilos hervorgetreten ist, und zugleich die Erstlingsarbeit seines Schülers Eusebios, der ihm dabei zur Hand ging und sie selbständig zu Ende führen mußte. Pamphilos fiel als Märtyrer; der damals noch unbekannte Eusebios kam mit dem Leben davon. Bald sollte sein gelehrter Ruhm den Ruhm des Lehrmeisters überstrahlen.

Zunächst führe Euseb, noch in den Stürmen der andauernden christenfeindlichen Maßnahmen, seine gelehrten Studien unverdrossen fort und sammelte wie ein Archivar alle Nachrichten über Martyrien und kirchliche Geschehnisse, deren er habhaft werden konnte. Dann trat er auch mit eigenen Schriften ans Licht. Es sind neben rein philologisch historischen und exegetischen Forschungen besonders einige umfangreiche Abhandlungen gegen die heidnischen und jüdischen Gegner des Christentums. Eusebios war ein gläubiger Christ und fühlte mit ganzem Herzen die Verpflichtung, mit dem, was er wissenschaftlich gelernt hatte und vermochte, der Sache des Glaubens und der Kirche beizustehen. Seit 313 hatte diese Kirche aber wieder freie Bahn gewonnen und schien einer neuen, schöneren Zukunft entgegenzugehen.

Vergleicht man die theologischen Frühschriften dieser Zeit mit den Werken älterer Apologeten vom Schlage Justins, so tritt die veränderte Zeitlage und Eusebs persönliche Eigenart sofort hervor. Die Christenheit ist nicht mehr das arme Häuflein „barbarischer" Sektierer, das in einer reichen und ihrer selbst gewissen Kulturwelt mühsam um seine Existenzberechtigung und eine gewisse geistige Beachtung zu kämpfen hat. Sie hat sich längst durch die ganze „Ökumene" verbreitet, Städte und Landschaften werden durch ihre Gemeinden bestimmt, und in allen Berufen und nicht zuletzt im Bereich des geistigen Lebens ist die Tätigkeit der Christen unübersehbar geworden. Während die heidnische Gesellschaft in der Zeit der Bürgerkriege und des allgemeinen Niedergangs verarmt, zerfallen und moralisch verwildert ist, hat sich die Kirche dank ihres festen Zusammenhalts, ihrer Disziplin und ihres ungebrochenen Glaubensmuts behauptet und ist unausgesetzt weiter gewachsen. So erscheint sie jetzt in veränderter Beleuchtung. Der apologetische Weissagungsbeweis für die Wahrheit des Christentums hängt für Eusebios in erster Linie nicht mehr an bestimmten, mirakulösen Einzelheiten und Übereinstimmungen, die die alttestamentlichen Weissagungen mit Christus verbinden. Der Sieg der wahren monotheistischen Gotteserkenntnis, das neue Tugendleben, das in der Kirche erweckt ist, ihre Ausbreitung und ihr sichtbarer Triumph „unter allen Völkern" sprechen vielmehr für sich selbst. Es gilt nur zu zeigen, daß diese ganze, erstaunliche Entwicklung von Anfang an in Gottes Plänen gelegen hat und nur durch Gottes wunderbaren Beistand verwirklicht und bis an die Schwelle der Erfüllung gebracht werden konnte. Das Heidentum mit seiner Vielgötterei und seinen blutigen Opfern, mit seinem dämonischen Aberglauben und dem ewig unfruchtbaren Streit seiner Philosophien erscheint jetzt wie eine rückständige Form der Religion, die verschwinden muß und verschwinden wird. Es hat abgewirtschaftet und kann sich vor dem Forum einer erleuchteten Vernunft und einer höheren Sittlichkeit nicht länger behaupten.

Von hier aus beginnt sich auch der Sinn der christlichen Hoffnung zu verschieben. Sie hängt nicht mehr ausschließlich am Jenseits, ihre Verwirklichung beginnt schon innerhalb dieser Welt. Das Christentum ist die entscheidende Macht ihres sittlichen Fortschritts, der krönende Abschluß der bisherigen Geistes- und Religionsgeschichte, und seine Weissagungen und Gebote werden zu Programmen der Menschheitserneuerung. Der Monotheismus und die neue idealistische Sittlichkeit, die für Eusebios den Kern der Verkündigung Jesu ausmachen, konnten die Welt nicht von Anfang an beherrschen. Zuerst mußte die nomadische Kulturstufe überwunden, mußten Städte gebaut, Gesetze gestiftet, Künste und Fertigkeiten entwickelt werden und „das gewissermaßen noch tierische, nicht lebenswerte Leben" durch die Anfänge der Philosophie und Zivilisation gezähmt und gebildet sein (H. E. I 2, 17 bis 19). Als dann das römische Reich der Welt den Frieden gebracht und die „Vielherrschaft der Völker“ überwunden hatte, war nach Gottes Willen die Stunde für das christliche Welt- und Friedensvolk gekommen (praep. ev. I 4). Zunächst blieb es mit seinen Ansprüchen noch halbwegs im Verborgenen, um die römischen Machthaber nicht zu reizen und die Ordnung des Reiches nicht zu stören; jetzt aber, in der Zeit der Erfüllung ist es zum offenbaren und natürlichen Bundesgenossen der Weltmacht geworden. Das ist ein Gedanke, der im Verständnis des Christentums als Vollendung der alten Philosophie und Kultur in gewisser Weise schon seit langem angelegt war. Ansätze zur eusebianischen Konzeption finden sich auch bei Origenes, besonders dort, wo er sich mit den heidnischen Gegnern der Kirche auseinandersetzt. Aber im Grunde bleibt dessen Stimmung doch viel zu weltflüchtig und dualistisch, um ernsthaft solchen Vorstellungen nachzugehen. Origenes interessierte sich nicht für die Weltgeschichte und die Politik. Der Sieg der Kirche war für ihn vielleicht eine Idee, die man theoretisch ins Auge fassen mochte, aber noch kein kirchliches Ziel, auf das man sich einstellen konnte oder durfte. Bei Eusebios liegen die Dinge durchaus anders. Zwar ist auch für ihn Gott selbst eine ganz und gar überweltliche Wirklichkeit, und als das höchste Ziel christlicher Frömmigkeit gilt ihm die reine, asketische Weltabkehr und anbetende Verehrung des göttlichen Wesens. Dieser Forderung sollen die jungfräulichen Priester der Kirche, ihre heilige, geistliche Führerschicht stellvertretend nachkommen. Aber mit diesem stellvertretenden Dienst ist dem weltentsagenden Ideal dann im wesentlichen auch Genüge getan. Es liegt im Grunde „jenseits“ der Möglichkeiten einer „allgemeinen, menschlichen Lebensführung“ und bleibt darum notwendigerweise die Ausnahme. Die Mehrheit der Christen hat ihre Aufgabe innerhalb dieser Welt und hat gleichwohl am Heil und an der heilbringenden Lehre der Kirche vollgültigen Anteil (demonstr. ev. I 8, 29 f.). Gott hat seine Kirche in der Welt gegen alle dämonischen Anläufe ihrer Feinde „offenbar von oben her“ geschützt und sie als Leuchte der Völker zu Sieg und Erfolgen geleitet.

Aus solchen Gedanken heraus ist Eusebios zum Kirchenhistoriker geworden. Die Kirchenhistorie des Altertums ist ein Kind der Apologetik so wie die der Neuzeit ein Kind der Aufklärung. Die innere Schwäche von Eusebs Position verrät sich gerade hier. Seine kirchen- und zeitgeschichtlichen Arbeiten bevorzugen im Sinne ihrer apologetischen Zielsetzung eine moralisierende Schwarz-Weiß-Malerei; sie werden gerne rhetorisch und erbaulich und hängen am Eindruck und am Erfolg. Sie zeigen damit, daß ihr Verfasser über keine strengeren Maßstäbe der theologischen Beurteilung verfügt. Die Erfolge der Kirche wirkt natürlich Gott, und sie sind alle wunderbar; Niederlagen sind dagegen das Werk der dämonischen Gewalten und ihnen verbündeter menschlicher Bösewichte. Sie können aber auch von Gott zur Prüfung der Christen oder zu ihrer Strafe verhängt sein. Auf keinen Fall bedeuten sie das letzte Wort; auch innerhalb der Kirche setzt sich die apostolische Wahrheit gegen alle ketzerischen „Neuerungen" immer von neuem durch. Der alte mythologische Gesamtrahmen, der die Weltgeschichte nach den danielischen Jahrwochen berechnete und mit dem datierbaren Ereignis der Wiederkunft Christi schloß, ist von Eusebios endgültig aufgegeben, und das optimistische Schema einer fortschreitenden göttlichen Erziehung des Menschengeschlechts liegt seiner welt- und heilsgeschichtlichen Sicht überall zugrunde. Darüber hinaus ist er an den grundsätzlichen Fragen einer Geschichtstheologie nicht mehr interessiert, und gerade darum kann sich sein kritischer Sinn und sein stofflich-historisches Interesse unbefangen entfalten

In dieser Hinsicht ist seine Arbeit für ihre Zeit musterhaft und verdient jedes Lob. Eusebios ist wirklich ein Gelehrter, und die Gewissenhaftigkeit und methodische Exaktheit seiner philologischen, archäologischen und historischen Forschungen erweist sich, wo wir sie nachprüfen können, immer aufs neue. Ohne ihn wüßten wir von den ganzen ersten Jahrhunderten der Kirche ungefähr ebensoviel, wie wir vom Urchristentum wüßten, wenn Lukas keine Apostelgeschichte geschrieben hätte. Im Gegensatz zu dieser ist Eusebs „Kirchengeschichte" freilich ganz und gar kein Kunstwerk. Der weitschichtige Stoff wird in bestimmten Rubriken mehr vorgelegt als verarbeitet; seitenlange Exzerpte unterbrechen die Darstellung, und der breite, pathetische Stil übergießt uns mit einem Schwall feierlich tönender, mühsam verständlicher Worte und Redensarten. Doch ist Eusebios in seiner Zeit auch als Redner geschätzt worden. Der wissenschaftliche Ruhm seiner Person mag das Urteil beeinflußt haben.

Noch vor der „Kirchengeschichte" hatte Eusebios nach dem Vorgang älterer christlicher Chronographen, nur gründlicher und reichhaltiger als sie, seine „Zeittafeln" ausgearbeitet. Sie enthalten nach einer langen, gelehrten Einleitung über die verschiedenen chronologischen Systeme synchronistische Tabellen zur Weltgeschichte. Das Nebeneinander der biblischen und der profanen Geschichtsdaten sollte dem Nachweis dienen, daß das Christentum keine junge Religion, sondern in seinen alttestamentlichen Zeugen vielmehr die älteste und ehrwürdigste Religion der Welt sei. Christus leitete ihre letzte Periode ein, die in der Kirchengeschichte zur Entfaltung kommt. Von hier ab schwillt der Stoff in der heilsgeschichtlichen Spalte immer stärker an, so daß er die profanen Nachrichten fast erdrückt. Die „Kirchengeschichte" ist gewissermaßen eine Verselbständigung dieses Teils der Chronik in einem neuen Werk. Die etwas äußerliche Art, in der sie die Nachrichten über berühmte Bischöfe, Theologen, Ketzereien, Verfolgungen, die Schicksale des Judenvolkes und anderes mehr nebeneinanderstellt, zeigt noch das Nachwirken der älteren Arbeitsweise. Trotzdem hat Euseb die Neuartigkeit seines Unternehmens betont und die besonderen Schwierigkeiten eines solchen ersten Versuches mit Recht hervorgehoben. Er fühlt sich auf einer völlig neuen Bahn, „ohne die geringste Spur von Menschen zu finden, die sie früher betreten hätten, nur gelegentliche kleine Mitteilungen, durch die der eine so, der andere anders einen fragmentarischen Bericht der eigenen Zeit hinterlassen hat" (H. E. I 1, 3). Diese Nachrichten müssen ihm wie Feuertürme oder ferne Zurufe im Dunkeln den Weg weisen. Euseb hat solche Nachrichten, wie erwähnt, gerne wörtlich zitiert, zumal dann, wenn sie chronologisch wertvoll erschienen, und auf diese Weise sind uns zahlreiche Bruchstücke eines Schrifttums bewahrt worden, das sonst gänzlich verschollen wäre. Aufs Ganze gesehen, hat er seine Arbeit so gründlich getan, daß sie auf lange Zeit maßgebend blieb. Die Kirchenhistoriker des folgenden Jahrhunderts haben das grundlegende Werk immer nur fortgeführt oder einfach übersetzt.

Eusebs Darstellung beginnt mit Jesus Christus, dessen Wesen und Wirken sich einem gewissenhaften Forscher „so erhaben und machtvoll darbietet, daß es nicht mehr menschlich sein kann" (H. E. I 1, 7). Sie führt dann in sieben Büchern bis an die selbsterlebte Gegenwart heran, die in den drei letzten Büchern behandelt wird. Noch heute kann man erkennen, wie Euseb diese Partien nicht etwa in einem Zuge niedergeschrieben, sondern fort und fort an ihnen gebessert und gearbeitet hat, je nachdem die Entwicklung fortschritt und neue Nachrichten ihn erreichten. Das Urteil über die Herrscher verschiebt sich ständig nach Maßgabe ihrer Erfolge und ihrer wechselnden Einstellung zum Christentum. Die persönliche Parteinahme und die propagandistische Absicht des Verfassers machen sich jetzt stark bemerkbar und rücken die einander widersprechenden Berichte mehrfach in ein peinlich schillerndes Zwielicht. In der letzten Ausgabe hat das Werk dann seine eindeutige Krönung gefunden: die Geschichte selbst stellt dem Historiker der ecclesia triumphans den richtigen Schluß zur Verfügung: der Sieg des gottgeliebten, die Christen fördernden Kaisers Konstantin, der Beginn seiner Alleinherrschaft im Morgen-

wie im Abendland (324) bringt die bisherige Entwicklung ans Ziel, und eine neue Epoche beginnt. Sie beginnt auch für Eusebios in seinem persönlichen Leben.

Bis dahin war Eusebios kein Mann der Öffentlichkeit oder der Kirchenpolitik gewesen. Er war mit Leib und Seele Gelehrter und als Theologe noch ein überzeugter literarischer Kämpe für die Wahrheit und das Recht der christlichen Kirche. Wie Origenes hatte er in Caesarea die Stellung eines Presbyters inne, und 313/314 wurde der verdienstvolle und gebildete Geistliche zum Bischof der Stadt erhoben. Er hat als Kleriker seine Pflichten gewiß ordnungsmäßig erfüllt; aber im Grunde blieb er der Mann, der er war, und ging vor allem seiner wissenschaftlichen Arbeit nach. Eusebios war nicht ein Lehrer wie Origenes; er war in erster Linie Forscher, Historiker, Philologe und Apologet. Er hat auch viel seltener gepredigt als Origenes, trotz der anerkannten, repräsentativen Stellung, die er in der Kirche gewonnen hatte. Aber das war nicht Gleichgültigkeit gegen ihre Aufgaben und gegen seinen geistlichen Beruf. Wir sahen, wie Eusebios seine ganze, auch seine streng wissenschaftliche Arbeit bewußt in den Dienst der Kirche stellte, und jetzt glaubte er ganz neue Möglichkeiten für sie zu erkennen. Mit Konstantins Sieg trat die Kirche aus der Zeit der Vorbereitung in die Zeit der Erfüllungen ein. „Diese Dinge hat Jesaja geweissagt, dies war von alters her in heiligen Büchern niedergelegt; nun mußte die Untrüglichkeit dieser Orakel sich einmal auch in Taten erweisen" (H. E. X 4, 53.). Der politische Sieger wird im strengen Sinne zum Heilbringer der Welt.

Die providentielle Zusammengehörigkeit des Weltreichs mit der Kirche hatte Eusebios schon früher betont; nunmehr tritt auch die Institution des Kaisertums und die Person des Kaisers selbst in diesem Zusammenhang ein. Der gottgesandte Kaiser, der Erlöser nach langer Qual der Zwietracht und der Verfolgung, ist Gottes erwählter Herold für alle Welt. Seine irdische Herrschaft ist das Abbild der Gottesherrschaft und der Herrschaft Christi, die die Bibel geweissagt hat. Die abschließende Ordnung der Dinge ist jetzt erreicht: „Gott selbst, der Großkönig, streckte von oben her seine Rechte zu ihm aus und setzte ihn bis zum heutigen Tage als Sieger ein über all seine Hasser und Feinde" (laus Const. 8). Dieser gottgeliebte Kaiser ist ein Philosoph und ein Vorbild aller Frömmigkeit, der Inbegriff aller königlichen Tugenden, der Würde, der Schönheit und der Kraft, der Bildung, der angeborenen Vernunft und der göttlichen Weisheit. Das will Eusebios schon vor Jahrzehnten erkannt haben, als er den damals noch ganz unbekannten Prinzen erstmals erblickte.

Man hat die Hemmungslosigkeit solcher Äußerungen und die Unwahrhaftigkeit seines „Byzantinismus" Eusebios oft genug zum Vorwurf gemacht. Dabei vergißt man leicht, wie sehr sie für den damaligen orientalisierten Hofstil eine Selbstverständlichkeit geworden waren. Außerdem verstand es Konstantin, seine Leute richtig zu behandeln. Er legte auf die Anhängerschaft des angesehenen Gelehrten und dessen kirchliche Propaganda offensichtlich Wert und begegnete ihm mit zuvorkommendem Takt und schmeichelhaftester Distinktion. Euseb war ein Mann geringer Herkunft, in der großen, politischen Welt in keinem Sinne zu Hause, und man versteht, daß er sich blenden ließ. Aber entscheidend war die Erkenntnis der grundsätzlichen Übereinstimmung, die ihn mit einer sozusagen theologischen Notwendigkeit an den Kaiser band. Der rationalistische Kulturphilosoph und Apostel der neuen, christlichen Weltordnung war mit innerer Notwendigkeit ein „byzantinischer Christ". Seine ganze Theologie war auf die Erfüllung in einem mit der Weltkirche geeinten, sittlichen Kulturreich angelegt. Sie wird so, ihm selber unbewußt, zur zeitgemäßen, „christlichen" Umbildung der alten, heidnischen Reichs- und Kaiserideologie. Eusebios hätte sich selbst aufgeben müssen, wenn er in diesem Augenblick dem Kaiser nicht als dem „erwählten Werkzeug" Gottes gefolgt wäre, auf das er gehofft hatte und an dessen Sendung und Bestimmung er glaubte. Denn ein endgültiger „Sieg" der Kirche konnte für ihn nur im Bunde mit dem Weltreich, nur im Zeichen der dauernden kirchlich-politischen Einheit einer christlichen Weltordnung und eines heiligen Weltfriedens gedacht werden, den der Kaiser schaffen und erhalten mußte. Dies war Eusebs Christentum, und dies wurde für ihn und seine kirchenpolitische Laufbahn zum Verhängnis.

Der arianische Streit spaltete die griechische Kirche in demselben Augenblick, da Konstantins Sieg feststand. Er hatte von Haus aus mit der Politik nicht das geringste zu tun, aber er konnte politisch zu keinem ungelegeneren Zeitpunkt ausbrechen. Seinem Wesen nach war er ein Kampf um die Grundlagen des christlichen Heilsglaubens, der in der gottmenschlichen Person Christi seinen Ursprung und Halt besaß. Eusebios war seiner theologischen Überzeugung nach durchaus kein „Arianer", als der er in die Ketzergeschichte der Kirche eingegangen ist. Christus war für ihn mehr als eine bloße Kreatur und als ein besserer Halbgott. Arius, den Eusebios als Flüchtling bei sich aufgenommen, hatte ihn über den Radikalismus seiner christologischen Anschauungen zunächst in geschickter, aber nicht ganz ehrlicher Weise tatsächlich getäuscht. So sah Eusebios in dem Verbannten einen unschuldig Verfolgten, der so wie einst Origenes nach Caesarea kam, weil die Herrschsucht des alexandrinischen Patriarchen einer wissenschaftlichen Theologie keine Freiheit und keinen Lebensraum zugestehen wollte. Alte, durch Origenes längst widerlegte Irrtümer über die völlige Identität des Vaters mit dem Sohne schienen im Lager der Ariusgegner wieder aufzuleben. Ihre massiven Bekenntnisse waren für Eusebios das Ende jeder zeitgemäßen, philosophisch fundierten und wissenschaftlich vertretbaren Theologie. So trat er Arius mit Überzeugung an die Seite. Aber im Grunde ging es ihm weniger um das „Geheimnis der menschlichen Erlösung" als solches, er kämpfte vielmehr für die Ziele, die die monotheistische Predigt der Kirche jetzt, in der Neuordnung der Welt geistig und moralisch zu behaupten hatte. Dagegen gehalten erschienen die christologischen Streitigkeiten als Quisquilien oder durften jedenfalls nicht in der Weise seiner Gegner kirchenpolitisch in den Vordergrund geschoben werden. Mit ehrlichem Entsetzen bemerkt Euseb, wie in der geschichtlichen Stunde der Befreiung und des gottgeschenkten Triumphes theologische Zanksucht und Intoleranz den Bau des Reiches und der Kirche zu erschüttern drohen und die christliche Einheitsfront auseinanderbricht, „so daß die heiligen Geheimnisse der göttlichen Lehren sogar schon mitten in den Theatern der Ungläubigen schmählichen Spott erdulden" (vit. Const. II 61). An diesem Punkte besteht zwischen ihm und Konstantin eine echte Gesinnungsgemeinschaft. Beide hatten dasselbe Ziel: diesen unerfreulichen Zustand so schnell wie möglich, und koste es, was es wolle, zu überwinden. Nur war Eusebios auch Theologe und Bischof seiner Kirche. Indem er das taktische und kulturpolitische Ziel, ihm selbst halb unbewußt, zum Richtpunkt seiner Entscheidungen machte, verwickelte er sich in Widersprüche, die ihm auch persönliche Demütigungen nicht ersparen sollten und ihn trotz seines redlichen kirchlichen Wollens zu Schritten nötigten, die seinen Ruf unheilbar kompromittierten.

Auf dem Konzil von Nicäa (325) konnte Konstantin nicht umhin, den Gegnern des Arius Recht zu geben. Auch Eusebios kann die Bedenklichkeit der arianischen Lehre damals nicht mehr verborgen geblieben sein. Trotzdem versuchte er, seinem Schützling treu zu bleiben, mußte ihn aber zuletzt gleichwohl fallen lassen, um sich selbst vor der Exkommunikation und Absetzung zu retten. Das vermittelnde Bekenntnis, das er dem Konzil vorlegte, wurde von Konstantin öffentlich belobt, dann aber durch allerlei Zusätze so weitgehend im antiarianischen Sinne abgeändert, daß Eusebios selbst es ehrlicher Weise nicht mehr hätte annehmen dürfen. Trotzdem mußte er es unterschreiben, und der gewundene Brief, mit dem er sein Verhalten vor der eigenen Gemeinde rechtfertigte, zeigt mit seinen unhaltbaren Umdeutungen und Ausreden zur Genüge, daß er wohl wußte, was er damit getan. Dieser Umfall nötigte ihn im Fortgang des Kampfes, zu weiteren, in sich nicht ehrlichen Maßnahmen. Wieder zu Gnaden angenommen und des intimen Umgangs mit dem Kaiser gewürdigt, setzte er seinen Einfluß dafür ein, die gefallene Entscheidung gleichsam hintenherum wieder rückgängig zu machen, indem er die Anhänger des Nicaenums persönlich zu treffen suchte und ihrer kirchenpolitisch bewerkstelligten Absetzung und Verfehmung eifrig beipflichtete. Wir brauchen die Vorgänge nicht im einzelnen zu betrachten. Es versteht sich, daß die theologischen Abhandlungen, die Eusebios schrieb, immer noch eine erhebliche geistige Höhenlage besaßen. auch wenn sie mit einer gewissen parteiischen und persönlichen Gereiztheit verfaßt sind. Auch seine wissenschaftlichen Forschungen betrieb er weiter, und in der Öffentlichkeit galt er als tonangebender Sprecher der Kirche, ein hervorragender Wortführer der kaiserlichen Kultur- und Kirchenpolitik in der neuen Ära. Sein höchster Triumph wurde es, als ihn Konstantin für den heißumkämpften Patriarchenstuhl von Antiochien zum Bischof wählen ließ. Eusebios lehnte die Berufung unter Hinweis auf entgegenstehende kirchliche Satzungen bescheiden ab. Vielleicht fühlte er die Grenze seiner Fähigkeiten. Er zog es jedenfalls vor, bei seiner unvergleichlichen Bibliothek in Caesarea in seinem gewohnten Wirkungskreise zu bleiben. Hier ist er wenige Jahre nach Konstantin in Frieden gestorben (339/340).

So konnte Euseb zuletzt gewiß der Meinung sein, das Ziel seiner Lebensarbeit erreicht zu haben. Staat und Kirche hatten sich gefunden, der „Friede“ einer politisch gestützten Einheit schien fest begründet, eine mittlere Theologie, wie sie ihm zusagte, beherrschte weithin das Feld. Und doch beruhte dieser Eindruck auf Täuschung. Schon in der folgenden Generation sollte die äußerlich mundtot gemachte kirchliche Opposition gegen das herrschende Regime mit neuer Leidenschaft das Haupt erheben und eine grundsätzliche Revision aller Entscheidungen erzwingen, die Euseb und seine Gesinnungsgenossen mehr taktisch und politisch als dogmatisch und kirchlich gesichert hatten. Die spätere Kirche hat Eusebios die Rechtgläubigkeit mehr oder weniger entschieden abgesprochen und in ihm einen „doppelzüngigen“ Menschen gesehen (Socr. H. E. I 23), auch wenn sie seine historisch-philologischen Werke nicht entbehren mochte „um der sachlichen Mitteilungen willen, die der Unterweisung dienen“ (decr. Gelas. 5, 22). Sie ist seiner menschlichen Art damit nicht völlig gerecht geworden. In seinem Schicksal zeigt sich mehr als das persönliche Versagen eines sonst achtbaren Gelehrten, der den Schwierigkeiten der großen Politik und Kirchenpolitik seines Jahrhunderts nicht gewachsen war. Hier zeigt sich vielmehr der Bankrott einer ganzen theologischen Richtung, die sich um ihrer kulturpolitischen Ziele willen von der Macht und den wechselnden Möglichkeiten des Augenblicks nicht lösen, sich selbst und ihren Christusglauben nicht wirklich ernst nehmen konnte. Die Krise des Origenismus wird damit offenkundig und drängt auf ein neues Verständnis der kirchlichen Lehre überhaupt. Dies mußte dann auch für die Stellung der verantwortlichen Theologen und Lehrer seine Folgen haben.

Die kritische Ausgabe in den „Griechischen christlichen Schriftstellern" ist noch nicht abgeschlossen. Grundlegend ist hier vor allem die Ausgabe der „Kirchengeschichte" (1903–09) von Ed. Schwartz (und der rufinschen Übersetzung ins Lateinische von Th. Mommsen), von der auch eine „kleine Ausgabe" erschienen ist (3. Aufl. 1922; Neudruck 1952). Von Schwartz stammt auch der meisterhaft zusammenfassende Artikel über Eusebios in Pauly-Wissowas Realencyklopädie, VI 1 (1907), 1370 ff.

„Die Theologie des Eusebius von Caesarea" hat durch H. Berkhof (1939) eine vorzügliche Darstellung gefunden. Zu ihren politischen und kulturtheologischen Hintergründen vgl. auch H. Eger, Kaiser und Kirche in der Geschichtstheologie Eusebs von Caesarea, Zeitschr. f. neutest. Wissensch. 38 (1939) 97 ff.; Joh. Straub, Vom Herrscherideal der Spätantike (1939) und die geistreiche, aber in ihrer theologischen Deutung problematische Studie von E. Peterson, Der Monotheismus als politisches Problem. Ein Beitrag zur Geschichte der politischen Theologie im Imperium Romanum (1935).

6. Kapitel

ATHANASIOS

Athanasios gehört einer wesentlich jüngeren Generation an als Eusebios. Er ist um 295 geboren, und seine Jugenderinnerungen gehen somit nicht über die Zeit der letzten Verfolgungen zurück. Er hat sie noch erlebt, und die harte, überall unbedingte Entscheidungen suchende Art seines Wesens mag durch die frühen Eindrücke noch verstärkt worden sein. Andererseits wächst Athanasios schon als junger Mensch in die neue reichskirchliche Ordnung hinein; sie wird für ihn zur Gegebenheit, an der er zeitlebens festhält. Aber auch theologisch beginnt mit ihm etwas Neues. Athanasios ist der erste griechische Kirchenvater, der in der akademischen Luft der christlichen Philosophie nicht mehr ursprünglich zu Hause ist. Er ist ein „Kirchenmann", der sich auch auf theologische Dinge versteht, aber erzogen ist er bei den Verwaltungsstellen der alexandrinischen Hierarchie. Nicht die „Schule", sondern der Gottesdienst und die klerikalen Büros der kirchlichen Verwaltung sind seine geistige Heimat. Kein Bischof besaß zu Beginn des dritten Jahrhunderts einen so großen, wohlgeordneten und arbeitsfähigen Apparat wie der Patriarch von Alexandrien. Seit Bischof Demetrios († 232) beherrschte Alexandrien kirchlich das ganze Land Ägypten und auch die westlich angrenzenden Gebiete Libyens und der Pentapolis. Er hatte in seinem Bereich die ersten Bischöfe eingesetzt, die von ihm abhängig blieben, und hatte mit den Ketzern und sonstigen widerstrebenden Elementen den Kampf aufgenommen. Wir haben Demetrios schon als Gegner des Origines kennengelernt. Aber die Theologie war seit dessen Verbannung in Alexandrien nicht ausgestorben. Bischof Dionysios „der Große" († 265) hatte selbst noch bei Origenes gelernt und besaß auch als Theologe einen Namen. Aber wie die Katechetenschule ihre alte Unabhängigkeit verloren hatte, mußte jetzt auch die Theologie auf die praktischen Forderungen des Gemeindelebens und der Kirchenpolitik Rücksicht nehmen. Man spürt dies noch in den Anfängen des arianischen Streits. Für den neuen Bischof Alexander kam es in erster Linie darauf an, daß der widerspenstige Presbyter Arius unter die amtliche „Lehrzucht" seines geistlichen Vorgesetzten gebeugt wurde. Außerdem verquickten sich mit dem theologischen Streit die älteren Gegensätze eines lokalen ägyptischen Schismas der Melitios-Anhänger, denen Arius zeitweise angehört hatte. Die dogmatische Frage wird in Ägypten von Anfang an zu einer Frage der bischöflichen Autorität und des „Kirchenrechts".

Mit dieser ganzen Welt der Kirchenpolitik und der amtlichen Regierungssorgen wurde Athanasios sehr früh, vielleicht schon als halber Knabe vertraut gemacht. Er war Lektor, dann Diakon und als solcher der besondere Vertraute und theologische Berater seines Bischofs, den er zum Konzil nach Nicäa begleiten durfte. Als Alexander 328 starb, soll er sich Athanasios zum Nachfolger gewünscht haben. Die schnelle Wahl kam nicht ohne Widerstände zur Durchführung. Vielleicht fürchtete man die rücksichtlose Energie des damals noch ungewöhnlich jungen, aber nicht mehr unbekannten Kandidaten. Seine Gegnerschaft gegen die Arianer stand fest. Auch gegen die Melitianer, mit denen noch Einigungsverhandlungen im Gange waren, suchte er sofort mit brutaler Entschlossenheit durchzugreifen, so daß ihr Widerstand von neuem aufflammte. Doch wäre Athanasios mit diesen häuslichen Schwierigkeiten zweifellos fertig geworden. Entscheidend war, daß der arianische Streit schon längst über den Umkreis Ägyptens hinausgewachsen war und die ganze östliche Welt ergriffen hatte. Indem Athanasios ihn mit frischer Kraft wieder aufgriff, stellte er den schon fast vollendeten Sieg der Gegenpartei nochmals in Frage. Von nun an sollte der Kampf ihn und er diesen Kampf nicht mehr fahren lassen. Fünfundvierzig Jahre lang hat er ihn mit immer gleicher Zähigkeit, Wendigkeit und Kraft, beweglich in den Mitteln und Formulierungen, unerschüttlich und unerbittlich an den wesentlichen Punkten fortgeführt, durch keinen Teilerfolg beruhigt und durch keinen Mißerfolg entmutigt. Als Athanasios starb, stand er auf der Schwelle des Siegs. Die ganze folgende Entwicklung des griechisch-byzantinischen Staatskirchentums ist auf den Lebenskampf und -erfolg dieses einen Mannes gegründet. –

Die Entscheidung von Nicäa war kein reiner Zufall; aber so, wie sie zustande kam, war sie im wesentlichen doch das Ergebnis taktischer Maßnahmen und des kaiserlichen Druckes gewesen. Das, woran Konstantin vor allem lag, war die Befriedung und der feste Zusammenschluß der Reichskirche, die er gegründet hatte. Dem sollte auch die Verurteilung des Arius und das nicänische Bekenntnis dienen. Als der volle Erfolg ausblieb, ließ sich der Kaiser, wie wir sahen, von seinen Ratgebern dazu bestimmen, den Umkreis der universalkirchlichen Einigung noch etwas weiter zu spannen, und machte die gefallene dogmatische Entscheidung nachträglich wieder rückgängig. Zuletzt wurde sogar Arius wieder zu Gnaden angenommen. Der gemessene Befehl, diese Entscheidung auch in Alexandrien anzuerkennen und den verurteilten Ketzer um der

„Eintracht“ willen an seiner alten Wirkungsstätte zuzulassen, traf dort zu dem Zeitpunkt ein, als Alexander im Sterben lag. Er hat das kaiserliche Schreiben nicht mehr beantwortet. Sein Nachfolger mußte entscheiden.

Athanasios war sich über das, was zu geschehen hatte, keinen Augenblick im Zweifel. Eine Wiederaufnahme von Arius kam für ihn nicht in Frage. Ganz gleich, was er für Erklärungen abgegeben haben mochte – ein solcher Schritt konnte in der Öffentlichkeit nur als Rückzug, als eine theologische und kirchenpolitische Niederlage des alexandrinischen Bischofs verstanden werden, aus der die Gegner Gewinn gezogen hätten. Athanasios stellte sich auf den Standpunkt, eine Aufnahme von Leuten, „die im Widerstreit gegen die Wahrheit eine Ketzerei erfunden hätten und von einer allgemeinen Synode mit dem Anathem belegt wären“, sei grundsätzlich ausgeschlossen (apol. II 59, 5). An eine ernsthafte Sinnesänderung des Arius war in der Tat nicht zu denken, und insofern konnte sich Athanasios mit seiner Ablehnung nicht bloß taktisch im Recht fühlen. Die prinzipielle Tragweite des theologischen Gegensatzes war ihm im Gegensatz zu Alexander von Anfang an klar gewesen. Die arianische Lehre von dem „Geschaffensein“, d. h. von der nicht mehr wesenhaft göttlichen Natur des Erlösers, war für ihn nicht die bedenkliche oder verkehrte Lösung eines theologisch-systematischen Problems, sondern das Ende des christlichen Bekenntnisses schlechthin, der Verrat alles dessen, worum es in der Kirche von Anbeginn ging. Auch die weiteren kulturtheologischen und politischen Ideale, für die sich Eusebios im Kampf um seine rationalistisch relativierende Christologie vorzüglich eingesetzt hatte, waren Athanasios nicht wesentlich. In der Kirche geht es nicht um irgendwelche innerweltlichen Programme, sondern um die ewige Errettung des Menschen, um sein Heil. Die Welt des Geschaffenen und die vielgepriesene Vernunft hatten ihn offenbar nicht dem Verderben entreißen können. Dazu mußte erst Christus kommen, „der Logos, der durch sich selber Logos war“ (contra gentes 40); er mußte unser Fleisch annehmen und so unsere Natur mit Gott und mit Gottes ewigem Leben in Verbindung bringen. Die Inkarnation wird das entscheidende Heilsdatum. Hier hat Gott selbst gehandelt, indem er die Scheidewand zur gefallenen Kreatur einriß und mit der Erkenntnis seines wahren Wesens Leben und unvergängliches Wesen ans Licht brachte. Ein Halbgott wäre uns nichts nütze gewesen. Die sittliche Seite des Erlösungsvorgangs, der Gedanke der Sündenerkenntnis, der Sühne und der Sündenvergebung tritt bei Athanasios zurück. Die Errettung vom Tode und die lebenstiftende Gemeinschaft mit Gott ist für ihn zentral, und das Wunder des Christusgeschehens wird von hier aus mit echter, religiöser Leidenschaft ergriffen. Das ist eine Theologie, die mit dem Origenismus aller Richtungen im Grunde wenig gemein hat. Athanasios hat den „höchst gelehrten und fleißigen Origenes" natürlich gekannt und sucht ihn gegen eine vermeintlich mißbräuchliche, „arianische" Auslegung gelegentlich in Schutz zu nehmen (de decr. 27, 1; ad Serap. 4, 9); aber aufs Ganze gesehen, erwähnt er ihn doch verschwindend selten. Am ehesten fühlt man sich bei ihm an das Glaubenspathos des alten Irenäus erinnert. Die ganze Kirche kann nach Athanasios nur von der einen Wahrheit des wahren Gottes und Erlösers Christus leben, die in der Predigt der Kirche verkündigt und in ihren Sakramenten wunderbar und wirksam vergegenwärtigt wird. Wer sie nicht glaubt und fühlt, wer sich anstatt dessen mit irgendwelchen allgemeinen Tugendlehren und blassen Spekulationen über Geist, Welt und einen kreatürlichen Logos-Christus begnügen kann, der ist eben ein „Arianer", und wenn er es tausendmal leugnen wollte!

Die massive Einförmigkeit, mit der Athanasios immer dieselben Grundgedanken einhämmert und unausgesetzt auf dieselben Klagen und Anklagen zurückkommt, hat etwas beinahe Monomanisches. Aber es wäre verkehrt, hinter dieser taktisch höchst wirksamen Methode nur Schwerfälligkeit oder theologische Unfähigkeit zu vermuten. Athanasios versteht es, klar und geschickt zu disponieren; er zeigt auch in der Durchführung seiner Gedanken eine schlagende dialektische Gewandtheit und Kraft, und seine Bibelexegese, die den dogmatischen Beweis tragen muß, ist bei aller Gewaltsamkeit oft scharfsinnig und tief. Man sieht, daß er sich in den Jahren seiner Ausbildung einen guten Schulsack erworben und theologisch arbeiten gelernt hat. Aber man fühlt kaum, daß ihm die theologische Arbeit als solche Freude macht, geschweige denn, daß er andere dadurch geistig zu bilden und als „Lehrer" zu entwickeln wünscht. Die Theologie ist für ihn eine Waffe. Athanasios hat so gut wie ausnahmslos polemisch geschriftstellert. Mitunter klingt bei ihm auch schon ein leises Mißtrauen gegen die hellenische Bildung als solche an, an deren Schätzen er jedenfalls achtlos vorübergeht. Persönlich hat er sich natürlich als Griechen gefühlt und gegeben. Aber es ist schwerlich ein Zufall, daß er als erster Theologe von Rang, wie wir heute wissen, auch koptisch gepredigt hat. Es liegt etwas Ungriechisches in seinem Wesen, das in seiner Geradlinigkeit und Strenge durch keinen Hauch geistiger Anmut und Liebenswürdigkeit verklärt wird. Sein Bildnis, wenn wir eines besäßen, würde vielleicht mehr an die alten Pharaonen und ihre Beamten als an einen griechischen Philosophen erinnern.

Noch ehe Konstantin auf den Fall Arius zurückkommen konnte, waren seitens der Melitianer weitere Klagen gegen Athanasios anhängig gemacht worden. Er sollte bei seinem gewalttätigen Vorgehen gegen die Sektierer einen kaiserlichen Feldjäger bestochen, einen Altar umgestürzt, einen heiligen Kelch zerbrochen und zuletzt einen melitianischen Bischof sogar ermordet haben. In diesem letzten Fall konnte Athanasios sich rechtfertigen. Seinem Geheimdienst glückte es, das angebliche Opfer im Versteck eines oberägyptischen Klosters ausfindig zu machen, und als der Gesuchte hier rechtzeitig entwischt war, konnte er später in Tyros noch einmal ermittelt und durch den dortigen Bischof identifiziert werden. Aber Klagen über Gewaltakte und Übergriffe begleiten das ganze Leben unseres Patriarchen. Es ist heute nicht mehr möglich, ihre Glaubwürdigkeit von Fall zu Fall nachzuprüfen. Athanasios hat jede Anklage mit den heftigsten Ausdrücken zurückgewiesen. Er wußte, wie man sich im Gedränge der Intrigien und fälschender Polemik zu behaupten hat, und verstand es, auf die Massen zu wirken. Seine Pamphlete zeigen den Verstand und die Klarheit einer zweifellos überlegenen Persönlichkeit; aber sie arbeiten zugleich mit allen Mitteln der Diffamierung und verwenden stets die grellsten Farben einseitiger Parteinahme und der hemmungslosen Karikatur seiner Gegner. In den alexandrinischen Kämpfen ist wiederholt auch Blut geflossen, und Athanasios hat in seinen späteren Jahren mehr als einmal die Grenze des Hochverrats gestreift. Aber er war nicht zu beugen, und er glaubte und behauptete sein Recht.

Zeitweise sah es so aus, als sollte Athanasios mit seinem Widerspruch bei Konstantin durchdringen. Zwar hatten seine Gegner bei Hofe das Heft in der Hand, und sie hatten auch mit den Melitianern in Ägypten die Verbindung bereits aufgenommen. Aber Athanasios weigerte sich, vor ihrem Richterstuhl zu erscheinen. Als er sich in Tyros schließlich doch einem Konzil stellen mußte, half er sich durch pausenloses Protestieren, und ehe seine Verurteilung vollzogen werden konnte, war er heimlich auf dem Seeweg entwichen. In Konstantinopel tauchte er wieder auf, indem er sich dem Kaiser persönlich in den Weg warf und eine Audienz erzwang. Dieser berichtet selbst in einem Briefe, wie er von Athanasios, völlig unvorbereitet, überrumpelt worden sei. Selbst ihm fiel es offenbar schwer, dem löwenhaften Ungestüm dieses Bischofs Auge in Auge standzuhalten. Aber dann kam es zu neuen Besprechungen mit den Gegnern, und als diese dem Kaiser klarmachten, Athanasios, dessen Vorgänger schon im ägyptischen Kornhandel eine große Rolle gespielt hatten, stünde jetzt im Begriff, die Lieferungen nach der Hauptstadt ganz zu unterbinden, war seine Geduld erschöpft. Konstantin geriet nach der Darstellung, die Athanasios gibt, in höchsten Zorn und schickte ihn ohne weiteres Verhör kurzerhand in die Verbannung nach Trier. Es ist die erste von fünf Verbannungen, die Athanasios zu bestehen hatte und die ihn insgesamt siebzehn Jahre lang von seinem Bischofssitz ferngehalten haben.

Wir können seine Geschichte nicht durch alle Wechselfälle der politischen und kirchenpolitischen Entwicklung im einzelnen weiter verfolgen. Zwei Umstände haben ihm vor allem die schließliche Behauptung ermöglicht. Der erste ist der Rückhalt, den der Verbannte in der lateinischen Welt fand. Das traditionelle gute Verhältnis zwischen den Stühlen von Alexandrien und Rom wurde durch den abendländischen Aufenthalt von neuem belebt; der ganze Westen wurde bewußt athanasianisch. Die schwierigen philosophischen Spekulationen, die den Hintergrund des arianischen Streites bildeten, hatten hier ohnedies keinen Boden. Eine enge Verbundenheit von Vater und Sohn erschien selbstverständlich, ja man war vielfach geneigt, beide Personen der Gottheit praktisch in eins zu setzen – die größte theologische Sünde, die es für einen origenistisch gebildeten, griechischen Theologen überhaupt gab! Damit diese abendländische Sympathie wirksam werden konnte, mußte jedoch noch ein weiterer, rein politischer Faktor hinzutreten. Konstantin hatte das Reich unter seine Söhne geteilt, und dadurch war die einheitliche Führung der staatlichen Kirchenpolitik verlorengegangen. Jeder Herrscher begünstigte jetzt die in seinem Reichsteil vorherrschende Richtung und suchte sie auch im Nachbargebiet nach Kräften zu stützen. So wurde der schwächere Konstantios, der den Osten beherrschte, zweimal durch seinen Bruder genötigt, Athanasios wieder zuzulassen. Das erste Mal geschah dies unmittelbar nach Konstantins Tode (337). Statt sich unmittelbar nach Alexandrien zu begeben, reiste Athanasios zunächst monatelang durch die kleinasiatischen und syrischen Provinzen, um überall im Osten seiner Partei wieder in den Sattel zu helfen und ihren Zusammenhalt zu stärken. Als er nach abermaliger, mehrjähriger Verbannung in den Westen unter ähnlichen Umständen zurückgerufen wurde, wußte er seinen Triumph noch stärker auszunützen. Der Kaiser, der ihn verbannt hatte, mußte Athanasios nicht weniger als dreimal einladen und förmlich bitten, ehe er wieder vor ihm in Antiochia erschien, um dann über Jerusalem, wo eine Synode tagte, als Sieger in seine Bischofsstadt zu ziehen.

Um so verzweifelter erschien die Situation, als Konstantios im Jahre 353 Alleinherrscher geworden war und nunmehr von neuem gegen Athanasios vorgehen konnte. Den Ausschlag gab ein, wie Athanasios behauptet, gefälschter Brief, aus dem hervorging, daß er in der Zwischenzeit mit einem abendländischen Usurpator konspiratorische Beziehungen unterhalten hatte. Diesmal wurden auch die abendländischen Synoden gezwungen, Athanasios fallen zu lassen, und trotz des wütenden Widerstands der alexandrinischen Bevölkerung suchte man ihn zuletzt mit militärischer Gewalt zu entfernen. Aber Athanasios war rechtzeitig verschwunden; er hielt sich in der Stadt unauffindbar verborgen und organisierte den fortlaufenden Widerstand seiner Anhänger. Auch als ihm ein Nachfolger gesetzt war, rissen die Unruhen nicht ab, und der Kampf ging weiter.

Überschaut man diese Vorgänge lediglich in ihrem äußeren, stürmischen Verlauf, so liegt es nahe, sie als reine, kirchenpolitische Machtkämpfe zu verstehen. Ebendies ist es auch, was die kirchlichen Gegner des Athanasios ständig behauptet haben. Sie vermieden es sorgfältig, auf die theologischen Hintergründe ihrer Gegnerschaft einzugehen und behandelten ihn kurzweg als hartnäckigen Störenfried, einen unduldsamen und herrschsüchtigen Hierarchen, ohne dessen Eigensinn und Gewalttätigkeit die Kirche in ungestörtem Frieden leben würde. So, mit lauter politischen und kriminellen Anklagen, ließ sich, wo man die staatliche Macht für sich hatte, die theologische Opposition am sichersten mundtot machen. Im Gegensatz zu dieser nicht ganz ehrlichen Taktik schiebt Athanasios jede Auseinandersetzung sofort auf das theologische Gleis. Wer sich gegen ihn stellt, den erklärt er im Tone höchster Entrüstung erbarmungslos für einen notorischen Ketzer, einen „ariustollen", von den gemeinsten Trieben gestachelten Lästerer Christi und Feind der wahren Kirche. Zweifel am eigenen Recht kennt er nicht. Gerade diese Unbedingtheit der Selbstverteidigung und des Angriffs gibt seinen Flugschriften den schmetternden Ton und den dröhnenden Widerhall, den er zum Erfolg brauchte. Athanasios ist ein sehr bewußter Propagandist seiner Sache. Aber man darf daraus nicht die Folgerung ziehen, daß die umstrittenen theologischen Sätze für ihn nur Vorwände und in Wirklichkeit ohne Bedeutung gewesen wären. Athanasios glaubt an das, was er behauptet. Ihm fehlt nur jede Distanzierung zwischen dem religiösen Anliegen, das er vertritt, und der kirchlichen Position, die er zu halten wünscht. Er denkt nicht eigentlich von der Kirche als sakraler Institution, sondern vom heiligen Dogma aus, das sie trägt. Aber praktisch fallen ihm Glaube, Bekenntnis und Kirche oder vielmehr diejenige kirchliche Gruppe und Partei, die er für sich hat, ohne weiteres in eins. Es gibt kein Bekenntnis ohne Gefolgschaft, und deren politischen Notwendigkeiten werden durch die Sache geheiligt, um die der Kampf geht. Daraus entspringen die Skrupellosigkeit und Selbstgerechtigkeit, aber auch die Leidenschaft und der rücksichtslose Mut, mit der Athanasios seinen Lebenskampf führt und seine Sicherheit und Ruhe, sein Ansehen vor der Welt und, wenn es sein muß, auch seine Freunde opfert und in die Schanze schlägt. So wird er selbst zum lebendigen Symbol der Rechtgläubigkeit und der unbesiegbaren Kirche. An ihm müssen sich die Parteien orientieren und scheiden – besser und eindeutiger als an den wirren Formeln und Konzilsbeschlüssen, die den Kampf um seine Person begleiten.

In den Grundzügen seiner Theologie ist sich Athanasios immer gleich geblieben. Aber die Methoden, mit denen er seinen Kampf führt, die Art, wie er ihn theologisch begründet und sichert, haben sich entwickelt. In der Frühzeit hatte sich Athanasios unbefangen auf den Kaiser berufen und dessen Urteil für sich zu gewinnen gesucht. Die Persönlichkeit des heiligen Kaiser-Befreiers legte ihm überdies bestimmte, unumgängliche Rücksichten auf, obschon seine Devotion ihm gegenüber im Ernstfall, wie wir sahen, ihre Grenzen hatte. Gegenüber Konstantios, der seinen Vater in keiner Hinsicht erreichte, lagen die Dinge von Anfang an anders. Athanasios lag mit ihm fast pausenlos im Streit, und mehr und mehr ließ er gegen diesen „Patron der Gottlosigkeit und Kaiser der Ketzerei" (hist. Ar. 45, 4) alle Rücksichten fahren. Jetzt erscheint es als ein „unerhörtes", allem kanonischen Herkommen ins Gesicht schlagendes Verbrechen, daß die Arianer es gewagt haben, den Kaiser überhaupt mit kirchlichen Angelegenheiten zu befassen, daß sie ihm ihre synodalen Urteile zur Bestätigung unterbreiten und Soldaten für die Durchführung in Bewegung setzen: „Was hat denn der Kaiser mit der Kirche zu schaffen?" (hist. Ar. 52, 3). Die Idee der „Kirchenfreiheit" ist so von Athanasios und seinen Freunden erstmals auch gegen einen christlichen Herrscher verfochten worden. Das bleibt eine bedeutsame Tatsache auch dann, wenn man ihre taktischen Voraussetzungen durchschaut. Vom Standpunkt einer eusebianischen Theologie aus wäre ein solches Vorgehen niemals möglich gewesen.

Auch in seiner dogmatischen Kampfesweise hat sich Athanasios entwickelt. In den ersten Jahren hat er vom nicänischen Bekenntnis kaum einen Gebrauch gemacht. Die volle Gottheit Christi wird rein sachlich und biblisch begründet, und wer sie einschränkt, wird, wie wir sahen, ohne weiteres als „Arianer" angeprangert, auch nachdem Arius schon längst ausgeschieden und gestorben oder, wie Athanasios versichert, auf dem Abort „zerborsten" war (de morte Ar. 3, 3). Erst allmählich wird es ihm deutlich, welche Möglichkeiten der Begriff des „Homousios“, das berühmte „wesenseins“ oder „wesensgleich“ des nicänischen Bekenntnisses gerade für seinen theologischen Standpunkt in sich schloß, während es seinen arianischen und eusebianischen Gegnern im Grunde stets unannehmbar bleiben mußte. So geht er dazu über, auf diese heilige Synode und ihr Bekenntnis als den allein maßgebenden Hort der Rechtgläubigkeit regelmäßig abzuheben. Ihre Anerkennung wird zur unumgänglichen Voraussetzung jeder echten Befriedung gemacht. Athanasios hat so das Bild der ersten „ökumenischen“ Synode geschaffen. Das Nicaenum – oder später das erweiterte Nicaeno-Constantinopolitanum – gilt seitdem als das einzige oder doch als das allein maßgebende und bleibend gültige Bekenntnis des christlichen Glaubens schlechthin. Gerade in dieser Ausschließlichkeit bot es willkommenen Anlaß, die immer neuen Formeln, mit denen sich die Gegner den wechselnden kirchenpolitischen Situationen anzupassen suchten, als durchsichtige, gottlose Manöver zu verspotten. Die Wahrheit ist schon längst gefunden, und nur in der richtigen Auslegung dessen, was die Kirche ein für alle Mal bekannt und festgesetzt hat, gibt es hinfort eine echte und kirchlich ernst zu nehmende Theologie.

Athanasios selbst blieb in seinem Denken nichtsdestoweniger durchaus beweglich. Seine Hartnäckigkeit hatte nicht den Formeln als solchen, sondern seiner Partei und der einen, gleichbleibenden Sache gegolten, die durch das nicänische Symbol gedeckt wurde. Dafür gab er noch gegen Ende seines Lebens einen eindrucksvollen Beweis. Im Grunde war ihm nur an einem, nämlich an der vollen, uneingeschränkten Gottheit und Gottverbundenheit des menschgewordenen Logos Christus gelegen. Von hier aus hatte er lange Zeit auch solche Freunde gewähren lassen, die die beiden göttlichen Personen überhaupt nicht deutlich auseinanderhielten. Die von seinen Gegnern verfochtene Vorstellung dreier, unter sich verbundener „Hypostasen“ innerhalb des einen göttlichen Wesens ließ er zunächst als eine bedenkliche oder überflüssige Spekulation stillschweigend beiseite. Aber auf dieser Linie konnte die Theologie auf die Dauer nicht stehen bleiben, und wieder war es die kirchenpolitische Entwicklung, die ihm darüber die Augen öffnete und ihn weiter brachte. In den letzten Jahren seiner Regierung hatte sich Konstantios mehr und mehr radikal arianischen Positionen genähert, und der kirchenpolitische Kurs der „Einigung“, den er steuerte, traf nicht mehr Athanasios und die strengen Altnicäner allein. Weite Kreise der bisherigen Mittelpartei und der heranwachsenden jungen theologischen Kräfte fühlten sich nicht minder vor den Kopf gestoßen und suchten gegen die bedenkenlose Konjunkturpolitik der herrschenden Kirchenmänner nach „rechts" hin Fühlung zu gewinnen. Sie hätten auch das Nicaenum annehmen können, fürchteten aber eine völlige Vereinerleiung der göttlichen Personen, denen es Vorschub zu leisten schien. So entschloß sich Athanasios, gegen diese Auslegung nunmehr einen klaren Trennungsstrich zu ziehen und die Lehre von den drei gleichgeordneten Hypostasen ausdrücklich als möglich anzuerkennen, wofern nur die unzerreißbare Verbundenheit im einen, göttlichen Wesen deutlich gewahrt bliebe. Das entscheidende Friedensangebot in diesem Sinne erfolgte 362 auf einer alexandrinischen Synode. Ihren Hintergrund bildete die abermals veränderte kirchliche Lage unter dem neuen, heidnischen Kaiser Julian. Julian hatte allen Verbannten die Rückkehr gestattet und schien entschlossen, die Kirche nunmehr endgültig sich selbst und ihren eigenen Streitereien zu überlassen. Die bisherige Zwangspolitik war zusammengebrochen, und der Weg zu einer Umgruppierung und neuen Einigung der Parteien war frei. Allerdings führte das Versöhnungswerk nicht ganz so schnell zum Ziel, wie Athanasios gehofft haben mag; aber der Anfang war gemacht, und die schließliche Sammlung der Rechtsgruppen, die Jahre später zustande kam, erfolgte tatsächlich in der Richtung, die 362 festgelegt worden war.

Zunächst galt es, noch eine neue Welle staatlicher Unterdrückungsmaßnahmen zu überstehn. Bei seinem Versuch, den alten, heidnischen Kultus wieder zu beleben, war Julian überall auf den Widerstand der Kirche gestoßen, und Athanasios war am allerwenigsten der Mann, dem Romantiker auf dem Kaiserthron hier irgendwelche Konzessionen zu machen. Bald mußte er seinen Bischofssitz von neuem räumen. Aber derartiges schien ihm jetzt keinen großen Eindruck mehr zu machen. Es heißt, er habe damals die verzweifelte Menge, die sich beim Abschied um ihn drängte, mit den nachmals berühmten Worten getröstet: „Laßt euch nicht irremachen, Brüder; es ist nur ein Wölkchen, und schnell wird es vorübergehen" (Ruf. H. E. I, 34: nolite, o filii, conturbari, quia nubicula est et cito pertransibit). Er behielt damit Recht. Noch einmal mußte Athanasios unter dem „arianischen" Nachfolger Julians in die Verbannung gehen. Dann zog für ihn allmählich Ruhe ein. Die Regierung war wohl zu der Überzeugung gelangt, daß es am einfachsten wäre, Athanasios trotz seiner kirchlichen Widerspenstigkeit in Ägypten gewähren zu lassen, statt das Volk, das an ihm hing, durch immer neue Eingriffe zu erbittern. Als er 373 starb, war der Sieg im Gesamtreich noch nicht errungen; aber wenige Jahre später zog der neue, vom Westen kommende

Kaiser Theodosius den Schlußstrich unter die Entwicklung und erklärte seinerseits das nicaenische Bekenntnis für alle Untertanen zur verbindlichen Norm. Was die stärkste politische und theologische Persönlichkeit in der Kirche des vierten Jahrhunderts gewollt hatte, hatte sich durchgesetzt. –

Schon seinen Zeitgenossen war Athanasios fast wie eine mythische Gestalt erschienen; selbst Heiden trauten ihm ein höheres, übernatürliches Wissen zu. In der späteren Kirche gilt er als die unvergleichliche „Säule der Kirche", durch die Gott in schwerster Zeit den rechten Glauben geschützt und erhalten habe (Greg. Naz. or. 21, 26). „Findest du etwas von den Schriften des heiligen Athanasios", schreibt ein Abt des sechsten Jahrhunderts, „und du hast kein Papier zur Hand, so schreib es auf deine Kleider!" (Joh. Mosch., prat. spir. 40). Dieser Hochschätzung entspricht die Verbreitung seiner Werke – der echten wie der ungezählten unechten, die unter den Schutz seines Namens gestellt wurden. Weltgeschichtlich geurteilt, liegt seine Bedeutung jedoch nicht so sehr in seinen Schriften als solchen, sondern in dem, was er selbst in einem Leben voller Unrast und Anspannung mit der Tat verteidigt und behauptet hat. In einem ungemein kritischen Augenblick der Kirchengeschichte, da alle alten Vorstellungen und Ordnungen in der neuen konstantinischen Reichskirche verwandelt und umgebaut wurden, hat er im Kampf mit den Kaisern und allen maßgebenden Vertretern der theologischen Bildungswelt dem Christentum seine Eigenart und innere Selbständigkeit erhalten. Er hat es erreicht, daß der Christusglaube im strengen Sinne Gottesglaube und von allen heidnischen, philosophischen und idealistischen Formen des Glaubens seinem Wesen nach geschieden blieb. Ohne ihn wäre, wie Harnack sagt (Lehrbuch der Dogmengeschichte II [1909⁴], 224), die Kirche „wahrscheinlich völlig in die Hände der Philosophen" – im Stile eines Eusebios – „geraten, ihr Bekenntnis verwildert oder ein kaiserliches Dienstreglement zur Verehrung der ‚hellstrahlenden Gottheit' geworden." Athanasios hat die Kirche aus den Verwicklungen der kultürlichen Fortschrittsidee und aus den Verstrickungen der politischen Gewalt gelöst. Bei ihm ist sie wieder zur Heilsanstalt, d. h. zur Kirche im strengen Sinne geworden, und die Christuspredigt erscheint als ihr eigentlicher und entscheidender Inhalt. Es ist kein Zufall, daß sie darum auch im kirchenrechtlichen Sinne als eine eigenständige Größe erscheint, deren Unabhängigkeit unter allen Umständen gewahrt werden muß.

Wir haben schon darauf hingewiesen, daß damit auch im innerkirchlichen Bereich etwas Neues beginnt. Athanasios ist der erste griechische Kirchenvater, der sich nicht mehr als „christlicher

Philosoph" fühlt, sondern auch als Theologe der Bischof bleibt. Als solcher sucht er zur Masse des Kirchenvolkes und zu dessen Frömmigkeit die Brücke zu schlagen. Die geistliche „Vollkommenheit" ist bei ihm nicht mehr wie bei Klemens und auch noch bei Origines die Sache eines erlesenen Kreises von hochgebildeten Geistesmenschen und Gnostikern. Er wendet sich an die organisierten „Jungfrauen" innerhalb der Gemeinde, er wagt es, wie wir sahen, auch koptisch zu predigen, und wenn er einerseits die Stichworte des theologischen Kampfes notgedrungen in die Massen hinaustragen muß, so knüpft er andererseits unbefangen auch an ihre massiven Vorstellungen von Heiligkeit und ihren Wunderglauben an. In dieser Haltung hat er es verstanden, mit einer aus den Tiefen ägyptischen Volkstums aufbrechenden religiösen Erweckungsbewegung die Fühlung aufzunehmen und sie dadurch in die Bahnen der allgemeinen kirchlichen Entwicklung und Frömmigkeit überzuleiten. Das ist bestimmt nicht sein geringstes historisches Verdienst. Athanasios hat das Mönchtum entdeckt und hat ihm die Gestalt gegeben, in der es von nun an in vielfacher Weiterbildung und Verzweigung die griechische Kirche durchdrungen und auch die Lebensformen der Kleriker und die religiösen Grundanschauungen der Theologen bestimmt und gebildet hat.

Die Anfänge des ägyptischen Mönchtums sind älter als Athanasios; sie fallen in die zweite Hälfte schon des dritten Jahrhunderts. Die mönchische Bewegung war das Ergebnis der damals im großen Stil beginnenden Bekehrung des flachen, von der griechischen Kultur kaum berührten Landes und seiner primitiven, „fellachischen" Bevölkerung. Diese ergriff die alten asketischen Gebote der Kirche mit einem neuen, radikalen Ernste und suchte sie nicht mehr innerhalb der Gemeinden, sondern in der tiefen Einsamkeit der Wüste bedingungslos zu erfüllen. „Vater" Antonios ist in dieser Hinsicht nur eine Erscheinung unter vielen gleichzeitigen und ähnlichen Gestalten. Erst Athanasios, der ihn persönlich kannte, hat ihn zum „Erfinder" und Urbild des eremitischen Mönchtums erhoben. Das Buch, in dem er sein Leben schildert, machte die neue Erscheinung mit einem Schlage in der Kirche bekannt und regte allenthalben zur Nachahmung und Nacheiferung an. Noch in der Geschichte der Bekehrung Augustins spielt die „Vita Antonii" eine Rolle, und unzählige griechische Heiligenviten sind nach ihrem Vorbild entworfen.

Athanasios schloß sich in seinem Bericht an die Wirklichkeit an; aber er schilderte das Mönchtum so, wie er es sehen und weiter verbreiten wollte. Das Büchlein ist nicht ohne propagandistische und apologetische Absicht geschrieben. Unbeschadet seines schlichten und ursprünglichen Wesens erscheint Antonios hier wie eine Verkörperung aller philosophischen Tugenden, die nur bei den Christen und nur durch die Kraft und Gnade Christi wahrhaft zu Hause sind. Gleichzeitig nimmt er gegen die heidnischen Weisen und auch gegen die arianischen Ketzer ausdrücklich Stellung und zeigt gegen alle Vertreter des geistlichen Standes eine tiefe und ungeheuchelte Ehrfurcht. In dieser musterhaften Haltung erfährt und bewirkt der Heilige in seinem asketischen Eifer die größten Dinge, er empfängt Erleuchtungen und wird bis ins Leibliche seines Wesens zum Träger überirdischer Kräfte. So tritt das asketische Ideal dem Gebildeten wie dem Ungebildeten als eine neue und lockende Lebensmöglichkeit in den Blick und bleibt doch eindeutig auf Christus und auf die rechte Lehre der Kirche begründet. In diesem Sinne hat Athanasios das Mönchtum und die nicänische Rechtgläubigkeit zu verbinden gesucht und beide in der Tiefe des Volksempfindens und des kirchlichen Bewußtseins miteinander verbunden.

Die Theologen, die auf Athanasios folgten, sind immer noch Origenisten, Philosophen und Griechen gewesen. Aber die feste Einheit, zu der er die dogmatische, die asketische und die kirchliche Forderung ineinandergebunden hatte, haben sie nicht mehr gelöst. Sie wird im vierten Jahrhundert allgemein herrschend. Athanasios selbst war vor allem Dogmatiker und Hierarch und als solcher ein Kirchenpolitiker gewesen. Aber mit ihm und seiner Generation beginnt in der griechischen Kirche auch im inneren Bereich der theologischen Arbeit und des geistlichen Lebens eine neue Epoche.

Mit einer neuen Ausgabe von Athanasios Werken hatte H.-G. Opitz 1934 den Anfang gemacht; von W. Schneemelcher soll sie fortgesetzt werden. Ein wichtiges Hilfsmittel zur Lektüre ist Guido Müllers „Lexicon Athanasianum“ (1952), das zugleich die Dienste einer Konkordanz versieht.

Eine ausreichende Biographie des Athanasios steht noch aus. Die Arbeiten von Ed. Schwartz „Zur Geschichte des Athanasios“ in den Göttinger gelehrten Anzeigen (1904–11; vgl. auch „Kaiser Konstantin und die christliche Kirche“, 1936 [2]) hatten nur vorbereitende Bedeutung. Eine erste Übersicht über die komplizierten kirchenpolitischen Kämpfe vermittelt H. Lietzmanns fesselnde Darstellung im dritten Bande seiner „Geschichte der alten Kirche“ (1953 [2]). Die Entwicklung der kirchenrechtlichen Anschauungen des Athanasios untersuchen die Gießener Dissertation von K. F. Hagel, Kirche und Kaisertum in Lehre und

Leben des Athanasius (1933) und K. M. S e t t o n , Christian attitude towards the Emperor in the fourth century (New-York 1941). Für die vieldiskutierte Vita Antonii genügt jetzt ein Hinweis auf die neueste Studie von H. D ö r r i e s , Die Vita Antonii als Geschichtsquelle (in den Göttinger gelehrten Anzeigen und separat, 1949).

7. Kapitel

BASILIOS DER GROSSE

Um die Zeit, da Athanasios Bischof wurde, vielleicht ein Jahrzehnt vor dem Tode Eusebs von Caesarea, ist Basilios geboren. Die Kirche, in der er aufwächst, besitzt staatliche Anerkennung und Förderung, und alle politischen, sozialen und geistigen Strömungen der „Welt“ beginnen in ihr bereits ein Heimatrecht zu gewinnen. Die Kirche ist ein hervorragender Faktor des öffentlichen Lebens geworden. Ihre Bischöfe befinden sich vielfach in glänzenden Stellungen und besitzen Ansehen, Reichtum und ausgedehnte Wirkungsmöglichkeiten. Die Neigung zu einem bloßen Kultur- und Konjunkturchristentum macht sich stark bemerkbar und wird von scharfsichtigen Beobachtern innerhalb und außerhalb der Kirche klagend oder spöttisch gerügt. Die Frage nach dem religiösen Fundament der Kirche, die der arianische Streit aufgeworfen hatte, ist noch immer nicht entschieden. Viele Kirchenmänner suchen der geistigen Entscheidung auszuweichen, indem sie sich einer allgemeinen, erbaulich verbrämten Betriebsamkeit hingeben, und andererseits droht die Christusbotschaft zum Tummelplatz aller möglichen theologischen Schulgegensätze zu werden. Die kaiserliche Regierung ist bemüht, einer uferlosen Ausweitung der dogmatischen Streitigkeiten Grenzen zu setzen und durch gelegentliche Dekrete, Synodalentscheidungen und ihnen folgende Zwangsmaßnahmen die Kirche zusammenzuhalten. Niemand hat dabei ein ganz gutes Gewissen; aber die Mehrheit der Bischöfe sucht sich mit den angebotenen Kautschukformeln irgendwie abzufinden oder stillschweigend aus der Klemme zu ziehen. Man gewöhnt sich daran, Proteste zu überhören und mit der Theologie mehr oder weniger offen oder naiv Schindluder zu treiben. Mitten in einem äußerlich glänzenden materiellen und kultürlichen Aufstieg droht die Kirche ihren Tiefgang und ihr Gewissen zu verlieren. Indem die Verhältnisse scheinbar gemeistert werden, wird der Weg der Verantwortung für die Zukunft langsam immer stärker verbaut.

Auf diesem Hintergrund müssen die Persönlichkeit und das Wirken Basilios „des Großen“ gesehen werden. Basilios ist seinem innersten Wesen nach Asket und Theologe. Als solcher hat er seinen gefährdeten Zeitgenossen wieder eine Bahn gebrochen; aber mit der großen Masse seiner bischöflichen Standesgenossen steht er in einem starken und klar empfundenen Gegensatz. Als „Jungnicäner“ gehörte Basilios zur Gefolgschaft des alten Athanasios; er nahm dessen Lebenskampf in einem anderen geographischen Raum und in einem anderen theologischen Geiste auf und führte ihn weiter. Aber obgleich ihm persönlich die Verbannung und schwere Schädigungen erspart blieben, hatte er es doch viel mühsamer sich zu behaupten; denn Kappadokien war kirchenpolitisch kein so fest gefügtes und geschlossenes Kirchengebiet wie Ägypten. Basilios hatte es auch innerlich mühsamer, weil er geistig und religiös eine viel zartere und reichere Natur war, die die Zweischneidigkeit des zermürbenden Kirchenkampfs darum tiefer empfand und viel schwerer an ihr trug als der eiserne alexandrinische Patriarch. Basilios wurzelt als Mann und als Theologe nicht in der klerikalen Welt und hat seinen Charakter nicht erst in den kirchenpolitischen Kämpfen gebildet. Stolz und menschliche Unabhängigkeit sind ihm von Haus aus eigen. Er hat sie als Christ bewußt zurückgedrängt und nicht mehr betont; aber seine sichere Haltung ruht auf den Erinnerungen einer großen Familie und einer uralten Landschaft, die sich gerade jetzt in voller Breite dem christlichen Leben erschließt.

Nach einem öfter zitierten Worte Mommsens war die einst hettitische, dann persische Provinz Kappadokien „im Anfang der Kaiserzeit schwerlich mehr griechisch als Brandenburg und Pommern unter Friedrich dem Großen französisch gewesen sind“ (Römische Geschichte V, Kap. 8, Abs. „Kappadokien“.) Das Christentum war hier besonders durch den Origenes-Schüler Gregor den Wundertäter verbreitet worden und dürfte die Hellenisierung an seinem Teil gefördert haben. Beide Mächte, das Griechentum wie das Christentum, waren in der Familie des Basilios bereits gemeinsam bejahte Tradition. Schon seine Großeltern waren Christen und hatten in der letzten Verfolgung unter Maximin zeitweise flüchten müssen. Ein Onkel, dann zwei Brüder wurden wie er selbst zu Bischöfen gewählt, und seine Schwester Makrina weihte sich ganz dem asketischen Leben. Aber ebenso selbstverständlich wie die christliche und zwar nicänisch-christliche Erziehung war die höhere Ausbildung im hellenischen Geist. Basilios sollte nach dem Willen seines Vater keinen „einäugigen“ Unterricht erhalten (Greg. Naz. or. 43, 12), sondern in den vollen Genuß der klassischen und philosophischen Bildung gelangen. Bei dem satrapenhaften Reichtum der Familie, deren Liegenschaften über drei Provinzen verstreut waren, bestanden dabei keinerlei äußere Schwierigkeiten.

Mit etwa fünfzehn Jahren begann Basilios im kappadokischen Caesarea seine Studien und setzte sie in Konstantinopel fort. Die entscheidenden Semester verbrachte er seit 351 in Athen. Gregor von Nazianz, mit dem er damals die lebenslang währende Freundschaft schloß, berichtet rückblickend, wie er seinen Freund vor dem Unfug der damaligen Fuxenschinderei bewahrt habe, und behauptet, beide hätten in ihrem glühenden Bildungseifer keine anderen Wege gekannt als ins Auditorium oder in die Kirche. Man kann hierzu neben dem von Gregor betonten Heiligungswillen wohl auch die gesellschaftliche Stellung und das frühe Gefühl einer geistigen Überlegenheit mit in Anschlag bringen. Basilios erwarb sich jedenfalls in diesen Jahren eine umfassende Bildung. Plato, Homer, aber auch die Historiker und natürlich die Rhetoren sind ihm nach Ausweis seiner Schriften zeitlebens vertraut geblieben und bestimmen unwillkürlich seine Ausdrucksweise und den Stil. Im Umgang mit Heiden kennt er keine Befangenheit. Dem berühmten Redner Libanios trat er persönlich nah und hat mit ihm einige Briefe gewechselt. Ein Bildungsenthusiast wie Gregor ist Basilios allerdings nie geworden, und als Mönch und Bischof blickt er auf die „eitle Glückseligkeit" der athenischen Zeit später einigermaßen kritisch zurück (Greg. Naz. or. 43, 11). Basilios verkannte nicht die sittlichen Gefahren der klassischen Literatur; aber die Studienberatung, die er seinem Neffen zuteil werden ließ, zeigt doch, daß er nicht bereit war, darum auf die Schätze der alten Bildung zu verzichten. Es kommt darauf an, daß die Lektüre sorgsam ausgewählt wird. Ein mehr als propädeutischer Wert der heidnischen Schriftsteller kommt ohnedies nicht in Betracht; hierzu aber wird ihr Nutzen nicht etwa auf die bloß formale und ästhetische Seite beschränkt; gerade für die sittliche Erziehung des Christen sind sie willkommen.

Es scheint, daß Basilios selbst noch zwischen den rhetorischen Berufsmöglichkeiten und seinen im engeren Sinne christlichen Idealen geschwankt hat. „Ein mit Bildung schwer geladenes Schiff" (Greg. Naz. or. 43, 21), begab er sich in die Heimat zurück. Hier wurde er von allen umworben, alle Wege ins Leben und in die öffentliche Wirksamkeit standen ihm offen. Aber dann brach er entschlossen ab. Basilios wollte nicht der „Welt" dienen, sondern ließ sich taufen, um nach den Weisungen des Herrn ein rein asketisches Leben zu beginnen. Wie es zu diesem Entschluß kam, ist nicht ganz deutlich. Das Erbe der Familie, das eifrige Zureden der Schwester, die Eindrücke einer Reise durch die Einsiedeleien Ägyptens wirkten wohl zusammen. Außerdem dürfte Basilios entscheidende Anstöße schon von einer älteren asketischen Bewegung seiner Heimat empfangen haben und besonders von einem Manne, den er damals hoch verehrt und später verachtet hat: Eustathios von Sebaste in Kleinarmenien. Dieser Vorkämpfer für die mönchischen Ideale hatte auch in Kappadokien weite Kreise mit sich gerissen, so daß die bischöfliche, einer scharfen Askese wenig geneigte Führung des Landes ihm z. T. bedenklich gegenüberstand. Basilios aber wurde sein Schüler. Vieles von dem, was er über das klösterliche Leben und die Kunst der Seelenführung gelehrt hat, dürfte auf Eustathios zurückgehen. Beide Männer trennten sich später aus dogmatischen Gründen. Eustathios stellte sich gegen das Nicaenum und wurde daraufhin als „Arianer" verschrieen; und auch für Basilios war zu diesem Zeitpunkt das Bekenntnis wichtiger als die alte Freundschaft und die Gemeinsamkeit im Dienst der asketischen Ziele. Er wollte kein Christentum, das am Dogma vorüberging.

Wer ihn kennenlernen will, der muß Basilios trotzdem zuerst als Mönch erkennen. Basilios ist mit Leib und Seele Asket – die strenge Askese ist das Element, in dem er geistig arbeitet, lebt und webt. Er ist so sehr Asket, wie man es überhaupt sein kann, ohne mit der Kirche und ihrem Christentum zu zerfallen. Diese Grenze hat er allerdings zeitlebens durchaus eingehalten, und das ist gerade in Kappadokien nicht unwichtig. Das heißt: Basilios hat das Mönchsleben niemals exklusiv gegen die Gemeinde und den Heilsweg der verheirateten Christen gewandt, wie es die Eustathianer zuletzt taten, und: auch die strengste Askese ist für ihn nicht in einem markionitischen oder manichäischen Sinne dualistisch motiviert. Basilios bleibt darin „Grieche". Gewiß denkt auch er aus dem Gegensatz von Fleisch und Geist, von Erde und Himmel, von Zeit und Ewigkeit, und gerade dieser letzte, eschatologische Blickpunkt ist für seine theologische Gedankenführung immer sehr wesentlich; aber diese Körperlichkeit und diese zeitliche Welt sind darum nicht das Böse selbst, sie sind nur der dauernde Anreiz zum Bösen. Ganz sinnvoll ist allein das Leben, das sich auf den Geist, auf Gott und auf Gottes selige Ewigkeit richtet. Aber indem der Mönch nach diesem Ziele greift und sich dazu einer harten Erziehung und Selbsterziehung unterwirft, wird sein wahres menschliches Selbst gerade nicht zerstört, sondern befreit, beflügelt und über die beengenden Schranken hinausgehoben, damit es sich ganz Gott hingeben, Gott schauen und mit Gott eins werden kann. Dahinter stehen eine neuplatonische Metaphysik und die Gedanken des geliebten Meisters Origenes. Aber stärker als alle Vorgänger – Klemens allein vielleicht ausgenommen – betont Basilios, daß die eigentliche Kraft dieses befreiten Lebens nicht die bloße Erkenntnis, sondern die Liebe sei, die Liebe nicht nur im „theologischen", auf Gott zielenden Sinn, sondern auch als die Liebe zum Nächsten. Darum ist das mönchische Leben für Basilios grundsätzlich ein Leben in der Gemeinschaft, da jeder dem andern dienen kann und einer durch den andern gefördert und entwickelt wird. Gerade so wird es wahrhaftiges, alle menschlichen Möglichkeiten gleichsam sublimierendes und geistlich potenzierendes Leben, das christliche Leben schlechthin.

Konkret sieht das so aus, daß Basilios sich auf die Ländereien zurückzieht, die seine Familie am Iris besitzt und die seine Mutter und Schwester schon längere Zeit in frommer Zurückgezogenheit bewohnen. Er sammelt gleichgesinnte Genossen, die sich seiner Leitung unterstellen, und gründet weitere Klöster, denen er geistliche Regeln und Ratschläge zur Verfügung stellt. Die Zucht ist überall streng, der Gehorsam unverbrüchlich, die Demut in allen Dingen ein heiliges Ziel. Neben der geistlichen Sammlung und zugleich mit ihr gibt es auch einfache körperliche Arbeiten. Eine Rückkehr in die Welt ist ausgeschlossen. Aber Geist und Stimmung dieser Genossenschaften sollen durchaus nicht gesetzlich sein; sie leben von innen her geistlich und frei. Das Gebet ist die tragende Kraft des mönchischen Lebens; die festen Stunden des Psalmengesangs und der Kniebeuge gliedern es rhythmisch. Auf den Austausch der Brüder untereinander wird das größte Gewicht gelegt. Sie können bei den Zusammenkünften ihre verschiedenen Anliegen, Fragen und Probleme unbesorgt vorbringen. Sie finden ihren Ratgeber und Seelsorger und nehmen sich später selbst wieder anderer Mönche als Seelsorger an. Auf Basilios geht die regelmäßige Klosterbeichte vorzüglich zurück. Dieses Leben schließt die Freude an geistiger Arbeit und theologischer Erkenntnis nicht aus. Für die meisten Brüder steht freilich die Beschäftigung mit der Bibel, besonders mit Paulus und den synoptischen Evangelien, durchaus im Mittelpunkt. Aber Basilios selbst stellt gerade in dieser Zeit in Gemeinschaft mit seinem Freunde Gregor die „Blütenlese" aus den Schriften des Origenes zusammen.

Als Mönch ist Basilios, wie gesagt, ganz er selbst. Hier, in der geliebten Ruhe und Stille wachsen ihm die Kräfte zu, mit denen er die niemals fehlende Versuchung aus dem Felde schlagen, Gottes Wahrheit erkennen und jede „göttliche Schönheit" genießen kann. Der berühmte Brief (ep. 14, ad Greg.), mit dem er den damals noch in der Ferne weilenden Gregor zu sich locken möchte, ist in dieser Hinsicht ein überraschendes Dokument. Die Beschreibung seiner Einsiedelei, die ihm, in der Nähe eines Staubbaches, hoch in den Tälern gelegen, einen herrlichen Fernblick gewährt und mitten in der unberührten Frische der ringsum atmenden Natur endlich den Frieden geschenkt hat, ist die erste in der Tiefe empfundene Schilderung einer Landschaft, die die abendländische Welt kennt –

ein antikes Idyll, das doch etwas Ahnungsvolles und Unbegreifliches in sich aufgenommen hat, das die überlieferten Formen geheimnisvoll überströmt. –

Wer so die Einsamkeit zu genießen weiß, dem bleibt sie nicht dauernd erhalten. Basilios war viel zu sehr ein Mann der Tat oder doch der tätig wirkenden sittlichen Verantwortung, um in dieser geliebten Lebensform ungestört verharren zu können. Die theologische Sorge und Verpflichtung zieht ihn unaufhaltsam ins öffentliche Leben der Kirche zurück. Eben damals gewann die antinicänische Politik des Kaisers ihre rücksichtsloseste Aktivität. 360 begleitet Basilios Eusthathios zu dogmatischen Verhandlungen nach Konstantinopel. Die Partei der Nicäner ist nicht ganz so schwach, wie es den Anschein hat, aber es fehlt ihr am offenen Mut des Hervortretens. Zwei Jahre danach empfängt Basilios das Bußbekenntnis seines eigenen Bischofs, der das Nicaenum verraten hatte, aber auf dem Totenbett Basilios als Helfer zu sich rief. Dem neuen Bischof Eusebios von Caesarea (in Kappadokien, nicht in Palästina, wo der berühmte Eusebios Bischof gewesen war!) gelang es, Basilios ganz in den Dienst seiner Kirche zu ziehen: 364 wird er zum Presbyter geweiht. Der stolze Landedelmann mag kein bequemer Untergebener gewesen sein; vielleicht machte ihn auch sein asketischer Eifer verdächtig. Es kam zwischen Presbyter und Bischof bald zu Spannungen – mit dem Ergebnis, daß Basilios, der innerhalb der Gemeinde keinen Streit wünschte, kurzentschlossen in seine Einsiedelei zurückkehrte.

Aber diese Unterbrechung blieb eine kurze Episode. Es war Eusebios selbst, der die Aussöhnung mit seinem Gehilfen suchte, und Basilios zögerte nicht, darauf einzugehen. Die Kirche verlangte nach seiner Arbeit. Er wuchs nun schnell in die Rolle eines Koadjutors seines Bischofs hinein und hatte als solcher einen weiten Sprengel zu ordnen. Basilios wich dem ärgerlichen Kleinkram und Kleinkrieg des kirchlichen Alltags nicht aus. Wie gewöhnlich fehlte es allenthalben an wirklich brauchbaren Geistlichen, an gewissenhaften Predigern und selbstlosen Regenten. Die Gemeinden hatten aus Bequemlichkeit vielfach ganz ungeeignete Männer an die Spitze gestellt. Es waren Fälle von Ämterkauf und Bestechung vorgekommen; es gab verheiratete Kleriker, die sich nicht von ihren Frauen trennen mochten; dazu neben allen dogmatischen Gegensätzen die üblichen Parteiungen, Verärgerungen, Verleumdungen und Klatsch. Wo es galt, vernachlässigte kirchliche Bestimmungen wieder in Geltung zu setzen, griff Basilios energisch durch. Immer suchte er aber für seine Maßnahmen auch persönliches Verständnis zu wecken. Er besprach sich mit seinen Bischöfen, und wo

Klagen über ihn laut wurden, nahm er die erste Schuld gerne auf sich. Eine großzügige Natur von angeborener Würde, fand er wie von selbst den Ausgleich zwischen den sachlichen Forderungen, die sein Amt stellte, und der persönlichen Demut, die er als Christ und Mönch zu bewahren hatte. Basilios ist der erste große Vertreter des mönchischen Priester- und Bischofsideals geworden, auf den die Folgezeit immer wieder zurückweist.

Beim Volk von Cäsarea wurde er schnell beliebt. Basilios schuf, gewiß vorwiegend aus eigenen Mitteln, einen ganzen Komplex wohltätiger Anstalten. Um Kirche und Kloster gruppiert, entstanden Herbergen, Armenhäuser, Hospitäler, Seuchenbaracken – eine ganze „neue Stadt" (Greg. Naz. or. 43, 63) der Nächstenliebe und sozialen Fürsorge, in der auch der Bischof seinen Wohnsitz nahm. Die Gründung wurde nachgeahmt und viel bewundert, z. T. freilich auch kritisiert. Man sah in ihr eine Bedrohung für die Unabhängigkeit der staatlichen Verwaltung, ein Einwand, den Basilios jedoch in keiner Weise gelten ließ. Die alte christliche Liebestätigkeit gewinnt in der Staatskirche neue, „mittelalterliche" Dimensionen; der Geist, der darin lebt, ist aber nicht so sehr hierarchisch-politischer als mönchischer Geist. Die Laiengemeinde sollte daneben nicht in Passivität versinken. Die Predigten des Basilios sind voll praktischer Mahnungen und Beispiele, um die Liebestätigkeit und Tugendübung bei jedermann anzuspornen. Besonders während der großen Hungersnot des Jahres 368 bewährte er sich als eindringlicher Bußprediger gegen die Wucherer und gleichgültigen Reichen. Er selbst organisierte eine Volksspeisung, die auch vor den zugewanderten Landfremden, den Heiden und selbst vor den ungläubigen Kindern Israels nicht haltmachte.

Es wäre indessen nicht richtig, Basilios in erster Linie als kirchlichen Praktiker und Verwaltungsmann zu beurteilen. Mitten in seinen Geschäften und vor allem in seiner Predigt ist er immer zugleich Seelsorger und Theologe. Basilios gilt als der Begründer der griechischen Kunstpredigt. Er hat den geistlichen Vortrag bewußt nach den Regeln der Rhetorik gestaltet und hat damit Schule gemacht. Dieser gepflegte sprachliche Aufwand, die kunstvolle und blütenreiche Pracht ist uns innerhalb der geistlichen Rede heute fremd geworden; uns fesselt bei Basilios weit mehr die energische Lebensnähe, die Bestimmtheit und Einfachheit der Grundgedanken, die seine Predigten trotzdem noch auszeichnen. Fast alle schließen sich an biblische Texte an. Die Sittenpredigt überwiegt. Doch haben auch die theologischen Lehrpredigten nicht den Charakter rein theoretischer, im falschen Sinne „dogmatischer" Belehrung; sie spiegeln vielmehr den aktuellen dogmatischen Kampf der damaligen Kirche wider, in dem Basilios Stellung beziehen mußte und bald eine führende Stellung gewann.

Im Jahre 370 wurde Basilios zum Erzbischof von Cäsarea erhoben, und seitdem lag die ganze Verantwortung und Not der verfahrenen kirchlichen Lage vor allem auf ihm. Von einer einheitlichen nicänischen Front kann man zu diesem Zeitpunkt noch nicht reden. Basilios selbst braucht das Bild zweier kämpfender Flotten, die der Sturm so durcheinandergewirbelt hat, daß sich Freund und Feind nicht mehr unterscheiden können. Erst durch sein Wirken wird Kappadokien langsam so etwas wie ein Block der rechtgläubigen Kirche, der jedoch von allen Seiten umbrandet und umkämpft bleibt. Die Kirchenpolitik der Regierung strebte noch immer in eine andere Richtung und legte Basilios, der auf die Zusammenarbeit mit den staatlichen Stellen angewiesen war, somit überall Schwierigkeiten in den Weg. Die Teilung der Provinz Kappadokien, die den kirchlichen Einfluß Cäsareas verringern sollte, gehört in diesen Zusammenhang. Basilios ließ sich nicht einschüchtern. Er reiste persönlich von Ort zu Ort, die Fäden enger zu knüpfen, richtete neue Bistümer ein und entfaltete nach allen Seiten hin eine unermüdliche Korrespondenz. Den Höhepunkt erreichte die Spannung bei einem persönlichen Besuch des Kaisers Valens in Cäsarea. Man erwartete damals, daß Basilios entweder kirchlich nachgeben oder in die Verbannung ziehen würde. Doch keines von beiden geschah. Es scheint, daß die bestimmte Ruhe, mit der er dem Autokraten entgegentrat, diesen zur Vorsicht bewog, so daß er einen Konflikt vermied. Die nicänische Rechtgläubigkeit gewann in Kappadokien fortschreitend an Boden.

Die Erfolge, die Basilios in dieser Hinsicht errang, sind um so höher zu achten, als er, wie gesagt, zunächst noch keine festgefügte Machtstellung innehatte. Er besaß nicht, wie damals Athanasios, eine blind ergebene Gefolgschaft, die bereit war, mit ihm durch dick und dünn zu gehen. Vielleicht hätte er sie in dieser Form sich nicht einmal gewünscht. Seine Erfolge sind in erster Linie die Frucht einer echten kirchlichen und theologischen Arbeit, die er mit dem Kreis seiner Freunde im Anschluß an die ältere, nicänisch-origenistische Tradition des Landes durchführte. Gegen die Arianer weiß sich Basilios in einem ursprünglichen, elementaren Gegensatz des Glaubens selbst. Christus darf kein Geschöpf sein, wenn er uns das Heil des Schöpfers erschließen soll. Er war wirklich Gottes vorzeitiger Sohn und Gott von Art, der so in unsere arme Menschheit herabstieg, um die Verlorenen aus der Macht des Todes und des Teufels zu erlösen und die Freiheit wiederzubringen, auf der das neue, gnadenhaft verklärte christliche Leben ruht. Basilios ist darüber hinaus mit voller, immer stärker betonter Entschiedenheit trinitarischer Theologe und sieht in der Dreifaltigkeitslehre geradezu das Wesen der christlichen Religion. So beginnt er auch mit einer bewußten, systematischen Klärung der innergöttlichen Beziehungen. Er unterstreicht, über Athanasios hinausgehend, die Dreiheit der „Hypostasen", die im Besitz ihrer sondernden „Eigentümlichkeit" die Einheit und Geschlossenheit des göttlichen Lebens gleichwohl nicht aufheben. Er reflektiert auch auf ihr gegenseitiges Verhältnis. Aber solche Reflexionen werden niemals zum Selbstzweck; sie werden nicht formalistisch zu Tode gehetzt: man muß sich bei den dogmatischen Aussagen, wenigstens ahnend, immer etwas denken können, und vor allem: man muß sie auch biblisch begründen. So weigert sich Basilios trotz des Drängens der Freunde wie der Gegner, über die Person des Heiligen Geistes genauere Angaben zu machen, die doch nur Worte gewesen wären. Zwar gehört der Heilige Geist für ihn wie schon für Origenes zweifellos auf die Seite des Vaters und des Sohnes, und daß es zwischen der unerschaffenen Gottheit und den Geschöpfen nichts Mittleres geben könne, ist ihm eine immer wieder hervorgehobene Selbstverständlichkeit. Aber er vermeidet es nach Möglichkeit trotzdem, den Geist schlankweg als „Gott" zu bezeichnen, und über dessen innertrinitarische Eigentümlichkeit schweigt er sich ganz aus. Vielmehr, er „bekennt ohne Scheu", daß es hier das Beste und auch ganz „ungefährlich" sei, die eigene Unwissenheit unumwunden zuzugeben (contra Sab. et Ar 24, 6).

Solche Mahnungen begegnen bei Basilios immer wieder. Seine Beschränkung auf die „Einfalt des gesunden Glaubens" ist durchaus nicht naiv. Basilios sieht, wie die Sucht des Disputierens und Polemisierens die Kirche an den Rand des Abgrunds und der Auflösung gebracht hat. Er möchte dem uferlosen Zank keine neue Nahrung zuführen; er möchte der scholastischen Konsequenzmacherei vielmehr Grenzen setzen und die Gläubigen zur geistlichen Sammlung und zum anbetenden Lobpreis des göttlichen Geheimnisses anleiten. Dies ist das eigentliche Ziel aller Theologie. Wo die Bibel schweigt, sollen auch die Theologen schweigen und die Leute mit ihren Spitzfindigkeiten nicht mehr beunruhigen. Man erkennt Gott, indem man seine Gebote hält, indem man den guten Hirten kennt, der sein Leben für die Schafe gab, und „nicht im Fragen nach überweltlichen Dingen, nicht im Nachgrübeln über das, was man nicht sieht" (hom. in Mam. mart. 4). Es sind unverkennbar mönchisch-meditative Motive, die hier mitschwingen, geschärft durch die bitteren Erfahrungen eines jahrzehntelangen Kirchenkampfs. Nur daß Basilios darum nicht etwa der Theologie überhaupt entfliehen und bei einer bloßen „praxis pietatis" enden möchte. Er will so gerade den rechten Standort für eine fruchtbare theologische Arbeit gewinnen, die alle wahren und ernsthaften Theologen zusammenführen soll.

Insofern hat die dogmatische Zurückhaltung also auch einen kirchenpolitischen Sinn. Das ist gerade für die Geistlehre deutlich. Basilios machte die größten Anstrengungen, um die sogenannten „Pneumatomachen" zu gewinnen, die unter Berufung auf Nicaea die dort noch nicht ausdrücklich formulierte Gottheit des Heiligen Geistes anzunehmen sich weigerten. Auch mit den Vertretern der sogenannten Mittelpartei und mit vielen dogmatischen Einzelgängern suchte er das Gespräch aufzunehmen. Seine Bemühungen waren nicht erfolglos; aber es versteht sich, daß die Liberalität einer solchen theologisch wie kirchlich sinnvollen Haltung für einen Kirchenmann, der sich mitten im Kampf der Parteien behaupten mußte, alles andere eher als bequem war. Von den verschiedensten Seiten wurde Basilios Gesinnungslosigkeit oder auch geistlicher Hochmut nachgesagt, ein Vorwurf, den er immer wieder dadurch zu entkräften suchte, daß er sich dem Gespräch und der Auseinandersetzung stellte. Von entscheidender Bedeutung wurde es, daß Athanasios Basilios mit aller Entschiedenheit deckte. Er hatte die überragende Bedeutung dieses Kampfgenossen trotz gewisser theologischer Unterschiede richtig erkannt und zeitlebens anerkannt.

Es war Basilios von Anfang an klar, daß die dogmatischen Nöte der Kirche auf partikularistischer Basis nicht zu lösen waren. Zwar wäre es für ihn verhältnismäßig leicht gewesen, sich auf den eigenen, kappadokischen Umkreis zu beschränken, in dem seine Autorität ohnedies schon die Führung hatte. Aber das wäre ihm wie Verrat an der gemeinsamen Sache aller Christen erschienen. Basilios fordert von jedem Bischof eine „ökumenische" Einstellung. Gegen den Augenschein gibt es ja immer noch die Einheit, einen gleichen „Atem" der wahren Gläubigen in aller Welt. Es kommt nur darauf an, daß man sich um „die überall bestehende Bruderschaft" (ep. 133 ad Petr. Alex.) ernsthaft kümmert, ihre Glieder miteinander in Verbindung bringt und die Einheit dadurch auch sichtbar und wirksam macht. Diesem Ziel vor allem dient die mehr und mehr ins riesige wachsende Korrespondenz. „Man frage doch", schreibt Basilios einmal nach dem Pontus (ep. 204, 7 ad Neocaes.) „die Pisidier, Lykaonier und Isaurier, die Bewohner beider Phrygien, die Armenier, soweit sie euch benachbart sind, die Makedonen, Griechen, Illyrier, Gallier, Spanier, ganz Italien, die Sizilier, Afrikaner, den gesunden Teil Ägyptens und was vom ⟨rechtgläubigen⟩ Syrien noch übrig ist, die sämtlich an mich Briefe richten und von mir umgekehrt auch erhalten." Neben den alten Großmächten der Orthodoxie, Rom und Alexandrien, ist ein neues Zentrum entstanden, in dem, wie sich bald zeigen sollte, auch eine eigene kirchenpolitische Linie verfolgt wurde. Bei all seinen Bemühungen ging Basilios von der Voraussetzung aus, daß es darauf ankäme, das Gewicht des nicänischen Westens für eine entsprechende Neugestaltung der östlichen Kirche einzusetzen, dieser aber ihre Eigenart und ihre theologische Weiträumigkeit gleichwohl nach Möglichkeit zu erhalten. So überwand er den angeborenen Stolz des Griechen und wandte sich, „Mitleid" flehend, an die westlichen Kollegen um Hilfe, vorab an den wichtigsten von ihnen, Bischof Damasus von Rom.

Besondere Schwierigkeiten waren in Antiochien zu überwinden, und hier vor allem hoffte Basilios auf ein Eingreifen des Papstes. Die große Mehrheit der rechtgläubigen Antiochener erkannte Bischof Meletios als ihren Bischof an, der sich nach zweifelhaften Anfängen eindeutig auf den Boden des Nicaenum gestellt hatte. Unglücklicherweise hatte aber eine kleine, unversöhnliche Gruppe alter Kämpfer dagegen noch einen zweiten, entsprechend strengeren Nicäner erhoben. Der von Athanasios seinerzeit überwundene Gegensatz von Alt- und Jungnicänern war so in der Hauptstadt der syrischen Christenheit von neuem zum Ausbruch gekommen, versteifte sich und drohte das ganze Einigungswerk zum Scheitern zu bringen. Basilios hatte sich sofort für Meletios entschieden. Er wußte wohl, daß der Westen – dem die feineren Unterscheidungen der philosophischen Dogmatik kaum verständlich waren – der entgegengesetzten Partei zuneigte und am liebsten ganz massiv von der einen göttlichen Hypostase gesprochen hätte. Aber er meinte doch, jetzt, wo der theologische Friede zwischen den zwei rechtgläubigen Lagern grundsätzlich proklamiert war, auch in Rom auf Verständnis rechnen und Damasus für den einzig möglichen Weg des Ausgleichs gewinnen zu können. Er hatte sich getäuscht. Damasus, den man den „ersten Papst" genannt hat und der auch in seinem äußerlichen Gehaben fast fürstliche Allüren zur Schau trug, war an den theologischen Problemen in der Tat nur mäßig interessiert; aber Einigung der Kirche bedeutete für ihn, kurz gesagt, Begünstigung der römischen Parteigänger und Unterwerfung unter die päpstliche Autorität. So konnten die Verhandlungen zunächst nicht zum Ziel kommen. Mit bitteren Worten macht sich Basilios über diese Art, für die Kirchen zu sorgen, Luft: „Mir kommt das Wort des Diomedes (Il. IX, 698 f.) in den Sinn: Zwecklos ist es, zu flehen – denn dünkelhaft ist dieser Mann" (ep. 215 ad Euseb. Sam.). Auch sonst fühlt er sich im Kampf mit der Hydra des kirchlichen Parteigeistes mitunter bis an den Rand der Verbitterung und Menschenverachtung gedrängt. Aber er läßt nicht nach, er gibt seine Bemühungen trotzdem nicht auf, und wenigstens schrittweise dringt er weiter vor.

Das Ziel seiner Bemühungen sollte Basilios selbst freilich nicht mehr erreichen. Er hatte sich vor der Zeit verbraucht. Seit langem krank und leberleidend, wie so viele Asketen, ist er schon 379 mit etwa fünfzig Jahren gestorben. Zwei Jahre später fand in Konstantinopel unter dem Vorsitz von Meletios die sogenannte zweite ökumenische Synode statt, durch die Kaiser Theodosius der Große die kirchlichen Verhältnisse des Ostens im nicänischen Sinne ordnete. Man baute dabei kirchlich und theologisch auf den von Athanasios und Basilios gelegten Grund. Auch Theodosius, der Abendländer, hatte seine Kirchenpolitik zunächst im Sinne der römisch-alexandrinischen „Achse" begonnen, sich dann aber schnell eines Besseren belehren lassen. Er tat jetzt so, wie es Basilios früher gewünscht hatte, die Tore der erneuerten Reichskirche für jedermann auf, der sich nur auf den Boden des nicänischen Bekenntnisses stellte, und ließ die Proteste der unentwegten Altnicäner des Ostens und Westens auf sich beruhen. Aber das war nun eine Regelung, die von Staats wegen aus rein taktischen Erwägungen zum Abschluß gebracht wurde. Die Kirchenpolitik erwies sich im entscheidenden Augenblick weit stärker als die Theologie. Wäre Basilios noch am Leben gewesen, so wäre manches wohl anders und glücklicher verlaufen. Die Zeit der Epigonen brach an.

Die wahre Größe dieses Mannes wird erst dann deutlich, wenn man Basilios im Zusammenhang der Kämpfe seiner Zeit sieht und hier seine Rolle richtig versteht. Basilios zeigt als Kirchenpolitiker nicht die gleiche unerschütterliche Wucht wie Athanasios; als Theologe besitzt er nicht die systematische Harmonie und Allseitigkeit seines jüngeren Bruders Gregor von Nyssa, als Mönch noch nicht die raffinierte Verfeinerung mancher späterer Mystiker. Aber man darf darin nicht ein Unvermögen seiner Natur oder gar eine Schwäche seines Charakters sehen. Im Gegenteil: es ist gerade der Ernst und die Hingabe an das Gebot der Stunde, die notwendige Anpassung an die Schwierigkeiten seiner Lage, die ihn dazu zwingt, als Taktiker beweglich zu bleiben, die es ihm unmöglich macht, seine reichen Gaben ungestört zu entwickeln, und die es ihm nicht erlaubt, seinen geistlichen Neigungen beliebig nachzugehen. Die Kirchenpolitik war für ihn darum so schwierig, weil er nicht nur klüger und weitschauender, sondern auch tiefer und ehrlicher war als die meisten seiner Standesgenossen. Ihm ist es in erster Linie zu verdanken, wenn die neue, schnell gebaute Staatskirche der Nicäner, nicht nur billige Triumphe feierte, sondern auch echtes theologisches Leben und geistige Freiheit in ihr zu Hause blieben. Während andere über ihre Schultheologie, ihre Parteiinteressen und zum Teil auch über ganz materielle Rücksichten nicht hinausgelangten, hatte Basilios immer das Ganze des kirchlichen Lebens im Auge gehabt. Er litt unter der Borniertheit und dem fehlenden geistlichen Sinn seiner Mitbischöfe weit mehr als solche, die zu weltflüchtig, zu empfindsam und sich selbst zu gut waren, um ernsthaft Hand anzulegen. Und Basilios erkannte, jenseits der momentanen Sorgen und Schwierigkeiten die tiefe Veränderung der Zeiten, die sich nicht mehr rückgängig machen ließ. Dies ist kirchengeschichtlich vielleicht der interessanteste Zug seines Wesens.

Basilios fühlte den Abstand, in den das Wollen der Gegenwart zum ursprünglichen Geiste des Christentums geraten war. Immer wieder kontrastiert er ihre Sünden mit der Kirche, wie sie einmal gewesen war. Die Sehnsucht nach einem idealen Urchristentum korrespondierte in seiner Theologie der Sehnsucht nach der ewigen Vollendung. Ebendarum wurde Basilios Mönch. Die klösterliche Gemeinschaft erneuert für ihn in einem bestimmten, sorgsam begrenzten Umkreis das Leben der Urgemeinde und ist dazu bestimmt, in diesem Sinne auf die Gesamtkirche zurückzuwirken. Im Mönchtum sollen die Geistesgaben, die erste Liebe, die hingebende Intensität der wechselseitigen Verbundenheit noch einmal zum Blühen gelangen. Unter diesem Gesichtspunkt sind die sogenannten „Regeln“ des Basilios gestaltet. Die mönchische Askese erscheint hier als der Weg zur ursprünglichen christlichen Radikalität und Heiligkeit. Von hier aus erhofft Basilios auch eine Erneuerung der Theologie. Die endlosen dogmatischen Streitereien und Dispute treffen nicht mehr das Wesentliche, das Substanzielle und Ursprüngliche des christlichen Glaubens. Es gilt auch hier, eine Umkehr, eine Rückkehr zum Anfänglichen und immer Gültigen zu versuchen, um die Zwietracht und die Irrtümer der Ketzer von innen heraus zu überwinden. In dieser Überzeugung wurzelt der betonte Biblizismus, auf den sich Basilios immer wieder zurückzieht. Von hier aus bekennt er sich auch in einem neuen Sinne zur alten kirchlichen Tradition.

Beide Größen, die Bibel wie die Überlieferung, spielten schon im zweiten Jahrhundert in der Kirche eine bedeutsame Rolle. Auch bei Origines sind sie eng miteinander verbunden. Aber während dieser die Aufgabe darin erblickte, im Ausgang von der Überlieferung spekulativ immer weiter vorzustoßen, lenkt Basilios an dieser Stelle weit eher zu Irenäus zurück. Er möchte sich beschränken. Es ist nur die Neuerungssucht der Irrlehrer, die immer kompliziertere Definitionen erzwingt, der müßige Eifer der Berufstheologen, die die „Fallen" ihrer Fragen nicht um der Wahrheit, sondern nur um des Disputierens willen aufstellen (de spir. s. 1.). „Wir nehmen keinen neuen Glauben an, den andere uns vorschreiben; aber wir haben auch nicht die Kühnheit, die Erzeugnisse unserer eigenen Überlegung als Lehre zu überliefern und die Worte der Religion in Menschenworte zu verwandeln. So wie wir von den heiligen Vätern belehrt worden sind, verkündigen wir's denen weiter, die uns befragen" (ep. 140, 2 ad eccl. Ant.). Das Dogma, die Tradition gewinnen wieder einen ausgesprochen defensiven, abwehrend-sichernden Sinn. Unermüdlich gibt Basilios allen Christen den Rat, einfach beim Taufbekenntnis, beim Nicaenum stehenzubleiben und sich von dort durch keine spitzfindigen Fragen ablocken und verführen zu lassen.

Karl Holl spricht hier von einem spürbaren „Altern des Griechentums". Der Ausdruck erscheint nicht ganz treffend. Nicht das Griechentum ist geistig alt und müde geworden, zum mindesten nicht in der Person Basilios des Großen; aber die Last der kirchlichen Situation und der fortgeschrittenen theologischen Entwicklung beginnt auf der Bewegungsfreiheit der Forschung zu lasten und zwingt die Theologen zu rücksichtnehmender Selbstbeschränkung. Die Stabilisierung und Stabilität der Lehre, eine eindeutige Bindung an die Bibel und die geltende Überlieferung erscheinen jetzt unumgänglich. Es ist klar, daß diese an und für sich alte Forderung im vierten Jahrhundert etwas anderes besagt als zur Zeit eines Justin oder Klemens, eines Origenes oder auch noch eines Eusebios von Cäsarea. Man spürt insofern allerdings das Altern der griechischen Kirche durch das Altwerden ihrer theologischen Traditionen, und man ahnt das Ende einer kirchengeschichtlichen Epoche. Basilios hat den Ernst der Lage gefühlt; aber er denkt in der fast verzweifelten Gefährdung der Kampfzeit vor allem an die notwendige Sammlung gegen die Ketzer, die innere Befriedung und Erneuerung, damit die Kirche geistlich leben kann. Er sorgt sich noch nicht um das künftige Schicksal der Theologie, eben weil er selbst noch wahrhaft in ihr lebt und seine Freiheit in der Verantwortung spürt, voll starker innerer Lebendigkeit.

Im Jahre 368 hat Basilios dem Bischof Musonios von Neocäsarea einen Nachruf gewidmet, der mit sicherem rhetorischen Schwung das Bild eines führenden Bischofs entwirft, dem er selbst in seiner Zeit wohl am besten entsprochen hat. „Gibt es", fragt er (ep. 28, 1 ad eccl. Neocaes.), „im Leben dieses Mannes einen Zug, der zu vergessen oder mit Stillschweigen zu bedecken wäre? Ich kann nicht alles zusammen und auf einmal zur Sprache bringen, und ich habe andererseits doch Angst, ein stückweises Berichten möchte der Wahrheit nicht gerecht werden. Ein Mann ist von uns gegangen, der in den menschlichen Fähigkeiten all seine Zeitgenossen übertraf, die Stütze seiner Heimat, die Zierde seiner Gemeinden, Säule und Bollwerk der Wahrheit, ein fester Halt des Christusglaubens, ein treuer Helfer seiner Freunde, ein unzerbrechlicher Widerstand für die Feinde, ein Wächter der väterlichen Satzungen und Feind aller Neuerungssucht. In seiner Person wurde die alte Gestalt der Kirche sichtbar; er formte nach den alten Verhältnissen wie nach einem heiligen Urbild das Wesen der ihm unterstellten Kirche. Die mit ihm leben durften, konnten der Meinung sein, sie hätten mit den Männern zusammengelebt, die vor zweihundert und mehr Jahren die Welt wie Sterne erhellten."

Eine kritische Gesamtausgabe der Basilios-Schriften fehlt ebenso wie eine seiner würdige Biographie. Eine saubere und bequeme Übersicht über den Stand der Forschung vermittelt die Baseler theologische Dissertation von L. Vischer, Basilius der Große. Untersuchungen zu einem Kirchenvater des 4. Jahrhunderts (1953). Im übrigen gibt es eine große Zahl mehr oder weniger wertvoller Spezialarbeiten über einzelne Seiten seiner Theologie und Wirksamkeit, besonders über seine Stellung zur klassischen Bildung. Zu Basilios asketischer Theorie vgl. D. Amand, L'ascèse monastique de S. Basile (1949); über seine Staatsanschauung G. F. Reilly, Imperium and Sacerdotium according to St. Basil the Great (Diss. theol. Washington 1945); über das antiochenische Schisma F. Cavallera, Le schisme d'Antioche (Paris 1905) und über die dogmatische Position K. Holl, Amphilochius von Ikonium in seinem Verhältnis zu den großen Kappadoziern (1904), neuerdings B. Schewe, Basilius der Große als Theologe (Diss. Nymwegen 1943) und besonders H. Dörries, De spiritu sancto. Der Beitrag des Basilius zum Abschluß des trinitarischen Dogmas (1956).

Die korrekte griechische Schreibung des Namens ist „Basileios"; gesprochen wurde er damals schon „Wasilios". Ich begnüge mich mit der bequemeren Mischform, um von der geläufigen, latinisierten Bildung „Basilius" nicht allzustark abzuweichen.

8. Kapitel

GREGOR VON NAZIANZ

Herkömmlicherweise wird Basilios mit seinem wenig älteren Freunde Gregor von Nazianz und seinem jüngeren Bruder Gregor von Nyssa zur Dreiheit der „großen Kappadokier“ zusammengefaßt. Aber Basilios ist die überragende, seine Freunde und Mitarbeiter führende und bestimmende Gestalt. Gregor von Nazianz hat sich menschlich an ihn angeschlossen und bei ihm Halt gesucht; er hat ihn auch theologisch als seinen Lehrer empfunden. Die neue asketische Frömmigkeit, für die Basilios warb, ergreift er mit leidenschaftlicher Sehnsucht und möchte sie ebenfalls in der Kirche zur Wirkung bringen. Aber Gregor ist keine Herrschernatur und scheitert immer wieder an den harten und gemeinen Wirklichkeiten, die er in Gedanken überfliegt. Er ist Rhetor und Literat, ein wenig auch Poet und eine weiche, lyrische Natur, die überall auf Anschluß und menschlichen Widerhall angewiesen ist, eine von jenen Persönlichkeiten, die ohne Teilnahme und Bewunderung nicht leben können. Darum drängt es ihn in die kirchliche Öffentlichkeit, die auch für ihn nach Herkunft und Überzeugung die Welt ist. Aber die stürmische Zeit erlaubt ihm hier keine ungestörte Entfaltung seiner Talente und verwickelt ihn, der nur in Worten stark ist, fortwährend in Aufgaben, denen er nicht gewachsen ist und vor denen er kapituliert. Enttäuschung und Niederlage, Rückzug und Flucht aus den übernommenen Verpflichtungen ist jedesmal das Ende; und um so enthusiastischer erklingt dann der Preis des einsamen Lebens, der „philosophischen“, mönchischen Beschaulichkeit, des Reich- und Stilleseins in Gott, um für das eigene Gekränktsein und seine Schmerzen den Ausgleich zu schaffen. Der Eindruck ist um so peinlicher, als Gregors nervöse, rednerische Art es nicht über sich gewinnt, jemals wirklich zu schweigen; alle persönliche Bitterkeit, Eitelkeit und Verstimmung muß in immer neuen formgewandten Ergüssen und Reflexionen zum Ausdruck gebracht werden. Gregors Natur hat nichts Heroisches an sich. Will man ihm gerecht werden, so muß man ihn so, wie er ist, in seiner privaten Menschlichkeit betrachten. Dann gewahrt man, trotz allem, ein reines Wollen, ein zartes sittliches Gefühl und bei aller Selbstbespiegelung auch eine echte Empfindungsfähigkeit, die bis zuletzt des Mitleids und tiefer religiöser Hingabe fähig bleibt. Gregor hat ein nach außen gewandtes, deklamatorisches

Naturell; aber er ist nicht flach, und er weiß so gut wie Basilios, ja vielleicht noch besser als dieser, was geistliches Leben bedeutet.

In dem gleichen geistigen und sozialen Milieu wie Basilios und so viele seiner Freunde ist auch Gregor zu Hause. Er entstammt gleichfalls dem reichen Adel Kappadokiens, der dem Land seine Bischöfe schenkt und dem alten Volkstum durch die Berührung mit dem christlichen Glauben und der griechischen Kultur einen plötzlichen, überraschenden Aufschwung vermittelt. Auch Gregor steht schon von Haus aus in einer christlichen Tradition. Sein Vater Gregor war ursprünglich Hypsistarier gewesen, d. h. Anhänger einer jüdisch-heidnischen Mischsekte, die sich zur bildlosen Verehrung des „höchsten" Gottes bekannte; seine Mutter aber war eifrige Christin und hatte den Übertritt ihres Gatten erreicht, der dann zum Bischof der Landstadt Nazianz gewählt worden war. Gregor wurde, nicht weit davon, in Arianz, einem Landgut seiner Eltern, geboren (329/30). Er war der heißersehnte Spätling einer lange Zeit kinderlosen Ehe und wurde, wie er selbst berichtet, durch seine Mutter von Anfang an „dem Herren zugeworfen" und geweiht (or. I, 77). Die intensive religiöse Erziehung fiel auf einen fruchtbaren Boden. Gregor hat niemals ernsthaft „weltlichen" Idealen nachgehangen. Er wollte ganz für den leben, der ihn erlöst hatte, und fand das Gotteswort „süßer denn Honig". Aber die „Welt", in der er heranwuchs, war damals keine heidnische Welt mehr. Mit Heißhunger stürzte sich der begabte Jüngling auf alle Bildungsgüter, die ihm an den Schulen von Cäsarea in Palästina, in Alexandrien und vor allem in Athen geboten wurden. Hier lebte er in enger, „heiliger" Gemeinschaft mit dem etwas später eingetroffenen Basilios. Damals fühlte sich Gregor noch als der Ältere und Überlegene, der den jüngeren Landsmann an sich heranzog, ins akademische Leben einführte und ihn vor den Versuchungen der Umwelt zu schützen suchte. Aber innerlich gab er sich den geistigen Eindrücken des Studiums seiner ganzen Art nach viel ungehemmter hin als der ruhige, reserviertere Freund. Geistige Bildung und Erhebung, Dichtung, sprachliche Mitteilung und Kunst sind für Gregor das Leben selbst – vorausgesetzt, daß man die giftigen Säfte des Heidentums vom sittlichen und ästhetischen Gehalt der klassischen Literatur zu sondern weiß und alle Förderung, die man durch sie gewinnt, Christus zu unterstellen bereit ist. „Die von oben stammende, von Gott ausgehende Weisheit des Heiligen Geistes muß billigerweise die Herrin der niederen Bildung sein" (carm. II, 2, 8 ad Seleucum, 245 ff. Dieses Gedicht Gregors stammt wahrscheinlich von seinem jüngeren Vetter Amphilochios von Ikonium; aber es atmet seinen Geist).

Die hier gemeinte „niedere" Bildung ist durchaus im traditionellen Sinne verstanden. Gregor übernimmt das schulmäßige spätantike Bildungsideal mit seiner formalisierten rhetorischen Technik und seinen unzähligen moralischen und philosophischen Gemeinplätzen. Aber er ergreift auch die klassischen Texte, vor allem die Dichtungen Homers und der Tragiker, mit lebendiger Begeisterung und mit der Sicherheit des geborenen Kunstredners, dem es eine Lust ist, die alten Formen wieder zu beleben und hundertfach anzuwenden. Gregors literarische Kenntnisse sind ohne Zweifel ungewöhnlich breit und reich. Er besitzt auch philosophische Schulung, aber er ist darum nicht zum selbständigen Denker oder Gelehrten geworden. Gregor wird ein Rhetor. Seine zahlreichen kirchlichen Reden und Ansprachen sind keine Predigten über biblische Texte, sondern oratorische Meisterstücke. Es handelt sich um Festvorträge, Enkomien, Gedenk- und Trauerreden – Gelegenheitsreden bei allen möglichen kirchlichen und persönlichen Anlässen. Es läßt sich zeigen, wie sie jeweils den geltenden rhetorischen Regeln im Aufbau, in der Gliederung und Gedankenführung genau Rechnung tragen. Die Kunstmittel des damaligen „asianischen" Stils, Vergleiche und Antithesen, der Gleichklang und parallele Rhythmus in meist kurz gebauten Sätzen werden in gehäufter Fülle und mit virtuoser Gewandtheit zur Geltung gebracht. Für uns sind diese vielbewunderten Reden eben deshalb nur noch schwer genießbar. Aber für Gregors Art sind diese Stücke besonders bezeichnend. Sie überraschen durch ihre ständige, fast naiv wirkende Ichbezogenheit und stellen neben die ungehemmte Schilderung des eigenen Wesens, Meinens und Empfindens das übliche Selbstlob, aber auch Selbstbezichtigungen und ausgedehnte moralisch-psychologische Reflexionen. Trotzdem wollen sie geistliche, erbauliche Ansprachen sein. Sie beziehen sich fortwährend auf biblische Beispiele, Worte und Bilder und stellen alles, was vorgebracht wird, in das Licht der Ewigkeit. Oft klingen sie in eine betende Verherrlichung der Heiligen Dreifaltigkeit aus.

Natürlich zieht auch Gregor in seinen Reden gegen die arianische Ketzerei zu Felde. Er erklärt die Gotteslehre, d. h. die orthodoxe Bekenntnis der Trinität zum Herzstück des christlichen Glaubens und aller Religion. In glatten, wohlausgewogenen Formeln bekennt er sich ohne Zaudern zur Wesenseinheit der drei einander gleichstehenden göttlichen Hypostasen. „In der Dreiheit wird die Gottheit angebetet, und die Dreiheit wird zur Einheit zusammengefaßt. Sie wird ganz angebetet und ist königlicher Gewalt, eines Thrones, einer Ehre teilhaftig, überweltlich, überzeitlich, unerschaffen, unsichtbar, unberührbar und unfaßbar, in ihrem inneren Bau sich selbst allein bekannt, uns aber verehrungs- und anbetungswürdig ..." (or. VI, 22.). „Die Trinität auch nur ein wenig beschneiden oder verkürzen, das ist für mich gleichbedeutend mit ihrer völligen Vernichtung, als wollte man unbedeckten Hauptes gegen die Gotteslehre überhaupt Sturm laufen" (or. VI, 11). Besonders der göttliche Rang des Heiligen Geistes wird weit entschiedener betont als von dem an dieser Stelle, wie wir wissen, zögernden Basilios. Die Welt des Geistigen und des Geistes ist für Gregors origenistisch gebildetes Denken der wesentliche Bereich der Religion. Gottes Heiliger Geist muß unseren Geist aus seinen irdischen Fesseln befreien, und einmal ganz göttlich zu werden, ist das letzte Ziel des christlichen Lebens.

Keinen hat Gregor mit solchem Zorn und mit derartiger persönlicher Erbitterung angegriffen und verurteilt wie den Kaiser Julian Apostata. Im Haß gegen ihn hat er sogar den „arianischen" Kaiser Konstantios, dessen Gegner, fast wie ein Muster der Frömmigkeit und Tugend geschildert. Julian hatte die Verfügung erlassen, welche den Christen den klassischen Unterricht verbot. Er war der ärgste Tyrann, weil er „unsere Bildung verhindern" wollte, ein abscheulicher Vorkämpfer der Torheit, weil er mit ungleichen Waffen im Wettkampf der Wahrheit zu siegen hoffte (or. IV, 6). Hier ist Gregor in seinem persönlichen Interesse getroffen. Das, was er die attische Erziehung nennt, ist ihm Lebensbedürfnis und Lebenselement, und je weniger ihm ein tieferer Ausgleich der Ideale gelingen will, um so heftiger muß er protestieren, wenn die antiken Bildungswerte gegen den christlichen Glauben gekehrt werden. In der vollen Übernahme der klassischen Kulturtraditionen soll sich gerade der Sieg und die Überlegenheit der Kirche erweisen. Wenn Gregor mitunter so tut, als sei ihm an heidnischer Weisheit im Grunde nicht wirklich gelegen, so verrät sich darin höchstens eine leise Unsicherheit. Im allgemeinen sind solche Wendungen nicht ernster zu nehmen als die gleichfalls geläufige, typisch rhetorische Versicherung, er wolle nur schlicht zur Sache reden und allen äußeren Glanz einer künstlich aufgeputzten Beredsamkeit beiseite lassen. In Wahrheit bleibt die Rhetorik in seinem Sinne für den Redlichen durchaus eine „Waffe der Tugend" (or. IV, 30).

Bald nachdem Basilios Athen verlassen hatte, um sich für kurze Zeit noch einmal dem Weltleben zuzuwenden, faßt Gregor den Entschluß, sich ganz der „theoretischen" Andacht und der „Philosophie" der Mönche zu ergeben; er will in die Stille gehen. (Die Chronologie steht hier und für die folgenden Ereignisse nicht ganz fest.) Das mag, bemerkt er, seinen Zuhörern unverständlich erscheinen; aber wer einmal von der gleichen Sehnsucht ergriffen worden sei, werde ihn verstehen. Ihm erscheint es jetzt unvergleichlich groß, nur noch „mit dem eigenen Ich und mit Gott Zwiesprache zu pflegen und jenseits der sichtbaren Dinge sein Leben zu leben." Er will „diese göttlichen Eingebungen" in sich „stets rein bewahren, ungetrübt durch irdisch-trügerische Eindrücke und ein wahrhaft fleckenloser Spiegel Gottes und der göttlichen Wirklichkeiten sein und immer von neuem werden". Er will „Licht zu seinem Licht, Helligkeit zur Dämmerung empfangen und das Glück der künftigen Welt durch Hoffnung im voraus genießen, mit den Engeln verkehren und, auf der Erde weilend, doch ihr schon entnommen und vom Geist zum Himmel erhoben werden" (or. II, 7). Es scheint indessen, daß Gregor schon damals nicht imstande war, seine Entschlüsse in die Tat umzusetzen und festzuhalten. Seine Eltern wünschten, ihn in Nazianz bei sich zu haben, und er konnte sich ihnen nicht entziehen. Gregor wurde getauft und schließlich auf Wunsch der Gemeinde vom eigenen Vater zum Presbyter geweiht. Natürlich muß er dem in irgendeiner Form zugestimmt haben; daran können alle Klagen über seine „Vergewaltigung" und die „Tyrannei" seines Vaters nichts ändern (carm. I 1, 11 de vita sua 345). Aber tatsächlich verläßt der kaum Geweihte protestierend seine Gemeinde und zieht sich zu Basilios an den Iris zurück, um sich hier in der Einsamkeit zu erholen und sich vom Freunde wieder Selbstvertrauen und Mut zusprechen zu lassen. Dann kehrt er zurück und gibt in nicht weniger als drei prunkvollen Reden über die Motive seines Verhaltens Auskunft. Er habe, erklärt er, seine „Feigheit und Schwäche" nunmehr überwunden (or. I, 2). Im Grunde seien sie ja nur die Folge einer überhohen Schätzung des geistlichen Amtes gewesen, vor dem oft genug gerade die Frommen zurückschreckten (or. II). Nun sei er wiedergekommen; aber die Gemeinde, die ihn der geliebten Einsamkeit entrissen habe, habe seine hingebende Liebe leider doch nicht mit der gebührenden Gegenliebe beantwortet und habe ihn dadurch gekränkt (or. III, 1–5). Es ist fast unmöglich, aus diesen rhetorischen Tiraden und aufgebauschten Privatgefühlen das wirklich Gemeinte und Zugrundeliegende einigermaßen herauszufinden.

Alsbald werfen die dogmatischen Kämpfe auch nach Nazianz ihre Wellen. Der eigene Vater hatte sich verleiten lassen, durch seine Unterschrift unter die vorgelegte „Friedens"-Formel das Nicaenum zu verleugnen. Das führte zu Unruhen in der Gemeinde, bei denen sich Mönche führend beteiligten. Aber Gregor glückte es, den Vater zu einer neuen, rechtgläubigen Erklärung zu bewegen und das gute Verhältnis wiederherzustellen. Auch dies Ereignis feierte er mit einer großen Rede. Im allgemeinen ist Gregor kein Freund dogmatischer Streitigkeiten, zumal wenn sie über den Kreis der wirklich sachkundigen Theologen hinausgelangen. Er sucht die Gemeinde eher zu beschwichtigen als anzustacheln. Gewiß, es gibt eine Grenze der kirchlichen Friedensliebe; aber aus bloßem Mißtrauen heraus soll man nicht aktiv werden. „Langmut ist besser als Voreiligkeit" (or. VI, 20), und man muß sich auch um diejenigen Glieder bemühen, die am Glauben noch kränkeln. Die Gemeinde soll ihre Rechtgläubigkeit „weniger in Worten als durch Taten" bemerkbar machen (or. III, 7). Gregors Friedensbemühungen sind sinnvoll und durchaus nicht charakterlos, gewinnen aber leicht eine etwas sentimental-persönliche Note. Immer spricht er, auch vor der Gemeinde, von seinen Gefühlen, seiner Liebe zu ihr und von der Verehrung für den „gemeinsamen" Vater. Das hängt mit seinem ausgesprochenen Freundschaftsbedürfnis zusammen. Seinen jüngeren Bruder Caesarios liebt er mit Zärtlichkeit, und sein Verhältnis zu Basilios hat einen geradezu schwärmerischen Zug: „Wenn ich von meinem Leben einen Gewinn habe, so ist's deine Freundschaft und der Umgang mit dir!" (ep. 58, 1 ad Basil.) Um so tiefer kränkt ihn jede Meinungsverschiedenheit und jedes vermeintliche oder wirkliche Unrecht, das er erfährt.

Basilios hatte Gregors Freundschaft, wie wir wissen, aufrichtig erwidert; aber er ging in ihr nicht auf. Seitdem er Bischof von Cäsarea geworden war, hielt ihn die Kirchenpolitik in Atem, und begreiflicherweise versuchte er jetzt, auch seinen Freund Gregor für sich ins Spiel zu bringen. Durch die Teilung der kirchlichen Provinz Kappadokien war seine Macht empfindlich geschwächt worden. Er versuchte, die schwankende Position der Nicäner durch Gründung neuer Bischofssitze zu befestigen. So sollte auch Gregor zum Bischof gemacht werden: der kleine umstrittene Grenzort Sasima, in der Nachbarschaft von Nazianz gelegen, sollte durch ihn gehalten werden. Das war ein Mißgriff. Basilios hätte die Eigenart und die inneren Grenzen seines Freundes bedenken sollen, statt mit gewohnter Energie unmittelbar auf das Ziel loszugehen. Aber zunächst gab Gregor wieder einmal nach und ließ sich weihen (372). Erst dann, als es mit der Übernahme des Amtes ernst werden sollte, begann er sich heftig zu sträuben, um schließlich grollend, unglücklich und verstimmt ins Gebirge zu entweichen. Er hat den Dienst in Sasima niemals angetreten, und noch Jahre später bricht sein Zorn los, wenn er auf diese Episode zu sprechen kommt. Welch eine Zumutung, ihn, Gregor, um kirchenpolitischer Ziele willen auf einen solchen gottverlassenen Fuhrmannsflecken verpflanzen zu wollen, wo kein grünes Blatt und kein freier Mann gedeihen kann!

> „Den Vorwand bildete das Seelenheil
> Der Gläubigen; doch Herrschsucht war der Grund –
> Daß ich nicht sage: Zins und Steuergeld,
> Um derentwillen sich die Welt zerfleischt."
>
> (Carm. II 1, 11 de vita sua 460'ff.;
> Übersetzung von B. Wyss.)

Es ist kein schönes Bild, wie Gregor sein eigenes Versagen mit der unwürdigsten Verdächtigung des toten, sonst immer hoch gepriesenen Freundes zu verdecken sucht. Aber dies war nun einmal sein Unglück, daß er zu kirchlichen Aufgaben, die ihm angetragen wurden, halb aus Pflichtgefühl und halb aus Eitelkeit und Schwäche nie nein sagen konnte. Hätte er mehr Unabhängigkeit und Rücksichtslosigkeit besessen, so hätte er sich manche Verlegenheit und manche peinliche Bloßstellung erspart.

Auch dieses Mal währt die Ruhepause nicht lang. Den flehentlichen Bitten seines Vaters kann Gregor zum zweitenmal nicht widerstehen. Er kehrt nach Nazianz zurück und wirkt hier gewissermaßen als Koadjutor, bis sein Vater im Jahre 374 fast hundertjährig stirbt. Sein Nachfolger zu werden, lehnt Gregor indessen ab, und als im Jahre darauf auch seine Mutter stirbt, hält ihn nichts mehr in der verwaisten Stadt: er zieht sich nach Seleukia in Isaurien zurück. Hier lebt er einige Jahre im Stile des Asketen seinen geistigen und theologischen Interessen und unterhält eine ausgedehnte Korrespondenz mit den nicänischen Gesinnungsfreunden in aller Welt. Sie wenden sich an ihn, und er muß sie beraten. Nach dem Tode des Basilios ist Gregor für weite Kreise der Jungnicäner die erste Autorität geworden. Aber glücklich ist er auch jetzt nicht. Mit noch nicht fünfzig Jahren fühlt er sich einsam und verbraucht. Die hypochondrische Klage über sein Leben hat etwas Ergreifendes „Du fragst, wie es mir ginge", schreibt er an einen befreundeten Rhetor; „nun, sehr schlecht. Basilios habe ich nicht mehr, Caesarios habe ich nicht mehr; der geistige wie der leibliche Bruder ⟨sind tot⟩. ‚Mein Vater und meine Mutter haben mich verlassen', kann ich mit David sagen. Körperlich bin ich krank, das Alter kommt über mein Haupt. Sorgen würgen, Geschäfte erdrücken mich; auf Freunde ist kein Verlaß, und die Kirche ist ohne Hirten. Das Gute schwindet, das Böse zeigt sich nackt; wir fahren im Dunkeln, kein Leuchtturm erscheint, und Christus schläft. Was tun? Ich kenne nur eine Erlösung aus aller

Not, das wäre der Tod. Aber auch das Jenseits erscheint mir fürchterlich, wenn ich es nach dem Diesseits beurteilen soll" (ep. 80 ad Eudoxium. Dies ist der vollständige Text des musterhaft stilisierten kleinen Billetts!)

In Wirklichkeit stand die große Wende, auf die Basilios zeitlebens hingearbeitet hatte, damals unmittelbar vor der Tür, und auch für Gregor persönlich sollte sie noch einmal eine Chance des Handelns bringen. Sie führte ihn alsbald zum erstenmal über die provinziellen Bereiche Kleinasiens hinaus und rückte ihn für kurze Zeit wirklich in den Mittelpunkt des gesamtkirchlichen Geschehens. Die Katastrophe der Gotenschlacht von Adrianopel (378), in der Kaiser Valens gefallen war, hatte auch über das bisherige staatskirchliche System entschieden. Theodosius der Große, ein rechtgläubiger Spanier, war sein Nachfolger geworden, und seitdem war die Neuordnung der Kirche im Sinne der nicänischen Theologie nur noch eine Frage der Zeit. Noch weilte der Herrscher im lateinischen Westen, aber schon jetzt erhielt Gregor von verschiedenen Seiten die Aufforderung, sich der kleinen, bis dahin hirtenlosen Nicänergemeinde von Konstantinopel anzunehmen und den Platz in der Hauptstadt, der seit vierzig Jahren nur „arianisch" besetzt worden war, nicht länger leer zu lassen. Offenbar erschien er seinen Gesinnungsfreunden als der beste, geistig repräsentativste Mann, der sich aufstellen ließ. Gregor folgte dem Ruf, wie immer nur widerstrebend und „gezwungen", aber er folgte ihm. Diesmal hatte die grundsätzliche Weigerung angesichts des Wagnisses in der undurchsichtigen kirchenpolitischen Situation in der Tat einen taktisch berechtigten Sinn. Man hat den Eindruck, daß Gregor die Bedeutung des Augenblicks richtig erfaßt hatte; denn er nimmt diesmal wirklich all seine Kräfte zusammen und packt die schwierige Aufgabe ernsthaft, tatkräftig und nicht ohne Mut und Geschick an. Die folgenden zwei Jahre sind der Höhepunkt seines Lebens.

Als der äußerlich wenig imposante Mann in Konstantinopel erschien, hatten die Nicäner dort nicht einmal eine Kirche zu ihrer Verfügung. Gregor mußte den Gottesdienst in einer bescheidenen Hauskapelle beginnen, auch so noch von Störungen und Tumulten bedroht, die ihn zeitweilig in ernste Gefahr brachten. Aber er ließ sich nicht einschüchtern, und die großen theologischen Lehrvorträge, mit denen er sofort einsetzte, leisteten das, was man von ihm erwartet hatte. Sie boten eine rhetorisch glänzende, auch sachlich wohl durchdachte Darstellung der nicänischen Theologie, eine klare Auseinandersetzung mit ihren Gegnern, die doch nicht ins Kleinliche absank, und eine kräftige Ermahnung an seine kleine

Herde, nun auch im praktischen Gemeindeleben ein würdiges Bild zu geben, das alle Friedenswilligen zum Anschluß ermuntern könnte. Gregor war offensichtlich gewillt, ohne Preisgabe des dogmatischen Standpunkts eine nach Möglichkeit überparteiliche Stellung zu behaupten und damit seine Berufung und die künftige Neuregelung der Dinge in wirksamer Weise vorzubereiten.

Seine geringe Menschenkenntnis und kirchenpolitische Unerfahrenheit zeigte sich freilich schon jetzt bei einem Zwischenfall, der leicht hätte schlimme Folgen gewinnen können. Zu den Personen, die zu seiner Gemeinde stießen und sich ihm besonders anzuschließen suchten, gehörte auch ein gewisser, aus Ägypten zugereister „Philosoph" namens Maximos, ein christlicher Rhetor wie Gregor selbst. Gregor hat ihn später als Kyniker und verlogenen Windbeutel geschmäht, der mit seinen goldblond gefärbten Haaren ein gänzlich unbedeutender, eitler Stutzer und schamloser Heuchler gewesen sei. Aber zunächst hatte er ihn als Gesinnungsgenossen offenbar warm begrüßt und nach seiner Weise gleich eine öffentliche Rede auf ihn gehalten. In Wirklichkeit handelte es sich um einen verkappten Konkurrenten, der so wie Gregor von den Jungnicänern vom eifersüchtigen Alexandriner zum künftiger Bischof ausersehen und darum nach Konstantinopel beordert war. Der vorschnelle Versuch, die Weihe zu vollziehen, brachte den Anschlag zutage, und Maximos mußte verschwinden. Als Theodosius zum Weihnachtsfest des Jahres 380 erschien, fand er Gregor als einzigen nicänischen Anwärter am Platze. Der arianische Bischof, der bis dahin die Stadt beherrscht hatte, wurde nunmehr kurzerhand verbannt und Gregor als präsumptiver Nachfolger willkommen geheißen. Unter starker militärischer Bedeckung nahm er an der Seite des Kaisers von der Apostelkirche Besitz. Dem Drängen, sich nun auch als Bischof installieren zu lassen, gab er jedoch nicht nach, weil er sich hierfür eine stärkere kirchliche Deckung wünschte. Die im Frühjahr 381 zusammentretende Synode sollte sie schaffen.

Das später so genannte zweite ökumenische Konzil war zunächst fast nur von den jungnicänischen Parteigängern Kleinasiens und Syriens besucht. So ließ sich alles gut an. Meletios von Antiochien, der den Vorsitz führte, ließ Gregor alsbald wählen. Er wurde geweiht und inthronisiert und war damit formell zum Bischof der Hauptstadt erhoben. Zum erstenmal in seinem Leben scheint er sich diesmal nicht ernsthaft gesträubt zu haben und war zur Annahme des glänzenden und verantwortungsschweren Postens bereit. Aber jetzt begannen sich auch die internen Gegensätze der Richtungen und Gruppen von neuem geltend zu machen. Kurz nach Gregors

Erhebung starb Meletios unerwarteterweise, und damit war die alte, leidige Streitfrage nach der Besetzung des antiochenischen Bistums wieder auf der Tagesordnung (vgl. o. S. 96). Gregor hatte den unglücklichen Einfall, man sollte die antiochenische Gesamtgemeinde nunmehr dem bisherigen altnicänischen Gegenkandidaten Paulinos übergeben. Das entsprach einer älteren Abmachung und sollte jetzt ein Zeichen wahrer Gerechtigkeit und Friedensliebe sein, aber kirchenpolitisch war der Plan nicht ausführbar. Gregor konnte sich gegen seine eigenen Parteifreunde nicht durchsetzen. Vergeblich ergriff er sein altes, auch nach der Maximos-Affäre schon angewandtes Mittel und drohte mit Amtsniederlegung und Flucht; er mußte sich geschlagen geben. Seine Lage wurde erst recht verzweifelt, als sich endlich auch die „westlichen" Bischöfe, d. h. in erster Linie die Ägypter auf dem Konzil einstellten und nunmehr von der entgegengesetzten Seite her gegen ihn Sturm liefen. In diesem Hin und Her konnte sich Gregor nicht länger behaupten. Er erklärte, wiewohl unschuldig, sich gleich Jonas zum allgemeinen Besten ins Meer stürzen zu wollen, und sprach nunmehr ernsthaft den Verzicht aus, der auch angenommen wurde. Es war ein bitterer Entschluß. Die Abschiedsrede war zwar würdig und wahrte das Gesicht; aber wer Gregor kennt, wird sich nicht darüber wundern, daß er bei späteren Gelegenheiten, besonders in seinem großen autobiographischen Gedicht, der tiefen Verstimmung die Zügel um so mehr schießen ließ: an den ungebildeten, banausischen Bischöfen, an dem zänkischen Konzil und an den Konzilien überhaupt bleibt kein gutes Haar.

So war der alte Rhetor bei dem Versuch, eine kirchliche Stellung auszufüllen, noch einmal gescheitert – diesmal schmerzlicher als sonst, weil er in der Tat sein Bestes versucht und mit einem solchen Ende schlechterdings nicht gerechnet hatte. Nach außen betont er freilich zu wiederholten Malen, daß er nur froh darüber sei dem Lärm der unwürdigen Tageskämpfe entrückt und der philosophischen Ruhe zurückgegeben zu sein. Aber es brauchte Zeit, bis diese Wunde vernarbt war und er der wiedergewonnenen Freiheit tatsächlich froh wurde. Zunächst ging Gregor wieder in das immer noch bischoflose Nazianz zurück und übernahm hier die kirchliche Arbeit, bis es ihm nach einigen Schwierigkeiten endlich gelungen war, einen anderen zum Bischof zu bestellen. Die neue, christologische Ketzerei der Apollinaristen machte ihm in dieser Zeit besonders zu schaffen. Dann zog er sich ins väterliche Arianz zurück, wo er noch etwa sieben Jahre lang wirklich seiner Muße leben konnte. Im Jahr 389/90 muß er gestorben sein.

Gregor ist während dieser letzten Lebensjahre kein anderer

Mensch geworden. Er klagt viel, er kritisiert viel, er spricht und schreibt unablässig über sich, seine Stimmungen und seine Leiden. Aber die volle Ungezwungenheit, mit der er sich jetzt äußern kann, läßt ihn doch liebenswerter, natürlicher und auch ernster erscheinen als in früherer Zeit. Von jeher ein eifriger Briefschreiber, widmet er sich jetzt dieser persönlichsten literarischen Kunst und Kultur mit besonderer Liebe. Er ist, soviel wir wissen, der erste griechische Autor, der seine Briefe selbst gesammelt und herausgegeben hat. Außerdem kommt er jetzt auf eine neue Liebhaberei: Gregor beginnt zu dichten. Er dichtet in allen möglichen klassischen Maßen; er dichtet Sinnsprüche, Rückblicke, theologische Abhandlungen, und er dichtet vor allem immer wieder „über sich selbst". Vieles ist einfach in Verse gegossene Prosa wie beispielsweise ein Gedicht über die abweichenden Stammbäume Jesu im Evangelium nach Matthäus und Lukas. Anderes ist wieder eleganter und persönlicher, doch auch im besten Falle nicht mehr als wohlgelungene „Humanistenpoesie". Gregors ausgedehnte klassische Bildung macht es ihm nicht schwer, für jede Stimmung und jeden Gedanken die passenden Wendungen, Bilder und Vergleiche zu finden. Es wimmelt überall von Anspielungen und Reminiszenzen. Gregor meint, daß der Vers den Schriftsteller ganz besonders zur Selbstzucht zwinge. Er möchte auch auf diesem Felde den Tatbeweis führen, daß die neue christliche Kultur der heidnischen nicht mehr unterlegen sei. Eine noch unmittelbarere Wirkung erhofft er sich anscheinend von seinen Gedichten gegen die Apollinaristen, deren Propaganda sich – wie früher die arianische – ebenfalls der gebundenen Rede bediente. Vor allem genießt er jetzt, wo er als Redner kaum mehr hervortritt, die neue Möglichkeit sich literarisch zu betätigen und auszusprechen. Es hat mir Altem, meint er,

„wohlgetan,
Zu dichten und mir, wie der greise Schwan
Sich Tröstung zurauscht mit den müden Schwingen,
Kein Klaglied, doch ein Abschiedslied zu singen".

(Carm. II 1, 39 in suos versus 55 ff.;
Übersetzung von B. Wyss.)

Am schlichtesten, wärmsten und unmittelbarsten äußert sich Gregor überall dort, wo er auf seine Lieben, die toten Verwandten und Freunde zu sprechen kommt und wo er von seinem Glauben an die Erlösung Zeugnis gibt. Es wurde schon bemerkt, daß Gregor als Trinitätstheologe nicht eigentlich schöpferisch ist, sondern im wesentlichen nur die von Basilios vertretene Position mit neuen, harmonisch ausgefeilten Formeln vollständig ausbaut und weiter verficht. Viel bedeutender und auch für ihn persönlich aufschlußreicher sind die späten antiapollinaristischen Auslassungen über Christi Heilswerk und Person. Apollinaris verkürzte die menschliche Natur Christi, um sie enger mit der Gottheit verbinden zu können. Gregor liegt daran, neben der vollen Gottheit auch die ganze Menschheit des Heilands zu betonen. Denn so wie Christi menschliche Natur und insbesondere sein von den Apollinaristen geleugneter Menschengeist ganz ins Göttliche erhoben sind, soll auch unser Christus verbundener Geist verklärt und vergottet werden. Aber Gregor begnügt sich nicht mit diesem spiritualistischen Erlösungsgedanken. Christus, der Gottmensch und Herr, ist ihm vor allem darum unentbehrlich, weil sein heiliges, unbegreifliches Leiden und Sterben die Sühne bereitgestellt hat, durch die die Macht des Teufels und der Sünde, die ganze Last unserer menschlichen Verfehlungen wahrhaft überwunden ist. Es ist, als fühlte dieser anfälligste von allen Kirchenvätern in der individualistischen Schwäche und Zwiespältigkeit seines Daseins ein unabweisliches Bedürfnis, die letzte Gewißheit seines Heils jenseits aller „eitlen" menschlichen religiösen Möglichkeiten zu verankern, die ihm sonst doch so wichtig waren. Darin ist Gregor vielleicht tiefer als alle griechischen Theologen vor und nach seiner Zeit. Insofern trägt er den Beinamen des „Theologen", der ihm für seine „theologischen Reden" in Konstantinopel zuteil geworden ist, doch auch in einem ernsteren Sinne nicht gänzlich zu Unrecht. Sein außerordentliches Ansehen in der Folgezeit verdankt er jedoch in erster Linie wohl den formalen Vorzügen seiner Schriften. Sie wurden oft als Stilmuster benutzt. Er ist der Rhetor Gregor, der die Nachwelt am stärksten beeinflußt hat, der „christliche Demosthenes", wie ihn die Byzantiner nannten, und nicht „der Theologe". Der wirkliche Theologe, auch im wissenschaftlichen, „philosophischen" Sinn war vielmehr sein Namensvetter und gelegentlicher Vertrauter, der jüngere Bruder des Basilios, Gregor von Nyssa.

Auch für Gregor von Nazianz ist man immer noch auf den Abdruck seiner Werke in Mignes Patrologia graeco-latina angewiesen. Der alten, nicht mehr zureichenden Biographie von C. Ullmann, Gregorius von Nazianz, der Theologe (1867 [2]), sind neuere Darstellungen vorzüglich in französischer Sprache zur Seite getreten, die die eine oder andere Seite seines Wesens besonders ins Auge fassen: M. Guignet, S. Grégoire de Nazianze orateur et épistolier (Paris 1911); P. Gallay, La vie de S. Grégoire (Paris 1943) und, stark systematisierend, J. Plaignieux, S. Grégoire des Nazianze, théologien (Paris 1952). Von den zahllosen Spezialarbeiten über Gregors Stellung zur antiken Literatur und Kultur sei hier nur die reich kommentierte Ausgabe von Gregors Σύγκρισις βίων durch H. M. Werhahn (1953) hervorgehoben. B. Wyss, Grêgor von Nazianz. Ein griechisch-christlicher Dichter des 4. Jahrhunderts (Mus. Helvet. 6, 1949), bietet neben förderlichen Nachweisen im einzelnen die lebendigste Charakteristik von Gregors Persönlichkeit. Die beste theologische Beurteilung findet sich m. E. immer noch bei K. Holl, Amphilochius von Ikonium in seinem Verhältnis zu den großen Kappadoziern (1904); nur hat auch Holl den stark rhetorischen Charakter der dogmatischen Formulierungen Gregors vielleicht nicht immer genügend beachtet und manches darum allzu wörtlich und zu philosophisch ernst genommen.

9. Kapitel

GREGOR VON NYSSA

Gregor von Nazianz hatte sich von Jugend auf als Gottgeweihten betrachtet und war doch selbst als Kirchenmann und Bischof immer ein Rhetor geblieben. Gregor von Nyssa stammte aus der gleichen geistigen und sozialen Welt, und seiner Umgebung mag es selbstverständlich erschienen sein, daß er sich geistlichen Aufgaben und dem klerischen Beruf zuwandte. Aber seiner Natur nach war auch er nicht zum Bischof geboren. Gregor ist Denker und Philosoph; er hat einen scharfen, beobachtenden Blick und eine ungewöhnliche systematische Begabung, aber er ist nicht ein Mensch der Gemeinde und des Lebens in der Gemeinschaft. Die Energie, die Basilios im öffentlichen Dienst der Kirche verbrauchen mußte, ist bei Gregor durchaus und nicht ohne einen gewissen Ehrgeiz aufs Geistige und auf die geistige Arbeit gerichtet. Darin steht er für sich. Daß dieser Mann trotzdem erst Rhetor und dann Bischof geworden ist, kennzeichnet die Zeit, in der er wirkt: die Bildung lebt aus der rhetorischen Tradition, und die Kirche zieht alles an sich, was geistiges Leben entwickelt. Aber von innen gesehen erscheint Gregors Leben anders als von außen, und das gibt ihm einen schwierigen, verdeckt problematischen Zug.

Vielleicht war Gregor, den man als ängstlich und schüchtern zu bezeichnen pflegt, von Haus aus seinem Bruder Basilios gar nicht so unähnlich. In beiden lebt dasselbe starke Unabhängigkeitsbedürfnis, ein bewußter, mitunter etwas verächtlich geäußerter Stolz und der gleiche Wille zur Entfaltung der geistigen und geistlichen Persönlichkeit. Aber Basilios hatte sie von sich aus geopfert, während Gregor um das Recht seiner Eigenart, seiner Stellung und Lebensführung zu kämpfen hatte. Auf ihm lastet das Schicksal des jüngeren Bruders und Nachzüglers einer großen Generation, und er gewinnt nie die bestimmte Sicherheit der selbstverständlichen, sachlichen Hingabe, durch die die innere und äußere Wesensform bei Basilios so mächtig zusammenklingen. Er bleibt trotz seiner hervorstechenden Klugheit lange im zweiten Glied, und auch seine Originalität und Theologie gewinnen dadurch etwas Abseitiges, Verstecktes und nicht immer ganz Eindeutiges. Freilich ist auch sein Ruhm zuletzt groß geworden, und er selbst weist gelegentlich nicht ungern darauf hin. Als Bruder des großen

Basilios gilt er neben Gregor von Nazianz als der berufene Wahrer von dessen Erbe und ist in allen dogmatischen Fragen eine kirchliche Autorität. Aber außer seinen nächsten Angehörigen hat er kaum Freunde. Sein interessanter Briefwechsel ist in dieser Hinsicht auffallend stumm. Gregor lebt als Gelehrter wie als Mönch sein eigenes Leben. Er stellt an sich selbst die höchsten Anforderungen, und seine stärksten Leistungen liegen auf theologisch-philosophischem Gebiet. Basilios hatte das Mönchtum, das Athanasios für die griechische Welt erobert hatte, selbständig begriffen, biblisch vertieft und in neuer Weise erprobt. Gregor folgt ihm nach; aber er gibt dem übernommenen Ideal in der Verbindung von Reflexion und Meditation, von Forschung und Weiterführung der grundlegenden Gedanken einen veränderten Ausdruck und prägt und entwickelt eine neue Theorie der mönchisch-mystischen Frömmigkeit, die von nun an weiterlebt.

Der äußere Lebensgang liegt auf weite Strecken im Dunkeln. Gregors literarische Produktion setzt erst im reiferen Mannesalter ein, und die vorausgehende Entwicklung läßt sich nicht mehr sicher rekonstruieren. Um 335 muß er geboren sein. Anscheinend wurden für seine Studien nicht so große Mittel aufgewandt wie seiner Zeit für den älteren Basilios. Wir hören nichts über den Besuch von auswärtigen Hochschulen, und Gregor selbst bekennt, er habe über einen Unterricht bei berühmten Lehrern „nichts Glänzendes" mitzuteilen (ep. 13, 4 ad Liban). Nur einen, seinen „Lehrer und Vater" Basilios hat er immer wieder als seinen Erzieher hervorgehoben und in geradezu überschwenglicher Weise gepriesen. Basilios ist für Gregor „das Wunder der ganzen Welt" und das Urbild eines Philosophen (or. in XL mart., Migne gr. 46, 776 A); er stellt ihn den alten Heiligen an die Seite und erklärt seine Schriften geradezu für inspiriert. Er war „wahrhaftig nach Gottes Willen geschaffen und in seiner Seele nach des Schöpfers Bilde gestaltet" (de hom. opif., Migne gr. 44, 125 B). Man werde seine Abhängigkeit auch dort spüren, wo er den Lehrer nicht „namentlich" anführe (de virg., praef., Migne gr. 46, 320). Gregor ist in der Tat der Schüler des Basilios; aber dieses etwas absichtlich betonte Lob besagt nicht, daß er bei ihm stehengeblieben wäre und nicht auch Eigenes und Abweichendes zu bieten hätte. Schon die unbekümmerte Art, in der er „das harte, widerständige Brot der Schrift" mit freier allegorischer Auslegung „verdaulich macht" (hom. in Cant. 7, Migne gr. 44, 925 B), atmet einen anderen Geist. Gregor muß daneben ungemein viel und selbständig gelesen haben, vor allem Plato, Plotin und andere platonisierende Philosophen, aber auch Philo und unter den christlichen Autoren vor allem wieder Origenes. Als lebenden Repräsentanten der klassischen griechischen Bildung bewundert er vorzüglich den heidnischen Rhetor Libanios. Gregor ist vielleicht der vielseitigste Theologe des Jahrhunderts. In seinen Schriften begegnen sogar naturwissenschaftliche und medizinische Erörterungen, die nicht nur Kenntnis, sondern auch Verständnis für solche Fragen erkennen lassen. Mit dem allem ist er Basilios verwandt, aber an Gründlichkeit und Vollständigkeit des Wissens zweifellos noch überlegen.

In seiner Jugend hatte Gregor zeitweilig als Lektor Dienste getan. Aber er fühlte sich dadurch nicht gebunden. Aus reinem „Ehrgeiz", wie ein empörter Brief des Nazianzeners behauptet, ließ er sich vielmehr bestimmen, die heiligen Schriften mit den „bitteren und ungenießbaren Büchern" der Welt zu vertauschen und sich selbst „lieber einen Rhetor als einen Christen nennen zu lassen" (Greg. Naz. ep. 11 ad Greg.). Und er tat noch einen weiteren Schritt: er ging in diesen Jahren mit einer geliebten und geistig hochstehenden Frau, Theosebia, die Ehe ein. In seiner Erstlingsschrift über die Jungfräulichkeit klagt Gregor selbst, er könne von diesem Ideal nur noch als Zeuge der Seligkeit reden, die andere erführen, nachdem er selbst „seinen Fuß einmal ins weltliche Leben gesetzt" habe (de virg. 3, Migne gr. 46, 325). Aber man darf solche Klagen nicht allzu tragisch nehmen. Weder die Rhetorik noch die – später bloß „geistlich" geführte – Ehe haben seine religiöse Entwicklung gehemmt. Gregor stand dem mönchischen Zentrum, das seine Familie am Iris unterhielt, keinesfalls fern, und scheint dort gelegentlich selbst Einkehr gehalten zu haben. Besonders seine älteste Schwester Makrina, die Leiterin eines dortigen Nonnenklosters, stand ihm persönlich nah. Er nennt sie seine „Lehrerin" und hat in einem eigenen Büchlein eine ergreifende Beschreibung ihres Lebens und besonders ihres Sterbens gegeben, bei dem er zugegen war. Später hat er nach dem Muster des platonischen „Phaidon" noch einen Dialog verfaßt, ein Gespräch „über die Seele und die Auferstehung", das er bei dieser letzten Begegnung mit ihr geführt haben will.

Damals hatte Gregor sein freies Leben als Rhetor und philosophierender Theologe schon längst aufgegeben und war Bischof des Städtchens Nyssa geworden (371). Aus dem Leben der persönlichen Bildung, Sammlung und Vertiefung war auch er schließlich zum Dienst an der gläubigen Gemeinschaft berufen worden – ein Weg, den er einmal selbst als besten und sinnvollsten Zugang zum kirchlichen Amte bezeichnet hat. Es scheint, daß dabei zunächst wieder Basilios seine Hand im Spiel hatte. Wie bei Gregor von Nazianz handelte es sich um einen verhältnismäßig bescheidenen, aber kirchenpolitisch wichtigen Ort, der durch die Einsetzung des Bruders behauptet werden sollte. Auch Gregor von Nyssa mußte zur Übernahme des Bischofsamts „mit aller Gewalt gezwungen" werden (Basil. ep. 225 ad Demosth.). Aber er fand sich dann in die neue Rolle und hat sich in die Kirchenpolitik alsbald sogar eifriger eingeschaltet, als Basilios lieb war. Die Einzelheiten sind nicht ganz klar. Vielleicht unterhielt Gregor Beziehungen zu den Altnicänern, mit denen Basilios gebrochen hatte, ohne doch diese Abweichung ihm gegenüber ganz offen zum Ausdruck zu bringen. Wir haben noch ein ungemein heftiges Schreiben, in dem ihn Basilios beschuldigt, geradezu Briefe gefälscht und dadurch höchst peinliche Verwirrungen hervorgerufen zu haben. Fortan verzichte er darauf, Gregor bei seinen kirchlichen Verhandlungen weiter zu beteiligen; es habe sich gezeigt, daß dessen Worte nicht der Wirklichkeit entsprächen. Als ihm der Vorschlag gemacht wird, Gregor als Gesandten nach Rom zu schicken, lehnt er dies rundweg ab: sein Bruder sei in den kirchlichen Angelegenheiten ganz unorientiert und seiner aufrechten Art nach für derlei Missionen überhaupt wenig geeignet. Dabei stand Gregor unter dem gleichen Druck des antinicänischen Regimes und wurde sogar noch unmittelbarer getroffen als Basilios selbst, an den sich die staatliche Gewalt nicht heranwagte. Man warf ihm eine unordentliche Kassenführung vor, setze ihn ab und schob einen arianisierenden Bischof an seine Stelle. Alle Vorstellungen, die Basilios beim Statthalter dagegen erhob, führten zu nichts: Nyssa war verloren, und Gregor mußt als dienstenthobener Bischof in die Fremde gehen. Erst nach der großen Wende des Jahres 378 konnte er zurückkehren und wurde von seiner Gemeinde stürmisch begrüßt. Wir begegnen ihm dann unter den Teilnehmern der Konstantinopler Synode von 381. Jetzt ist der Bruder des großen Basilios, der selbst nicht mehr unter den Lebenden ist, auch weiteren Kreisen bekannt geworden. Der kirchliche Neuordnungserlaß Theodosius des Großen benennt ihn als Normalbischof für die ganze Diözese Pontus, d. h. Gregor ist trotz der Belanglosigkeit seines kirchlichen Amtssitzes zum Vertrauensmann der Regierung ernannt, der bei der Entfernung der Arianer und der Einsetzung neuer, nicänischer Bischöfe jeweils das entscheidende Wort zu sprechen hat. Schon vorher finden wir Gregor auch auf auswärtigen Synoden in Tätigkeit. Er reist mit der staatlichen Post bis Arabien und besucht Jerusalem; er leitet die Bischofswahl von Ibora in Kleinarmenien und kann es in Sebaste nur mit knapper Not erreichen, nicht selber gewählt zu werden.

Es ist so, wie er's Makrina aussprechen läßt: sein Ruhm überstrahlt jetzt den seiner Vorfahren, sein Name wird bei Städten, Gemeinden und Völkern genannt, und „Kirchen rufen, Kirchen schicken" nach ihm, damit er ihnen „im Kampfe beistünde und Ordnung schaffe" (vita Macr., Migne gr. 46, 981 B).

Doch bleibt Gregor persönlich ein unbequemer Kollege und ist mit seinen kritischen Bemerkungen keineswegs allgemein beliebt. Seine Eindrücke vom Heiligen Lande faßt er in einem Brief zusammen, der eine einzige Anklage gegen die dortigen Zustände bedeutet. „Ich weiß wohl, was die Leute gegen meine Worte einwenden werden" (ep. 2, 11 ad Censit.), aber es steht fest, daß Unordnung, Verwahrlosung und Unsittlichkeit nirgends besser gedeihen als an den großen Wallfahrtsorten und die echte Frömmigkeit heute vielmehr beim Volk der Kappadokier zu Hause ist. Man kann und muß von Pilgerfahrten überhaupt abraten – auch aus grundsätzlichen Erwägungen. Das wahrhaft heilige, philosophische Leben sucht Stille und Alleinsein; denn Gott bindet seine Gegenwart nicht an heilige Stätten. Wenn der Geist weht, wo er will, so werden wir auch hier an seiner Gabe glaubend teilgewinnen – nach dem Gesetz des Glaubens (Röm. 12, 6) „und nicht nach dem Gesetz des örtlichen Verweilens in Jerusalem." Auch mit seinem eigenen Metropoliten glückt es Gregor nicht, in ein erträgliches Verhältnis zu kommen. Die Eifersucht des Vorgesetzten auf seinen berühmteren Untergebenen, der zugleich der Bruder seines Vorgängers war, mag dabei mitgewirkt haben.

In späteren Jahren wurde Gregor noch zweimal nach Konstantinopel eingeladen. Er hatte für Mitglieder der kaiserlichen Familie die feierliche Trauerrede zu halten. Im Jahr 394 begegnet er zum letztenmal als Teilnehmer einer Synode. Bald danach muß er gestorben sein. So sind es immer nur spärliche und abgerissene Nachrichten, aus denen zwar das Ungewöhnliche seines Ansehens erhellt, die aber nicht ausreichen, um ein vollständiges Lebensbild zu entwerfen. Wer Gregor kennenlernen will, der muß sich an seine Theologie und an seine Schriften halten.

Es wäre völlig falsch, Gregor in seiner eigenwilligen und kritischen Art für einen Skeptiker oder gar für einen bewußt unkirchlichen Theologen zu halten. Er steht mit seiner Theologie vielmehr auf dem Boden der Großkirche, und seine kirchenpolitische Aktivität zeigt zur Genüge, daß er ihr öffentliches, sakrales Recht ohne Zögern anerkennt und verficht. Die Zeiten eines Klemens von Alexandrien sind längst vorbei; es gibt keine Theologie mehr, die sich rein akademisch entwickelte. Der Kultus der Kirche nimmt in Gregors Schriften und Predigten einen breiten Raum ein; er betont die Bedeutung der rechtlichen Ordnung und die erlösende Wirkung der Sakramente, zumal der Taufe. Er ist der erste christliche Theologe, der auch den strengen Priesterbegriff im Sinne einer sakramentalen, verwandelnden Kraft der Weihe und der ausgezeichneten Stellung des Liturgen präzis zu begründen weiß, und ist insofern ein unmittelbarer Vorläufer des Areopagiten, der ein Jahrhundert später seine folgenschwere Lehre von den himmlischen und kirchlichen „Hierarchien" entwickeln wird. Aber die Hauptsache bleibt die kirchliche Lehre und „Philosophie", und hier ist Gregor die zurückhaltende, biblisch begrenzende Art des Basilios im Grunde fremd. Gregor lenkt in seiner methodischen Grundhaltung vielmehr zu Origenes zurück. Die kirchliche Form der Verkündigung gilt wieder nur als Ausgangspunkt für weitergehende Gedanken, und wichtiger als der ausgeführte Schriftbeweis wird die geistige Geschlossenheit und die logische Fundierung des Systems in seinem Zusammenhang. Nur ist die kirchliche Lehre jetzt viel stärker ausgebaut und festgelegt als ehedem, und Gregor ist sorgsam darauf bedacht, sie zu respektieren und jeden offenen Widerspruch zu vermeiden. Im Grunde erneuert er trotzdem das alte gnostische Schema der Theologie als Deutung und Entfaltung eines ungeheuren zeitlich-überzeitlichen Weltdramas, das, durch den Abfall von der anfänglichen Einheit und Gottverbundenheit des geistigen Seins einmal in Gang gebracht, auf weiten und mühseligen Wegen wieder zum Ursprung zurückkehrt. Die phantastischen Elemente treten dabei jetzt in den Hintergrund, und die philosophische Interpretation des Mythologischen ist strenger durchgeführt; insofern steht Gregor Plotin noch etwas näher als Origenes. Aber andererseits gilt die Spekulation niemals als Selbstzweck; sie hat wie die Ethik und Naturphilosophie und die gesamte profane Bildung nur „den göttlichen Tempel der geheimnisvollen Offenbarung zu schmücken" (de vita Moysis, Migne gr. 44, 360 C). Christus steht in ihrem Mittelpunkt, und es geht um die praktische Erlösung des Menschen, d. h. um die Erhebung, Reinigung und Heimkehr der individuellen Seele zu ihrem Schöpfer und Herrn. Gregor sucht das lebendige Gottesverhältnis und keine neutrale Ordnung des in sich gestuften Seins. Er kennt überhaupt keine menschliche „Natur", die in sich Bestand hätte; ihr Wesen ist es, zu Gott zu streben, und nur von ihrer göttlichen Bestimmung her läßt sie sich begreifen und wahrhaft verwirklichen. Die Theologie endet in der anbetenden, liebenden Vereinigung mit dem unfaßlichen und unergründlichen Gotte. Alles, was sich zwischen dem erschaffenen und dem unerschaffenen, ewigen Sein abspielt, ist gnadenhaft gedacht und vollzieht sich in der Sphäre der Freiheit und der Heiligung. Hier liegt die Grenze gegen den neuplatonischen Pantheismus. Gregor spricht wohl gerne von der Vergottung oder Gottwerdung des Menschen; aber er meint damit nur die „Gottförmigkeit“, die der Mensch als beseelter, von allem Schlamm und Rost des Erdenwesens gereinigter Spiegel, als das wahre Ebenbild Gottes gewinnen soll. Von Gott erleuchtet und getragen werden, ist in alle Ewigkeit das einzige Ziel und die Seligkeit selbst. Und es ist Gottes „Großmut“, nicht unser Werk, die diese Heimkehr und Erfüllung einzig ermöglicht und erlaubt.

In den Jahren seiner führenden kirchenpolitischen Betätigung hat sich Gregor auch mit den gängigen trinitarisch-christologischen Streitfragen theologisch befaßt. Mehrere Schriften gegen den Arianer Eunomios begründen und verteidigen die rechtgläubige Lehre scharfsinnig, klug und korrekt. Stärker als Basilios ist Gregor dabei insbesondere an der inneren Einheit und dem dauernden Zusammenwirken der drei göttlichen Hypostasen interessiert. Er ist bestrebt, den Heiligen Geist nicht nur mit dem Vater, sondern auch mit dem Sohn in Beziehung zu setzen und streift bereits die späteren Probleme des abendländischen „Realismus“, d. h. die Frage nach dem Wirklichkeitsgehalt der Allgemeinbegriffe in ihrem Verhältnis zur konkreten Individuation. Auch mit dem Apollinarismus hat er sich auseinandergesetzt. Anders als Gregor von Nazianz vertritt Gregor von Nyssa hier eine Christologie, die der späteren „antiochenischen“ Auffassung nahekommt, insofern sie die göttliche und die menschliche Natur in der einen Person des Erlösers scharf auseinanderhält. In der „großen Katechese“ hat er die Trinitätslehre und die Lehre von der Menschwerdung und Erlösung, endend mit der Taufe, dem Abendmahl, Glauben und Wiedergeburt, einmal auch im Zusammenhange behandelt. Das Werk ist als Hilfsmittel für die apologetische Predigt gedacht; aber trotz seiner einigermaßen populären Form ist es seit Origenes der erste größere Versuch, das Ganze der christlichen Lehre als Einheit zur Darstellung zu bringen. Doch das, was Gregor im Innersten bewegt, sind nicht die Themen der traditionellen Gotteslehre, sondern Probleme der Anthropologie. Die Verwirklichung der Erlösung, die Erhebung und Verwandlung des individuellen Seins, sein Zusammenhang mit der Leiblichkeit und das Fortleben der Seele nach dem Tode – dies sind Fragen, zu denen er auf mancherlei Umwegen immer wieder zurücklenkt. Sie sind es, die vom Ganzen seiner platonisch-origenistischen Weltbetrachtung die Brücke schlagen zu den persönlichen Möglichkeiten der sittlichen Entwicklung und Erziehung. Hier kommen auch die praktischen

Erfahrungen des Mönchsphilosophen zum Zuge und vielleicht noch tiefer verborgene Anliegen seines eigenen Lebens, die sich nicht mehr erschließen lassen. Denn Gregor war ein guter und darum zuletzt auch sehr verschwiegener Psychologe.

Schon seine Frühschrift „über die Jungfräulichkeit" ist in dieser Hinsicht interessant. Gregor, der Mann der Kirche und selber ein Ehemann, will die Ehe und ihre Freuden nicht schlechthin verurteilen und weiß sie lebendig zu schildern. Aber unserer letzten Bestimmung wird doch nur das jungfräuliche Leben wirklich gerecht, das Leben in der Freiheit und Selbstmächtigkeit einer unbedingten Heiligkeit, die nicht nur den Leib, sondern auch die Seele umfaßt. Hinter allen sinnlichen und allen irdisch bedingten Freuden erscheint als Letztes doch immer der alles vernichtende Tod. Nur dort, wo man sich im Geiste über diese Welt erheben kann, ist bleibendes Leben. Damit entsteht aber sofort die schwierige Frage nach dem Sinn unserer Leiblichkeit. Sie kann nicht einfach böse sein, aber sie hängt doch unauflöslich mit der Sünde zusammen. Gregor meint, daß sie um der späteren Sünde willen von Gott im voraus für uns geschaffen worden sei. Was aber wird, wenn die Seele den Leib verläßt? Wie existiert sie zwischen ihrem individuellen Tode und der schließlichen, allgemeinen Auferstehung? Wie ist es möglich, daß der Leib die mancherlei ihm zugehörigen Elemente aus der Welt dann wieder zurückempfängt? Und was wird dann aus den Organen der Ernährung und Fortpflanzung, deren die geschlechtslose Seele nun nicht mehr bedarf? Gregor müht sich lange mit scharfsinnigen, geradezu naturwissenschaftlich exakten Überlegungen, dem gefährlichen Spiritualismus des Origenes fernzubleiben. Er macht sich dabei auch die Argumente der älteren gegen Origenes gerichteten Kritik teilweise zu eigen. Aber zuletzt hat er sie alle wieder preisgegeben und sich für die reine Geistigkeit des Himmelsleibes entschieden. Nach langen Umwegen kehrt er schließlich doch zu einem nur wenig veränderten Origenismus zurück.

Die Seele, sie allein, sie aber auch wirklich ist nach dem Bilde und für die ewige Gemeinschaft mit Gott geschaffen. Was das bedeutet, schildert Gregor mit einer Farbigkeit und Glut, die über die entsprechenden Beschreibungen bei Philo oder Origenes weit hinausgeht. Gregor ist der Begründer einer neuen mystischen und ekstatischen Frömmigkeit. Die fortschreitende Askese, die er von seinen Mönchen fordert, ist keine bloße Übung und sittliche Bemühung auf dem Wege zum künftigen Ziel, sondern führt zu einer gegenwärtigen, liebenden Begegnung und Vereinigung zwischen Christus und seiner Kirche, zwischen der Seele und ihrem Gott.

Von diesen geistlichen Erfahrungen handelt in Gregors allegorischer Auslegung die ganze Heilige Schrift. Mag es sich um alt- oder neutestamentliche Texte, um das „Leben des Moses" oder um das Vorbild des Apostels Paulus handeln – er stößt überall auf die gleichen Ideale der Reinigung, der wunderbaren Heiligung und der seligen Gemeinschaft mit Gott. Besonders das Hohelied wird in diesem Sinne für die mystische Frömmigkeit fruchtbar gemacht. Die gereinigte Seele spürt voll heilig-nüchterner Trunkenheit in der leuchtenden Finsternis der göttlichen Nacht das Nahen und die Schönheit ihres Bräutigams, obgleich oder auch gerade weil sie ihn niemals ganz sehen, ganz erfassen und ganz erschöpfen kann. „Die Seligkeit, sagt der Herr (Matth. 5, 8), liegt nicht darin, daß man von Gott etwas erkennt, sondern daß man Gott in sich hat" (or. de beat. 6, Migne gr. 44, 1269 C). Dazu muß die Seele zuvor wie Christus der Welt gestorben sein. „Stirbt sie nicht, so bleibt sie ganz tot; nur durchs Sterben, wenn sie alles Sterbliche von sich getan hat, gelangt sie ins Leben" (hom. in Cant. 12, Migne gr. 44, 1020 B). Sie ist immer unterwegs auf einer sehnsüchtig-seligen „Wanderung zu Gott, die niemals enden kann" (hom. in Cant. 12, Migne gr. 44, 1025 D), in der wunderbarsten Vereinigung von Ruhe und Bewegung zugleich. Die Wasser der befreiten Seele drängen Gott entgegen wie ein Springbrunnen; sie hat „vom Brunnen die Tiefe, vom Flusse aber das Immerbewegte" (hom. in Cant. 11, Migne gr. 44, 977 C). Sie selbst wird von Gott erfüllt wie von einem Strom, sie wird vom Lichte entzündet wie eine Fackel und vom Geist emporgetragen wie durch einen Wagen. Wer dies erfahren hat, gibt seine Erfahrungen weiter, wie es die Propheten und Apostel getan haben. Die Kirche breitet sich immer weiter aus, und die große Aufwärtsbewegung der Geister ist unaufhaltsam. Am Ende steht bei Gregor wie bei Origenes der Glaube an die Wiederbringung aller zu Gott. Das ist auch bei ihm kein bloßes, kaltes Lehrstück der Metaphysik. Es ist ein Bekenntnis zur lebendigen Erfahrung des Geistes, der Gott selbst und darum die letzte, königliche Macht und triumphierende Wirklichkeit über alle Dinge ist.

Gregor ist wegen dieser Irrlehre niemals namentlich verurteilt worden. Aber der Sache nach treffen die Verdammungen des fünften und sechsten Jahrhunderts selbstverständlich auch ihn. Gregor hat sich kühner zu seinen Sätzen bekannt als die andern Origenisten seiner Zeit. Aber er betont gleichzeitig ihren hypothetischen Charakter und war wohl der Meinung, die Lehre von den letzten Dingen gehörte nicht in das dogmatische Zentrum der Theologie, sondern fiele in den Umkreis jener Fragen, deren Diskussion frei bliebe und wo nach einem Wort seines Freundes Gregor von Nazianz auch ein Irrtum durchaus „ungefährlich“ sei (Greg. Naz. or. 27, 10). Diese Scheidung ist sehr bezeichnend. Auf der einen Seite steht die Gotteslehre als allgemein verpflichtendes, kaum mehr bewegliches Dogma und auf der anderen erscheint die freie, aus anderen Quellen genährte mystische Spekulation, die doch gerade die brennendsten Fragen des persönlichen Glaubens und Lebens berührt. Es ist, als sollte die verborgene Spannung, in die die einzelne geistige Persönlichkeit gegenüber dem tragenden Ganzen der Kirche gerät, damit behoben oder doch gelockert werden. Ähnliche Erwägungen bestimmten schon Basilios in seiner Kirchenpolitik. Die dogmatische Tradition wird zu einer Macht, die der Theologe in seiner Arbeit zu spüren beginnt. In dieser Zeit entstehen die ersten theologischen Florilegien, d. h. Sammlungen von Zitaten der älteren, anerkannten Lehrer der Kirche für den praktischen Gebrauch im Streit um die geltende Wahrheit. Auch Gregor bekennt sich mit neuartigem Nachdruck nicht nur zu allem, was die Schrift sagt, sondern auch zu der richtungweisenden „Erklärung der Väter“ (contra Eunom. III 10, 9). „Für den Wahrheitsbeweis unserer Lehre ist es nämlich genug, daß die Überlieferung von den Vätern her zu uns gelangt ist, einem Erbteil gleich, das von den Aposteln durch die späteren Heiligen weitergereicht wurde“ (contra Eunom. III 2, 98). In derselben Weise beruft sich Gregor auf seinen älteren Bruder, den großen Basilios, und fügt sich ihm, wie wir wissen, doch nur ein Stück weit. Er weicht daneben in eigene Räume des Denkens und des geistlichen Lebens aus, in denen er sich unbehindert und frei fühlt.

1921 hat die kritische Ausgabe der Werke Gregors durch Werner Jaeger (der Briefe durch G. Pasquali) begonnen, die die ganz unzureichenden Texte bei Migne jetzt fortschreitend ersetzt. Ich habe z. T. trotzdem noch nach Migne zitiert, weil dessen Spalten auch bei Jaeger am Rande verzeichnet sind.

Die Mystik und die religiöse Gedankenwelt Gregors sind in neuerer Zeit wiederholt untersucht worden. Meist wird dabei gegenüber den offenkundig neuplatonischen Elementen der gleichwohl „christliche“ Gehalt seiner Lehren besonders hervorgehoben. Zu nennen sind H. U. v. Balthasar, Présence et Pensée. Essai sur la philosophie religieuse de Grégoire de Nysse (Paris 1942); A. Lieske, Die Theologie der Christusmystik Gregors von Nyssa in: Zeitschr. f. kath. Theologie 70 (1948) 49 ff.; 129 ff.; 315 ff. und besonders das umfangreiche Werk von J. Daniélou. Platonisme et théologie mystique. Essai sur la doctrine spirituelle de Saint Grégoire de Nysse (Paris 1954 [2]); dazu dessen Aufsatz: La résurrection des corps chez Grégoire de Nysse, Vigil. Christ. 7 (1953), 154 ff. und neuerdings W. Völker, Gregor von Nyssa als Mystiker (1955). Die geistreiche Studie von J. Gaïth, La conception de la liberté chez Grégoire de Nysse (Paris 1953) leidet etwas unter der einseitig philosophisch-systematischen Orientierung. Ein begrenztes, aber für Gregors Gedankenwelt zentrales Thema behandeln R. Leys, L'image de Dieu chez Saint Grégoire de Nysse. Esquisse d'une doctrine (Brüssel-Paris 1951) und in Beschränkung auf die philologisch-geistesgeschichtliche Aufgabe besonders fruchtbar H. Merki, ῾ΟΜΟΙΩΣΙΣ ΘΕΩΙ. Von der platonischen Angleichung an Gott zur Gottähnlichkeit bei Gregor von Nyssa (Freiburg/Schweiz 1952).

10. Kapitel

SYNESIOS VON KYRENE

Der Mann, dem dieses Kapitel gewidmet ist, gehört, streng genommen, nicht unter die anerkannten Kirchenväter. Er ist eine Randfigur und ein Außenseiter, obschon seine Schriften im byzantinischen Mittelalter eifrig gelesen und genutzt, sogar kommentiert worden sind. Synesios war zwar ein Philosoph, und das heißt in dieser Zeit: auch ein Theologe; aber er war kein Christ, sondern ein heidnischer Rhetor und Schöngeist. Als solcher ist er gegen Ende seines Lebens zum christlichen Bischof gewählt worden. Daß dies möglich war, ist lehrreich genug. Der Lebens- und Entwicklungsgang von Synesios bestätigt in überraschender Weise das, was schon in den letzten Kapiteln über den umfassenden, alle geistigen Kräfte anziehenden und bindenden Charakter der christlichen Kirche erkennbar wurde. Er verrät, wie breit jetzt der Strom geworden ist, der ihr Leben und ihre Lehre trägt. Die letzten heidnischen Philosophen und die Kirchenväter sind einander ganz nahe gekommen. Es herrscht hüben wie drüben der gleiche Geist spiritueller Verinnerlichung und andächtiger Spekulation, das gleiche Streben nach sittlicher Reinheit und Heiligung des Lebens, die gleiche ehrfürchtige Bewunderung für das, was die alte Überlieferung an Schätzen der Offenbarung, der Bildung und Erkenntnis für den Lernwilligen in Bereitschaft hält. Wo diese Gesinnung aber noch zur Tat und zur sozialen Verantwortung hindrängt, da findet sie zuletzt doch nur eine Organisation, in der sie wirken kann: das ist die große, katholische christliche Kirche. Ihr fallen alle, auch die widerstrebenden Charaktere und zuletzt auch die Heiden zu.

Synesios läßt sich in vieler Hinsicht mit den großen Kappadokiern vergleichen. Auch seine Heimat, die Cyrenaica, ist ein ursprünglich „barbarisches“ Gebiet, das sich der hellenistischen Kultur und der römischen Ordnung erschlossen hat, früher und gründlicher noch als Kappadokien. Auch hier gibt es einen reichen, grundbesitzenden Adel, und Synesios gehört zu einer der ältesten Familien des Landes, die ihren Stammbaum bis auf einen Genossen des Herakles zurückführte. Wie die Kappadokier verbindet er das hellenistische Weltbürgertum und die Reichsgesinnung mit einem frischen und bewußten Heimatsinn, der nicht stadtbürgerlich, sondern ländlich und landschaftlich bestimmt ist. Auch er hat ausgesprochenen Familiensinn, pflegt die Freundschaft und den Verkehr und ist von einer noblen und großzügigen Hilfsbereitschaft für jeden, der ihn angeht. Und auch für ihn bedeutet das Bekenntnis zu seinem – in diesem Fall noch heidnischen – Platonismus eine philosophische Verpflichtung, die gleichzeitig im vollen Sinne religiös ist. Er möchte sein ganzes Leben geheiligt, gleichsam unter den Augen des einen, allregierenden Gottes verbringen und wird nicht müde, dessen Herrlichkeit zu preisen und anzubeten. Doch fehlt seiner Frömmigkeit noch der mönchisch-asketische Zug, der den Bekenntnissen seiner christlichen Zeitgenossen einen weit leidenschaftlicheren, aber vielfach auch gewaltsamen und gequälten Klang verleiht. Alles an Synesios wirkt gesund, harmonisch und rein. Auch in seinen Schriften zeigt er sich in liebenswürdiger Offenheit ganz unbefangen, so, wie er zu sein meint. Sie sind, sagt er, seine Kinder, die er teils mit der Philosophie, teils mit der „im gleichen Tempel verehrten" Poesie erzeugt habe, teils auch mit der gängigen Rhetorik. „Aber man erkennt doch leicht, daß sie alle Kinder eines Vaters sind, der sich das eine Mal dem ernstesten Bemühen und das andere Mal heiterem Genusse ergeben hat" (ep. 1, 1 ad Nicand.). Im „philosophischen" Stile der Spätzeit reflektiert Synesios gerne über seine Lebensideale und seine Lebensform, aber nicht so aufdringlich eitel wie viele andere heidnische Sophisten und unter den Kirchenvätern z. B. Gregor von Nazianz. Es geht ihm darum, seine lebensfrohe Vielseitigkeit gegen mürrische Kritiken zu verteidigen, und er beruft sich dazu auf Dion von Prusa als Patron, den philosophischen Weltbürger des ersten nachchristlichen Jahrhunderts, sein ideales Vorbild. Warum sollte es nicht auch ihm erlaubt sein, zwischen Theorie und Praxis, zwischen philosophischer und musischer Beschäftigung frei zu wechseln und trotzdem ein ganzer Philosoph zu sein?

Die Bildung und Belesenheit dieses unpedantischen Menschen sind gleichwohl wieder erstaunlich. Die ganze griechische Literatur der Vergangenheit, Philosophen, Dichter und Rhetoren, sind ihm mühelos gegenwärtig, und in seiner inbrünstigen Verehrung für die „klassische" Tradition wirkt er selbst wie ein früher Humanist. Er schreibt ein sorgfältig gepflegtes, tadelloses Attisch; aber seine Hymnen verfaßt er stilgerecht im dorischen Dialekt. Er scheint, zitierend und imitierend und dann doch wieder ganz frei in seiner Art, in allen Sätteln gerecht zu sein. Er verfaßt Traktate und Berichte, Reden, Gedichte und Gelegenheitsschriften, Briefe und Tagebücher. Aber Synesios wirkt trotzdem nicht wie ein bloßer routinierter Literat, weit eher wie ein überlegener Aristokrat und Lebenskünstler, der die Welt sicher zu nehmen und zu beherrschen weiß. Er entzieht sich auch den politischen Verpflichtungen seiner sozialen Stellung durchaus nicht, sooft sie an ihn herantreten. „Mein Leben sind die Bücher und die Jagd – wenn ich nicht gerade auf einer Gesandtschaft bin“ (de insomn. 18). Sein stilles Landgut Anchemachos liebt er ähnlich wie Basilios die klösterliche Heimstatt am Iris. Aber seine Studien hier schließen die Waffen- und Reitübungen nicht aus, für die er von Jugend auf eine „tolle Leidenschaft“ hat (ep. 105 ad fratrem [Hercher S. 706]). Die Philosophie eines solchen Mannes ist natürlich ein eklektisches Gebilde; aber man darf sie nicht als bloßen Dilettantismus verurteilen; denn sie dringt in sein Leben ein und ruht auf dem Grund einer ernsthaften Bildung.

Alexandria, die große, benachbarte Bildungsmetropole, ist der Ort, wo Synesios studiert hat. Er hatte das Glück, in die Welt des Geistes nicht nur schulmäßig eingeführt zu werden: in der vielbewunderten Hypatia, die den öffentlichen Lehrstuhl für platonische Philosophie innehatte, fand er eine Lehrerin, die ihn hinriß und begeisterte und zu einer verehrten Freundin auf Lebenszeit wurde. Gleichzeitig trat er mit einem Kreis ähnlich gesinnter junger Leute in Verbindung und fand in einer vornehmen christlichen Familie der Stadt später auch seine Frau. Man erinnert sich zum Vergleich an den geistlichen Freundschaftsbund, den Basilios und Gregor von Nazianz – nicht minder bildungshungrig und platonisch begeistert – in Athen miteinander schlossen. Synesios hat später auch diese Stadt besucht, die ihn im Vergleich mit Alexandrien jedoch enttäuscht. Nur der berühmte Name und die „Haut“ des einstigen Lebens seien noch übrig. Die Philosophie selber sei längst entwichen und „umgesiedelt“: „Zu unserer Zeit bringt der Boden Ägyptens die Samen zur Entfaltung, die Hypatia dort gesät hat“ (ep. 136 [135] ad fratrem [Hercher 722]).

Leider sind wir über die Lehren dieser ungewöhnlichen Frau nur mittelbar und unvollständig unterrichtet. Sie stellte hohe wissenschaftliche Anforderungen und wirkte zugleich als Persönlichkeit auf jedermann, sogar auf die breiten Massen des alexandrinischen Volks. Synesios wurde in die exakten Grundlagen der antiken Bildung eingeführt; besonders für die Astronomie bewahrte er zeitlebens ein lebendiges Interesse. Aber alles schloß sich zuletzt in einem großen, neuplatonischen System des Geistes zusammen, in dem die Gedanken des Porphyrios zu neuem Leben erwacht waren. Die letzten „Mysterien“ dieser Schule drangen kaum in die Öffentlichkeit, schon darum, weil sie ausgesprochen heidnisch war und mit den Gesetzen des christlichen Staates nicht in Konflikt kommen durfte. Die Betrachtung der Natur und ihrer geheimnisvollen Kräfte leitete in eine höhere Erkenntnis der Ideen- und Geisterwelt über, die stufenweise bis zum göttlich Einen zurückführte, das sich im ganzen Kosmos spiegelt, aber nur in einer alles Sichtbare überschreitenden Anbetung und Schau würdig zu verehren ist.

Was diese Weltanschauung für Synesios bedeutet hat, erkennt man vielleicht am lebendigsten in einer kleinen Schrift, die bis heute immer wieder Interesse weckt; das ist der Traktat über die Träume, den der Verfasser in den Morgenstunden einer einzigen Nacht entworfen haben will. Welch ein wunderbares Reich der Schönheit, der Erkenntnis und der Offenbarung schließen jedem Menschen seine Träume auf! Dazu bedarf es keiner bestimmten Orte, Kultstätten und Praktiken. Synesios will kein vulgäres Traum- und Orakelbuch schreiben. Im Traume löst sich die Seele aus ihrer materiellen Verhaftung, sie rührt in der Kraft der Phantasie ihre geistigen Schwingen und nähert sich dem Ursprung ihres eigentlichen Seins. Freilich gibt es auch im Traume die Gefahr der Täuschung und der niederen Verführung, je nach der inneren Verfassung, in der sich die träumende Seele befindet. Aber ein heiliges, durch Mäßigkeit und Zucht geläutertes Gemüt läßt diese dämonischen Möglichkeiten und die theurgischen Experimente der Mantik schnell hinter sich. Es steigt, leicht und trocken und von der göttlichen Gnade beflügelt, zu den Urbildern des bleibend Wahren und Wirklichen empor und erfährt so das, worauf es vor allem ankommt: die übersinnliche Wesenheit, den lichten, ewigen Sinn der geistigen Dinge und das eigene Heimatrecht in einem Jenseits, das keine Zeit zerstört. Die recht gedeutete Traumwelt bezeugt unter der krausen Oberfläche der Erscheinung den geistig-sympathetischen Zusammenhang der Welt und beweist die Unsterblichkeit der Seele. Das ist freilich keine Erkenntnis für ein halbgebildetes Publikum. Die „Volkslehrer“ in den Städten, welche, durch die eigene Unbildung ermutigt, mit jedermann über Gott disputieren, möchten auch Synesios für sich gewinnen; aber er hält sich allein an das Urteil einer Hypatia (ep. 154 ad philos. magistr. [Hercher S. 735]). Mit deutlichem Spott setzt sich Synesios so von der „christlichen Philosophie“ der bekehrungseifrigen Bischöfe ab. Aber dasselbe tut er auch gegenüber gewissen heidnischen „Sophisten“. Er möchte von allen Parteien unabhängig und der höchsten, erkannten Wahrheit allein treu bleiben.

Nach seiner Heimkehr muß sich Synesios alsbald für eine weitgreifende Aktion seiner Mitbürger zur Verfügung stellen. Durch die wiederholten Einfälle der Wüstenstämme schwer geschädigt, von unfähigen Beamten grausam ausgesogen und nur mangelhaft geschützt, braucht die Provinz einen Steuererlaß, und nur an der höchsten Stelle, am Kaiserhof ist er zu gewinnen. Synesios übernimmt diese Mission, die ihn drei Jahre lang in Konstantinopel festhalten sollte. In seiner Erinnerung sind es abscheuliche, verlorene Jahre, die er weit lieber daheim bei seinen Büchern und Jagden verbracht hätte. Aber offenbar waren sie für ihn und seine Entwicklung doch nicht bedeutungslos. Der reiche, geistig ungewöhnliche Notable wurde jetzt in der höchsten Gesellschaft heimisch. Er lernte es, in den komplizierten Gängen der Hofdiplomatie voranzukommen, knüpfte Beziehungen und fand seinerseits Anerkennung und Bewunderung. Unter anderem durfte Synesios vor dem jungen Arkadios und dessen Hof eine Rede „über das Kaisertum" halten. Sie bringt trotz ihres konventionell-rhetorischen Prunkstils doch Züge seiner persönlichen Eigenart und seiner Gesinnung zum Ausdruck. Synesios findet nicht allein den Mut, gegen Korruption und Mißbrauch der Gewalt zu protestieren, sondern macht sich auch zum Sprachrohr der antigermanistisch-restaurativen Tendenzen. Er erklärt es für eine Schmach, daß die Verteidigung der Grenzen und die wichtigsten Verwaltungsstellen im Reich an die Barbaren übergingen, die reißenden Wölfe an Stelle der von Plato geforderten „Wachhunde". Den Umschwung zugunsten der national-„römischen" Hofclique konnte er noch erleben. Synesios schildert ihn in der seltsamen Mystifikation einer Schrift, die sich „Die Ägypter oder: Über die Vorsehung" betitelt. Sie erzählt den Sturz und die Rückkehr seines Gönners, des Stadtpräfekten Aurelian, der in der Maske des Osiris erscheint, den sein böser Bruder Typhon verfolgt hat – ein Werk, das philosophisch, mythisch und historisch in einem sein will und für den barocken literarischen Geschmack der damaligen „Gesellschaft" recht bezeichnend ist. Ein anderes Schriftchen dieser Zeit ist die Beschreibung eines kunstvollen astronomischen Instruments, das Synesios einer hochgestellten Persönlichkeit zum Geschenke macht. Und wer ihn von der humoristischen Seite kennenlernen will, der lese den „adoxographischen" Scherz „Das Lob der Kahlköpfigkeit" – ein gleichfalls typisches, aber höchst elegant geratenes Muster rhetorischer Improvisation.

Man kann es mit Fug bezweifeln, daß Synesios bei seinem Auftreten gegen die angeblich schädlichen und entbehrlichen germanischen Hilfstruppen, aufs Ganze gesehen, wohlberaten war. Aber in seinem Munde ist das Pathos der nationalen Romantik noch echt; denn er entspricht ihm mit der Tat. In die Heimat zurückgekehrt, sucht er hier sofort den Grenzschutz zu organisieren. Er bringt eine schlagkräftige Miliz auf die Beine, zieht persönlich zu Felde, konstruiert ein neues Wurfgerät und verstärkt die Grenzfestungen gegen die „Barbaren". Er muß dazu mit den Kommandanten und Beamten der Regierung überall zusammenarbeiten, sie oft genug überhaupt erst in Bewegung bringen und unter Umständen, wenn sie allzu offenkundig versagen, auch einen Wechsel veranlassen. Der Platonismus wirkt hier noch einmal als praktische Forderung und als Ruf zur Politik. Sobald der Friede erreicht ist, kehrt Synesios wieder zu seinem „philosophischen" Leben zurück. Wir finden ihn auf seinem Landgut bei Büchern und Schriften, mit seinen Freunden und mit der Erziehung seines Neffen beschäftigt. Es ertönt das Lob der Muße, der Studien, der geistigen Andacht und Sammlung und das Lob der göttlichen Herrlichkeit. Der großartigste und feierlichste Ausdruck dieser Stimmung sind die schon genannten Hymnen.

Die Hymnen des Synesios sind sorgsam gearbeitete Kunstwerke, die sich in allen möglichen klassischen Rhythmen bewegen, voll literarischer Anklänge, aber auch voll kühner sprachlicher Neubildungen. Sie sind echte religiöse Lyrik, „Gedankenlyrik" von lichter Majestät, die die Lehren der neuplatonischen Philosophen zur Voraussetzung hat. Die Bewunderung für die Schönheit des Kosmos, der betende Aufschwung zum unaussprechlich Einen, die Sehnsucht der Seele nach Reinheit und Vollkommenheit kommen mit strömendem Pathos zum Ausdruck.

„Dem König der Götter
„Flechten wir Kränze,
„Ein unblutig Opfer,
„Sprengend, der Rede" (hymn. 1 [3], 8–11).

Die geistige Preisung ist an die Stelle der alten kultischen Gewohnheiten getreten, die das Staatsgesetz untersagt und die der philosophische Beter auch nicht mehr nötig hat. Wahrscheinlich stammen die neun Hymnen sämtlich noch aus der Zeit vor der Bischofswahl und vor dem offiziellen Übertritt zur Kirche. Trotzdem tauchen neben den rein heidnisch-mythologischen Vorstellungen auch schon christliche Begriffe auf. Ein Hymnus verherrlicht offensichtlich Christi Höllen- und Himmelfahrt; ein anderer hat die Anbetung der Magier im Auge. Man meint im gleichbleibenden Strom des Empfindens eine fortschreitende Annäherung an das Christliche zu spüren. Der göttliche „Sproß" und „Heros" verwandelt sich in den „Logos", in den „Sohn" und in den „Sohn der Jungfrau"; der neuplatonische Dreiklang des Einen, des schöpferischen Nus und der Weltseele wird zur „dreigipfligen Kraft" einer christlichen Trinität. Aber es bleibt fraglich, wieweit man die

Hymnen in dieser Weise als Bekenntnisse des Autors werten und biographisch ordnen und deuten kann. Synesios empfindet die Verwandtschaft der Bilder und Begriffe, er kann sich auch des christlichen „Mythos“ ohne Bedenken bedienen und seiner Wahrheit huldigen. Heidentum und Christentum stehen für ihn anscheinend wie zwei verwandte „Konfessionen“ nebeneinander, und das Gemeinsame ihres geistig-religiösen Wahrheitsbesitzes ist mehr als das, was sie trennt. Der Dichter, der mit einer christlichen Frau in glücklichster Ehe lebt, weiß sich an ganz bestimmten Punkten von der christlichen Anschauungswelt geschieden und hat keine Neigung zum Übertritt. Aber das hindert ihn nicht, der Wahrheit in allen Formen, wie sie erscheint, zu huldigen. Bezeichnend ist sein Brief an einen christlichen Freund, der sich zum Mönchtum bekehrt hat (ep. 147 [146] ad Johann.). An und für sich sind die groben „Schwarzröcke“ Synesios nicht allzu sympathisch; aber den Ernst ihres „beschaulichen Lebens“ will er darum nicht in Zweifel ziehen, und so gratuliert er von Herzen: das worum er selbst in seinem weißen Philosophenmantel sich schon so lange bemüht habe und immer noch mühe, habe jener mit einem einzigen Schritte erreicht. „Ich lobe alles, was um des Göttlichen willen geschieht.“

Dies ist die Stellung des Mannes, der nun im Sommer des Jahres 410 zum Bischof von Ptolemais gewählt wird, d. h. zum ersten, führenden Geistlichen der ganzen Cyrenaica. Um das zu verstehen, muß man sich vor allem darüber im klaren sein, daß ein Bischof damals nach Brauch und Recht die wichtigste und einflußreichste Person des öffentlichen Lebens überhaupt und in seiner Wirksamkeit durchaus nicht auf den im engeren Sinne religiösen Bereich beschränkt war. Er ist der Mann, in dessen Händen die Aufgaben der sozialen Fürsorge und z. T. auch der Rechtspflege zusammenlaufen, der einzige Sprecher, dem niemand den Mund verbieten kann, der berufene Helfer auch gegen die Willkür der Steuerbeamten und der staatlichen Bürokratie. Es ist kein Zufall, wenn darum gerade höhere Beamte jetzt oftmals in ein wichtiges Bischofsamt hinüberwechseln. Wieviel ein energischer Metropolit in jedem Betracht zu leisten und zu bedeuten hat, zeigt das Leben eines Basilios und jedes beliebigen großen Bischofs unserer Zeit. Es war insofern ganz natürlich, daß auch die Christen von Kyrene den Wunsch hatten, den an Geist und Gütern hervorragenden, tatkräftigsten und einflußreichsten Feudalherrn des Landes an die Spitze ihrer kirchlichen Verwaltung zu bringen.

Hat Synesios diese Wahl gewünscht – oder wurde er von ihr überrumpelt? In seinen vertrauten Briefen hat er später mehr als einmal betont, daß die Annahme des Rufes für ihn ein schweres

Opfer gewesen sei. ja daß er lieber tausend Tode gestorben wäre, statt die Last eines solchen Amtes zu tragen, und er ruft „den Gott, der die Philosophie und Freundschaft ehrt“, zum Zeugen auf, daß er die Wahrheit sage (ep. 96 [95] ad Olymp. [Hercher 691]). Eine hartnäckige Weigerung, erklärt er, hätte ihn im eigenen Lande unmöglich gemacht; er konnte die Bischofswürde also nur annehmen oder hätte auf die geliebte Heimat verzichten müssen. Solche Äußerungen sind durchaus glaubwürdig; aber ein Mann seiner Art kann nicht nur nach dem Maßstab seiner privaten Empfindungen beurteilt werden. Schon einmal war Synesios für ein politisches Landesamt als möglicher Kandidat ins Auge gefaßt worden, und damals hatte er sich dazu bereit erklärt, gegebenenfalls nicht nein zu sagen – obwohl er seiner Natur nach für derartiges nicht gemacht sei. Jetzt trat die Frage in neuer und ernsterer Gestalt zum zweitenmal an ihn heran, und es scheint, daß er sie völlig entsprechend beurteilte: das Vaterland fordert seinen Mann, und Synesios kann und will sich einem solchen Dienst nicht leichtfertig entziehen. Allerdings handelt es sich nun nicht mehr bloß um eine äußere Entscheidung. Der Bischof ist auch der sittliche und religiöse Führer und Erzieher seines Volks; er soll das öffentlich vertreten, was die wahre Philosophie fordert. Gerade diese Verantwortung war es, die auf Synesios offenbar Eindruck machte. Er sah in seiner Berufung keinen bloßen Zufall; nicht Menschen, sondern Gott selbst wünschte seinen Dienst. Und „seinem Willen, sagt man, ist ja alles möglich, auch das, was sonst unmöglich scheint“ (ep. 11 ad presb. [Hercher S. 648]).

Aber auf der anderen Seite lagen auch die Schwierigkeiten seines Falles auf der Hand. Synesios war weder getauft noch ein Christ und fühlte sich auch nicht imstande, seine bisherigen Überzeugungen einfach zu verleugnen. Er wollte keinen falschen Erwartungen Vorschub leisten. Vor allem sein künftiger Vorgesetzter, Bischof Theophilos von Alexandrien, der ihn zu weihen hatte, mußte vorher in aller Eindeutigkeit erfahren, was er gegebenenfalls damit tat. Synesios wählte den Ausweg, daß er in einem eingehenden Brief an seinen Bruder seine Sicht der Dinge vortrug und dabei deutlich aussprach, wozu er sich im Fall seiner Erhebung bereit finden könne und wozu nicht. Dieser Brief sollte, wie er nachdrücklich betont, von jedermann gelesen werden und auch den Patriarchen ins Bild setzen. Es handelt sich also um einen sehr wohl überlegten, in seiner Bestimmtheit doppelt achtbaren „offenen Brief“, bei dem es auf jedes Wort ankommt (ep. 105, ad fratrem).

„Es wäre“, beginnt das Schreiben, „höchst unverständlich, wenn ich den Bürgern von Ptolemais nicht großen Dank dafür wüßte, daß sie mich einer Aufgabe wert geachtet haben, die ich mir selbst nicht zuzutrauen vermag." Die Würde des neuen, geistlichen Amtes verlangt eine ganz und gar gesammelte, fleckenlose Seele von priesterlicher Heiligkeit, und Synesios ist weit davon entfernt, mit sich selber schon zufrieden zu sein. Die Versicherung der eigenen Unwürdigkeit war in solchen Fällen üblich; aber er unterstreicht die konventionelle Feststellung mit dem Hinweis auf sein bisheriges, durchaus weltliches Leben, das einem öffentlichen Lehrer von Gottes Gesetzen nicht mehr anstehen würde. Indessen ist Synesios für die Zukunft offenbar bereit, das Opfer, das hier von ihm verlangt wird, um der Sache willen zu bringen. Die Freuden der Jagd, des Sports und auch der privaten Studien sollen aufhören. Dagegen ist er nicht bereit, auf eine Fortführung seiner Ehe zu verzichten. Es wäre seiner Ansicht nach gleich unerlaubt, sich ganz von seiner Frau zu trennen oder den Verkehr mit ihr nur im Verborgenen aufrechtzuerhalten. „Ich wünsche und erflehe mir vielmehr viele und wohlgeratene Kinder." Gegen den offiziellen Übertritt zur Kirche und die Übernahme der Taufe hat Synesios an und für sich keine Bedenken mehr: das ist eine selbstverständliche Voraussetzung des Bischofsamts, über die er kein Wort verliert. Um so wichtiger ist eine Reihe von dogmatischen Vorbehalten, die er in ebenso vorsichtiger wie unmißverständlicher Weise anmeldet. Es müßte ihm auch in Zukunft erlaubt bleiben, den Glauben philosophisch aufzufassen und dort, wo die Gegensätze zur herrschenden kirchlichen Lehre unüberwindlich werden, seiner bisherigen Meinung treu zu bleiben. Die Ewigkeit der Welt, die Präexistenz der Seele, der Glaube an ihre Unsterblichkeit und nicht an die fleischliche Auferstehung sind solche Differenzpunkte, an denen er nicht nachgeben kann. Aber Synesios ist dazu bereit, sie von sich aus auch nicht in den Vordergrund zu rücken. Man soll von ihm nur keine gegenteiligen Erklärungen erwarten und ihm gestatten, für die eigene Person ein Philosoph zu bleiben; dann wird er in der Öffentlichkeit, wie er muß, „mythologisch reden". Gerade für den Neuplatoniker ist ein solches Angebot kein Verrat. Er weiß, daß die letzten Wahrheiten über das Göttliche vor der Menge ohnedies nicht enthüllt werden dürfen. Trotzdem wird er auch als Bischof niemals etwas anderes sagen, als er denkt; denn Gott und die Wahrhaftigkeit gehören zusammen.

Die Absicht dieses Briefes ist deutlich: Synesios wünscht eine klare Situation, die es ausschließt, daß ihm nachträglich ein Vorwurf und womöglich gar ein Prozeß wegen Irrlehre gemacht wird. Nimmt man seine Bedingungen aber an, so ist er bereit. Leider wissen wir nicht, wie die entscheidenden Verhandlungen mit dem

Patriarchen gelaufen sind. Synesios kannte Theophilos aus der Zeit seines alexandrinischen Aufenthalts persönlich; Theophilos hatte den Ehebund, den Synesios dort geschlossen hatte, sogar selbst eingesegnet. Über diesen Brief und die damit geschaffene Lage kann er schwerlich sehr beglückt gewesen sein. Gerade er, der im Kampf gegen die Ketzer und Origenisten den starken Mann des Glaubens spielte, durfte auf solche Vorschläge eigentlich nicht eingehen. Offenbar mochte er aber auch nicht ablehnen; denn er wollte es weder mit dem berühmten Kandidaten noch mit dem kyrenäischen Randgebiet seines kirchlichen Herrschaftsbereiches verderben. Wir erfahren nur, daß Synesios nicht weniger als sieben Monate in Alexandrien geweilt hat, ehe er als geweihter christlicher Bischof zurückkehrte. Möglicherweise hat er auf das Zusammenleben mit seiner Frau zuletzt doch Verzicht geleistet; denn in der Folgezeit wird sie nicht mehr erwähnt. Aber daß Synesios auch seine philosophische Überzeugungsfreiheit geopfert habe, ist gewiß nicht anzunehmen. Der offene Brief, den er hatte ausgehen lassen, wurde mit keiner Silbe widerrufen und blieb somit in Kraft.

Um so erstaunlicher ist das Bild, das wir vom Auftreten und Wirken des Bischofs Synesios gewinnen. Er, der es abgelehnt hatte, seine Überzeugung preiszugeben, erscheint gleichwohl in jeder Hinsicht wie ein treuer, gewissenhafter und völlig rechtgläubiger Bischof, der sich von andern katholischen Kollegen äußerlich in gar nichts unterscheidet. Wir sehen ihn seinen Sprengel bereisen, Streitigkeiten regeln, Klöster gründen und Weihen vollziehen. Er richtet Rückfragen an seinen Patriarchen, er holt sich beim heiligen Mönche Isidor von Pelusium geistlichen Rat, und wo sich eine Ketzerei wie die der radikal-arianischen Eunomianer regt, da greift er entschlossen gegen sie durch. Die erhaltenen Fragmente seiner Predigten sind von untadeliger dogmatischer Korrektheit, und die Bibel wird jetzt mit einem Eifer und einer Genauigkeit zitiert, wie sie ihm früher gegenüber Plato und den alten Dichtern durchaus fremd gewesen war. Dies alles verlangt von ihm der Dienst, den er übernommen hat, um das Volk zu leiten und zur Gottesverehrung hinzuführen. Synesios hat damit keinen Glaubenswechsel vollzogen: er läßt die Gesinnung, die er sein Leben lang als Philosoph und Privatmann gehegt hat, jetzt in den für die Öffentlichkeit vorgeschriebenen Formen nur wirksam und praktisch werden.

Es versteht sich, daß Synesios auch im geistlichen Amte nicht aufhört, an den politischen Nöten seiner Heimat teilzunehmen. Er setzt nun erst recht alle Hebel in Bewegung, um im Kampf mit den Wüstenstämmen die militärische Katastrophe zu verhindern. Denn die Lage ist nicht besser, sondern schlechter geworden und scheint mitunter fast verzweifelt. Synesios ist entschlossen, bis zum letzten auszuharren. Er will nicht fliehen, sondern wird, wenn aller Widerstand nichts nützen sollte, zuletzt die Säulen des Altars umklammern und in seiner Kirche den letzten Streich erwarten. Auch jetzt kümmert er sich um die Aushebungen und alle Maßnahmen, die sich zum Schutz des Landes ergreifen lassen, und wendet sich mit flammenden Aufrufen an die Öffentlichkeit. Gegen die Pflichtvergessenheit der Verantwortlichen stehen ihm nun sogar noch wirksamere Kampfmittel zur Verfügung als einst. Die erste feierliche Bannung, von der wir in der Kirchengeschichte hören, wird von Synesios über den Dux Andronikos verhängt, der sich eine Fülle von Erpressungen und Gewalttaten hatte zu Schulden kommen lassen. An die Schwesterkirchen in aller Welt ergeht die Kundgebung, wonach ihm und seinen Helfershelfern jedes Gotteshaus gesperrt werden muß und alle, die mit ihm das Dach oder die Tafel teilen, dem gleichen, furchtbaren Fluche verfallen sollen wie er. So zwingt Synesios den stolzen Verbrecher zur Buße und bringt ihn zu Fall. Wer vermutet hinter seinem „mittelalterlich" harten Auftreten noch den zarten neuplatonischen Enthusiasten von ehedem?

Und doch ist Synesios kein anderer geworden. Er leidet unsäglich unter den Aufgaben und Lasten, die er zu tragen hat. Alles, klagt er, ist anders geworden, und der Überfluß an Fröhlichkeit, Ehre und Glück, der früher sein Leben erfüllte, ist dahin. Auch in der Familie wird er von schwerem Unglück verfolgt. Sein Bruder muß außer Landes fliehen, um nicht zum Decurio, d. h. zum öffentlichen Garanten der Steuereingänge, gewählt und damit wirtschaftlich ruiniert zu werden. Seine drei geliebten Söhne sieht Synesios nacheinander ins Grab sinken, und der Kummer darüber zerreißt sein Herz. Aber vor der Öffentlichkeit drängt er alle privaten Leiden stolz in den Hintergrund, und nur in gelegentlichen, spärlichen Billetten an seine alten Freunde macht er sich in Klagen Luft. Nicht umsonst, meint er, habe ihm das Traumorakel für das Jahr seines Amtsantritts den Tod geweissagt: er fühlt sich schon wie gestorben. Einer seiner letzten Briefe voll schmerzlichen Lebensüberdrusses ist an Hypatia gerichtet, seine „Herrin" und Lehrerin. Bald danach, 415, wurde sie selbst um ihres Heidentums willen vom alexandrinischen Pöbel ergriffen, in eine Kirche geschleift und in Stücke gerissen. Aber dies gräßliche Ende scheint Synesios nicht mehr erlebt zu haben. Er dürfte schon 413 gestorben sein. –

War es Synesios gelungen, den Dienst in der neuen, christlichen

Gemeinschaft, so wie er gehofft hatte, „nicht als Untergang, sondern als Aufgang zur Höhe der Philosophie" (ep. 11 ad presb. [Hercher S. 648]; 96 [95] ad Olymp. [Hercher S. 696]) zu Ende zu führen? Es ist uns kein Wort überliefert, das eine nachträgliche Reue oder gar Gewissensbedrängnis verriete. Synesios weiß sich als Bischof auf dem Platz, wohin ihn sein Gott und sein Vaterland gerufen haben und auf dem zu bleiben seine Pflicht ist. Wie Basilios opfert er die heilige Muße und Philosophie bewußt den Forderungen, die das gemeine Beste an ihn stellt. Er ist darin treuer als Gregor von Nazianz, der den individualistischen Rhetor niemals zu überwinden vermochte. Aber man denkt auch an Gregor von Nyssa, wenn man sieht, wie er sich im inneren Bezirk seiner Persönlichkeit einen geistigen Eigenbereich gesichert hat, in dem er sich freier fühlt, als er nach außen erkennen läßt. Wie viele Bischöfe mag es auf den Thronen der griechischen Kirche gegeben haben, die ihm darin gleich waren? Die klassische Bildung und die platonische Philosophie sind niemals im byzantinischen Reiche erloschen, und glaubte schon Synesios an die Möglichkeit, die alten Überzeugungen auch als Christ und als Bischof zu bewahren, so wird die Verchristlichung des Platonismus und die Platonisierung des Christentums in der Folgezeit zur Tradition. Die Kirche hat auch dort, wo die Unterschiede oft nicht zu übersehen waren, die Philosophen, die sich wie Synesios verhielten, meist ruhig gewähren lassen. Die eigentlichen Krisen und Kämpfe beginnen immer erst dort, wo die Theologen ihren Beruf ganz ernst nehmen wollen und das Eigentümliche des christlichen Glaubens für sich und ihre Kirche verbindlich machen.

Die älteren Synesios-Ausgaben sind für die Briefe durch R. Hercher, Epistolographi graeci (Paris 1873) 638–739, für die Hymnen und sonstigen Schriften durch die 1939 begonnene römische Ausgabe von N. Terzaghi, Synesii Cyrenensis hymni et opuscula (mir nur z. T. erreichbar) überholt.

Eine solide Biographie lieferte 1913 Gg. Grützmacher, Synesios von Kyrene – ein Charakterbild aus dem Untergang des Hellenentums, und neuerdings Chr. Lacombrade, Synesios de Cyrène, Hellène et chrétien (Paris 1951), bei dem alle frühere Literatur verzeichnet ist.

11. Kapitel

JOHANNES CHRYSOSTOMOS

Das griechische Christentum kennt kein Ringen zwischen Kirche und Staat im abendländisch-mittelalterlichen Sinne. Wenn es auch hier zu Kämpfen um die Macht kommt, so handelt es sich regelmäßig immer nur um die hierarchische Macht innerhalb der Kirche. Auch die größten Bischöfe haben niemals den Anspruch erhoben, in staatlich-politischen Fragen mitzureden oder die Entscheidung zu fällen. Es ist vielmehr der Kaiser als christlicher Inhaber der höchsten irdischen Gewalt, der seinerseits die Dinge der Kirche ordnet und überwacht. Nur im innersten geistlich-priesterlichen Bereich sind seinem Handeln grundsätzlich Grenzen gesetzt; aber das hindert ihn nicht, im Streit der Parteien einzugreifen und für gewöhnlich mit seiner Macht dann auch den Ausschlag zu geben. Die eigentlich kirchenpolitische Aufgabe besteht im Osten somit darin, den Kaiser für sich zu gewinnen und mit seiner Hilfe die kirchlichen Gegner unschädlich zu machen. Wo das nicht mehr gelingt, da bleibt nur der Protest des Glaubens, der unmittelbare Appell an Gottes Gebot und Wahrheit und der Weg in das Martyrium offen. Es hat der griechischen Kirche niemals an Männern gefehlt, die notfalls ihn zu gehen bereit waren.

Johannes Chrysostomos ist kein Märtyrer der Rechtgläubigkeit; denn die dogmatische Frage spielt in seinem Lebenskampf kaum eine Rolle. Aber er ist das Urbild eines Kirchenmannes, der dem geistlichen Auftrag seines Amtes bis zum letzten treu bleibt und dem dabei jede Rücksichtnahme auf politische Umstände und die Großen dieser Welt als Verrat erschienen wäre. Hätte er bleiben können, was er seinem Wesen nach war: der unermüdliche Prediger und Exeget des Gottesworts, der Erzieher und treue Mahner seiner Gemeinde, der Freund und Fürsorger aller Armen, Bedrängten und Hilfsbedürftigen – vielleicht hätte er sein Leben in Frieden vollendet. Aber die glänzenden Gaben, die er besaß, und die Liebe und Bewunderung, die sein Wirken hervorrief, trugen ihn wider seinen Willen bis auf die Höhe des ersten, kirchenpolitisch entscheidenden Platzes empor. Hier konnte sich nur der behaupten, der zu den geistlichen Fähigkeiten des Predigers und Seelsorgers auch über politischen Scharfblick und eine taktische Gewandtheit verfügte, wie sie Chrysostomos abgingen. Andererseits war er ein viel zu gewissenhafter und energischer Charakter, um die Pflicht des Leitens und Regierens, die ihm sein Amt auferlegte, nicht ernst zu nehmen. So verwickelte er sich in Aufgaben und Kämpfe, in denen er scheitern mußte.

Chrysostomos kommt aus einer anderen Welt als die zuletzt behandelten Väter. Er stammt aus Antiochia, der syrischen Weltstadt am Orontes. Er ist also kein Landedelmann und Herrscher von Geblüt, sondern ein Kind der Großstadt und des bunten großstädtischen Lebens. Hier ist er in einer gehobenen, wohlhabenden Umwelt zu Hause. Seine erste Erziehung stand – wie bei so vielen frommen Asketen – ganz unter weiblicher Leitung; denn sein Vater, ein höherer Offizier, war früh gestorben. Will man ihm selber glauben, so hätte er zeitweise, „von den Begierden der Welt gefesselt“ (de sacerd. I, 3), ein ziemlich ungezügeltes Leben geführt. Aber was er hierzu im einzelnen geltend macht – der Genuß leckerer Speisen, die Freude am Theater und der Besuch der öffentlichen Gerichtsverhandlungen – zeigt sofort, daß wir diese konventionellen Bezichtigungen nicht allzu ernst nehmen dürfen. Er hatte, mitten im „brennenden Hause“ des großstädtischen Lebens, eine wohlbehütete und sorgsame Jugend. Mit achtzehn Jahren empfing Johannes die Taufe, die in seinen Augen das Siegel eines geistlichen Lebens bedeutete, und schon drei Jahre darauf, nach Abschluß der allgemeinen, rhetorischen Ausbildung, wird er zum Anagnosten, d. h. zum Lektor geweiht. Damit hätte die geistliche Laufbahn beginnen können; doch stehen wir jetzt noch in der Zeit der Vorbereitung. Zwei Kräfte haben die weitere Entwicklung vor allem geformt: das in Syrien alteingewurzelte mönchische Lebensideal und die ausgezeichnete Schule der antiochenischen Bibelwissenschaft. Chrysostomos siedelt sich in der Nähe Antiochiens als Asket an und widmet sich ausschließlich geistlichen Übungen und strenger theologischer Arbeit.

Das Mönchtum war in und um Antiochia damals schon allgemein verbreitet. Die Mönche waren die Heiligen des Volkes, das zu ihren Höhlen und Zellen wallte, und hatten angesehene Theologen in ihrer Mitte. Nicht selten stellten sie der Kirche die führenden Geistlichen und Bischöfe. Chrysostomos ergriff diese Ideale mit Hingabe. Die Überwindung der niederen, irdischen Leidenschaft, die sittliche Disziplin in der Sammlung und Selbstlosigkeit einer auf Gott gerichteten Liebe erscheint ihm als die eigentliche Erfüllung des christlichen Gebots. Er ist den asketischen Übungen des Fastens, Frierens und Wachens mit einer Hartnäckigkeit nachgekommen, die ihm dauernde gesundheitliche Schädigungen eintrug, und vielleicht dachte er zunächst wirklich daran, sein ganzes Leben in dieser Weise als Mönch zu verbringen. Aber andererseits war er doch eine viel zu aktive, bewußt missionarisch-sittlich eingestellte Natur, um in der reinen asketischen Vollkommenheit dauernd Genüge zu finden. Die innere „Ruhe", nach der der Mönch mit allen Kräften strebt, ist nicht ohne geheimen Egoismus (de compunct. I, 6) und läßt sich durch körperliche Anstrengungen allein jedenfalls niemals erreichen. Es bedarf eines anderen, edleren Feuers, der Liebe zu Christus, und diese schließt uns von selbst mit den Mitchristen zusammen. Es ist zudem ein gewaltiger Irrtum, wenn man meint, nur der Mönch sei zur Vollkommenheit verpflichtet. Christus hat alle Menschen berufen und zwischen dem asketischen und dem weltlichen Leben insofern keinen Unterschied gemacht. Das höchste Gut, die Liebe, ist beiden gemeinsam: Paulus hat „von den Weltleuten dieselbe Liebe gefordert wie Christus von seinen Jüngern" (adv. oppugn. 3, 14). Der Mönch hat es nur leichter, das Ziel zu erreichen, weil er auf die Ehe und auch sonst auf tausend Versuchungen von vornherein Verzicht leistet. Aber um so höher sind die zu ehren und zu bewundern, die als Priester mitten in der Welt stehen, um anderen das Heil und die Heiligung zu vermitteln. Später, als junger Geistlicher, hat Chrysostomos eine eigene Schrift „Über das Priestertum" verfaßt, in der diese Gedanken im Anschluß an Gregor von Nazianz noch weiter ausgeführt werden. Sie, die das hochheilige Opfer am Altar schaudernd vollziehen dürfen, sie, die den Menschen Sünden vergeben oder behalten, in dem Bewußtsein, daß Gott im Himmel das Urteil bestätige, ragen mit ihrem Tun in wahrhaft übermenschliche Bereiche. Es ist daher wohl verständlich, daß ein Mönch vor diesem gefährlichen Amte zurückschrecken möchte, aber es ist das größere. „Wer seine Plagen mit einem recht verwalteten geistlichen Amte vergleicht, der wird den Unterschied so groß finden wie zwischen einem Privatmann und dem Kaiser" (de sacerd. VI, 5). Man sieht: der kühne Weg vom Mönchtum zum Bischofsamt, zu dem sich der große Basilios schweren Herzens entschlossen hatte, beginnt eine fest gebaute Straße zu werden, die jedem offen steht.

Schon vor dem Beginn des mönchischen Lebens war Chrysostomos in die theologischen Studien eingetreten. Das Patriarchat Antiochia war in den Wirren der arianischen Kämpfe kirchenpolitisch gegenüber Alexandria ins Hintertreffen geraten und mußte auch vor der jungen Hauptstadt Konstantinopel zurückweichen. Aber die Stadt, in der „die Jünger zum ersten Mal Christen genannt wurden" (Apgsch. 11, 26) – ein Vorzug, auf den Chrysostomos immer wieder abhebt – fühlte sich voll Stolz immer noch als das Zentrum der theologischen Arbeit und Bildung. In der „antiochenischen Schule" erwachten die strengen wissenschaftlichen Traditionen, die einst in Pergamon entwickelt waren, zu neuem Leben. Gerade damals besaß sie im großen Diodor von Tarsos ein Haupt von überragender Bedeutung und anerkannter Heiligkeit. Diodor, der unter Kaiser Valens noch die Bedrückungen der „Arianer" ruhmvoll bestanden hatte, war ein aristotelisch geschulter Dialektiker und kritischer Philologe. Er war auch Dogmatiker, der die Zweinaturenlehre für Christus exakt begründete und in den Disputationen seiner Schüler alle erdenklichen theologischen Probleme verhandeln ließ. Aber auf Chrysostomos hat er vor allem als Bibelforscher gewirkt. Bei Diodor hat es Chrysostomos gelernt, das Neue Testament als Quelle aller wahren Erkenntnis zu ehren und zu befragen, und zu seiner umfassenden Bibelkenntnis den Grund gelegt. Zwar wurde er nicht selbst zum Gelehrten. Chrysostomos hat z. B. zeitlebens nur seine griechische Muttersprache beherrscht und mußte sich für den alttestamentlichen Grundtext und dessen syrischen Parallelen auf das Urteil der Kenner verlassen. Aber seine sorgfältige philologische Schulung hat er trotzdem nie verleugnet. Es ist ihm ernst damit, und alle historischen und psychologischen Erwägungen müssen dazu helfen, die ursprüngliche Meinung des Textes selbst zu ergründen und ja nicht vorzeitig in beliebige theologische Deutungen und allegorische Spekulationen abzugleiten. Chrysostomos achtet auch auf die Eigenart und die Unterschiede zwischen den verschiedenen biblischen Autoren, und in vielen exegetischen Streitfragen ist sein kluges Urteil noch heute von Gewicht. Alle wissenschaftliche Exegese dient aber zuletzt der Predigt; hier kommt sie in der belehrenden, erweckenden und geistlich erbauenden Wirkung erst zur vollen Bewährung und Entfaltung. Die Predigt bringt die Stimme Christi und den Ruf seiner Apostel für uns zum Klingen. Sie enthüllt die vergebende Liebe, die uns Gott mit der Sendung seines Sohnes, mit dem Opfer am Kreuze erwiesen hat, um unsere Gegenliebe und ein neues Leben in der Nachfolge und im Tun des Guten zu erwecken. Den dogmatischen Ausbau der christologischen Theorie hat Chrysostomos nicht gefördert und an den aktuellen Schulstreitigkeiten auf diesem Gebiet kein stärkeres Interesse genommen. Das, woran ihm liegt, ist immer die Erweckung des Herzens, der sittlichen Energie, der reinen Liebe und einer ungeheuchelten, geistlichen Gesinnung. Das Matthäusevangelium ist nicht zufällig sein Lieblingsevangelium, und auch seine Liebe zu Paulus, den er vollständig ausgelegt hat, faßt vor allem das Erweckliche und sittlich Verinnerlichte der Briefe ins Auge. Für den Kern der paulinischen Rechtfertigungslehre war Chrysostomos ohne Verständnis. Pelagius hat sich gerade auf ihn als Gewährsmann berufen.

Es dürfte noch ein Verdienst des alten Bischofs Meletios gewesen sein, der auf einen gebildeten Klerus Wert legte, daß Chrysostomos im Winter 380/81 aus seiner Bergeshöhle in die Stadt zurückkam. Er weihte ihn vor seiner letzten Reise zum Konzil nach Konstantinopel (o. S. 109 f.) zum Diakon an seiner Hauptkirche; später wurde Chrysostomos auch noch zum Presbyter geweiht. Es heißt, daß er damals dank des Übermaßes an asketischen Strapazen vor dem physischen Zusammenbruch gestanden habe, so daß ein längeres Leben in der Einsamkeit ohnedies nicht mehr in Betracht kam. Jedenfalls finden wir ihn hinfort als einen Armenpfleger, Gemeindeprediger und Seelsorger ganz im praktischen Dienst der Kirche. Daneben widmete er sich auch weiterhin einer entsprechenden literarischen Tätigkeit, die aus seiner täglichen Arbeit nüchtern, lebensnah und natürlich herauswächst. Da ist die Trostschrift für einen Geisteskranken, eine andere für eine junge Witwe, eine Abhandlung über die Kindererziehung, eine Warnung vor zweiter Heirat. Gegen das mönchische Unwesen des Zusammenlebens mit gottgeweihten Jungfrauen, den sogenannten „Syneisakten", kehrt sich gleichfalls eine besondere Schrift. Eine Reihe apologetischer Vorträge führt für die Juden und Heiden den Nachweis, daß Christus Gottes Sohn gewesen sei. Auf Wunsch hat Chrysostomos auch über kontroverstheologische Fragen gepredigt; aber die große Masse seiner Predigten sind doch einfach Auslegungen des Bibelworts, keine „Themapredigten", sondern den Text paraphrasierende und anwendende „Homilien". Chrysostomos hat auf diese Weise oft ganze Bücher der Bibel durchgesprochen und durchgepredigt. Die Predigten wurden dann veröffentlicht oder schlugen sich in seinen „Kommentaren" nieder. Aber auch dort, wo es sich offensichtlich um rein literarische Arbeiten handelt, bevorzugt er die Form der Homilie.

Als Prediger war Chrysostomos unermüdlich, und vor allem durch seine Predigten hat er auf die Mit- und Nachwelt gewirkt. „Ich kann keinen Tag vorübergehen lassen, ohne euch aus den Schätzen der Heiligen Schrift zu ernähren" (hom. in Genes. 28, 1; 82, 2). Den stehenden Beinamen des „Goldmundes", Chrysostomos, hat er erst im sechsten Jahrhundert erhalten; aber die Bewunderung für seinen Vortrag war schon unter den Zeitgenossen allgemein. Binnen kurzem war er zum populärsten Redner von Antiochien geworden. Mehrere Stenographen pflegten seine Worte mitzuschreiben, und immer wieder brauste der Beifall, ein lautes Händeklatschen durch die Kirche, wenn er sprach. Dabei waren es nicht eigentlich Kunstvorträge, sondern echte Predigten, die er hielt; gerade in der frischen Unmittelbarkeit und Natürlichkeit der Anrede lag ein wesentlicher Reiz. Äußerlich war Chrysostomos unscheinbar; er hatte auch keine kräftige Stimme und kränkelte häufig. Aber Predigen war ihm ein Lebensbedürfnis. So wie die Gemeinde hungere zu hören, so, meint er, hungere er danach zu predigen. „Das Predigen macht mich gesund; sobald ich nur den Mund aufmache, ist alle Müdigkeit überwunden" (hom. post terrae motum, Migne 50, 713 f.). Im übrigen sprach Chrysostomos ein reines, korrektes Attisch, und man merkte ihm auch sonst an, daß er rhetorisch geschult war. Aber er vermied den beliebten Schwulst und Prunk und sprach grundsätzlich sehr einfach in der Form wie im Gedanken; jedermann sollte ihn verstehen können. Für gewöhnlich war er gut präpariert; aber er konnte auch abschweifen und spontane Anregungen aus dem Hörerkreis ohne weiteres aufnehmen. Der ungezwungene Kontakt mit der Gemeinde kennzeichnet den Seelsorger und ist für Chrysostomos Wesensart bezeichnend. Bei späterer literarischer Veröffentlichung wurden die allzupersönlichen Zwischenbemerkungen dann meist wieder getilgt.

Die praktischen und sittlichen Lebensfragen stehen für die Auslegung und Nutzanwendung der Texte durchaus im Vordergrund. Es wird viel ermahnt und viel moralisiert. Chrysostomos klagt häufig über die mangelnde Besserung seiner Gemeinde; aber er weiß auch wieder zu ermuntern und ein wenig zu loben; denn die Lust zum Guten soll vor allem lebendig werden. Das „Gute" besteht aber nicht bloß in Andachtsübungen und asketischer Erziehung, sondern vor allem in der Tat der Liebe und der sozialen Hilfeleistung innerhalb der Gemeinde. Wieviel Not beherbergt die Großstadt, wieviel Krüppel und Bettler drängen sich vor jeder Kirchentür, wieviel Kranke gibt es, deren Not gen Himmel schreit! Chrysostomos gibt erschütternde Beschreibungen der Leidenden, die mit ihren Geschwüren und Mißbildungen auf Stroh und Mist liegen, keine Kleider haben, um sich zu bedecken, frieren und hungern. Man soll nicht immer alles nur der Kirche und ihrer Fürsorge überlassen wollen. Man soll selbst hingehen in die Bäder, die Armen- und Krankenhäuser, die sie unterhält, zupacken und helfen. Der grelle Gegensatz von Reich und Arm, der unsinnige Luxus auf der einen und die äußerste Not auf der anderen Seite innerhalb einer sich christlich nennenden Gesellschaft ist ein weiteres Lieblingsthema, auf das Chrysostomos mit schonungsloser Offenheit hinweist. Der reiche Mann und der arme Lazarus, die Leiden Hiobs, die Gebote der Bergpredigt, das Vorbild der apostolischen Gemeinde sind biblische Beispiele, auf die er in solchen Zusammenhängen immer wieder zurückkommt. Ein häufiger Gegenstand der Klagen und Anklagen ist die unersättliche Vergnügungssucht der Gemeinde. Die alte Leidenschaft für Zirkus und Theater, diese „allgemeine Schule der Ausschweifung“, diesen „Übungsplatz der Unzucht“ und „Thron der Pestilenz“ (hom. 6, 1 de poen.) läßt sich nicht überwinden. Bei den Volksfesten im Stadtpark von Daphne hat sich gegen die Zeiten des bösen Heidentums offenbar verzweifelt wenig geändert. An solchen Tagen leeren sich sogar die Kirchen, und der Bußprediger erfährt seine völlige Machtlosigkeit.

In Zeiten der Not oder der drohenden Katastrophe schlägt die Stimmung freilich ebenso schnell um, und dann drängt sich alles wieder um den geistlichen Beistand. So war es im Frühjahr 387, als Chrysostomos die berühmte Reihe seiner „Säulenreden“ hielt. Anläßlich einer Steuererhöhung hatte das Volk in einem plötzlichen Tumult die kaiserlichen Bildsäulen gestürzt und geschändet, und eine furchtbare Strafe stand zu erwarten. Die ganze Stadt, in der einzelne Exekutionen bereits begannen, war von lähmendem Entsetzen gepackt und glich „einem verlassenen Bienenkorb“ (hom. de stat. 2, 1). Chrysostomos besuchte die Gefangenen, ging persönlich zum Kommandanten und versuchte in seinen Predigten die Gemeinde auf alle Fälle zu rüsten und aufzurichten. Er betont, daß die unmittelbare Schuld am Unglück nicht den alteingesessenen Bürgern, sondern nur fremdem Gesindel zur Last fiele; aber die mannigfachen Sünden der Bevölkerung, vor allem ihr gleichmütiges Fluchen und Lästern, hätten alle zu Mitschuldigen gemacht. Nun werde es deutlich, was aller Reichtum und alle Herrlichkeit der Welt in der Stunde der Gefahr wirklich wert seien; nun müsse man darauf sehen, auf Gott allein die Zuversicht zu setzen und den Heiden wenigstens durch Feigheit und Kleinmut kein schlechtes Beispiel zu geben. Der Bischof von Antiochia reiste damals persönlich nach Konstantinopel, und wesentlich durch das Eintreten der Mönche und der Geistlichen wurde der Stadt nach bangen Wochen des Abwartens endlich die kaiserliche Begnadigung zuteil. –

Im Jahre 397 trat ein wichtiges Ereignis ein, der Tod des Hauptstadtbischofs Nektarios von Konstantinopel. Als Laie und Prätor war er auf dem Konzil von 381 von Theodosius auf diesen Platz befördert worden, da der erwählte Bischof, Gregor von Nazianz, mit dem Kampf der kirchlichen Gruppen nicht mehr zurechtkam. Auch jetzt erneuerte sich sofort das unwürdige Spiel um die Nachfolge. Von allen Seiten meldeten sich die Bewerber und Interessenten. Besonders der Patriarch von Alexandrien, Theophilos, begann sofort mit den gewohnten Bemühungen, einer ihm ergebenen und genehmen Persönlichkeit die einflußreiche Stelle zu sichern. Der minderbegabte Kaiser Arkadius war seinem Vater Theodosius ganz unähnlich und zeigte sich hilflos; aber sein allmächtiger Günstling, Eutrop, entschloß sich, die Angelegenheit der Nachfolge selbst in die Hand zu nehmen. Ohne den verschiedenen geistlichen Vertretern das Geringste zu verraten, suchte er der drohenden Verwirrung in derselben Weise wie 381 abzuhelfen, d. h. einen Mann zu befördern, der außerhalb des kirchenpolitischen Treibens stand, nur daß es sich diesmal nicht um einen Laien, sondern um eine theologische Persönlichkeit von Rang handeln sollte, die dem kirchlichen Decorum und Repräsentationsbedürfnis vor Hof und Hauptstadt Genüge tun konnte. Chrysostomos war damals schon weit über die Grenzen seiner Vaterstadt als geistlicher Redner und Schriftsteller berühmt. Aber man hütete sich sogar ihm selbst gegenüber irgend etwas anzudeuten, um in Antiochien keinen Widerstand zu wecken. Eines Tages erhielt er vom höchsten Beamten, dem Comes Orientis, der in der Stadt residierte, lediglich die Weisung, sich in einer kleinen Märtyrerkapelle vor den Toren zu einer Besprechung einzufinden. Hier wartete dann bereits der Reisewagen, den er ohne weiteres besteigen mußte, um in fliegender Eile per Extrapost nach Konstantinopel gebracht zu werden. Dort waren die ahnungslosen Bischöfe schon zur Wahl versammelt, und Theophilos selbst wurde, nach vergeblichen Protesten, dazu genötigt, die Weihe an Chrysostomos zu vollziehen. Über Nacht war so aus dem kleinen, machtlosen Priester von Antiochia der erste Bischof des Ostens, der geistliche Herr von Konstantinopel, der Prediger des Kaisers und seines glänzenden Hofes geworden.

Es versteht sich, daß Chrysostomos eine solche Wendung der Dinge niemals gewünscht hatte und in keiner Weise darauf vorbereitet war. Aber einmal berufen, zögerte er nicht, die neuen Aufgaben, die ihm gestellt waren, in Angriff zu nehmen, und tat es mit bemerkenswerter praktischer Energie. Nach wie vor sah er seine vornehmste Aufgabe in der Predigt und Seelsorge, und in dieser Hinsicht erfüllte er alle in ihn gesetzten Erwartungen. Seine Gottesdienste hatten auch in Konstantinopel den stärksten Zulauf, und bald scharte sich um ihn ein großer Kreis persönlicher Anhänger und Bewunderer, besonders aus der frommen Damenwelt, die ihn bei seinen geistlichen Bestrebungen unterstützte und reiche Mittel zur Verfügung stellte. Chrysostomos suchte die Gemeindefürsorge und Krankenpflege neu zu organisieren und reicher auszustatten. Dazu schränkte er die kirchliche Bautätigkeit ein und unterzog die gesamte Verwaltung und Rechnungsführung einer durchgreifenden Revision. Auch die Zustände im Klerus genügten seinen Anforderungen durchaus nicht. Das Syneisakten-wesen, d. h. das „geistliche" Zusammenleben der Kleriker mit einer Frau, hatte in Konstantinopel vielfach sogar auf den Pfarrklerus übergegriffen; verschiedene unwürdige Priester mußten ihres Amtes entsetzt werden, und mönchische Herumtreiber wurden in die Klöster verwiesen und zu einem streng geistlichen Leben verpflichtet. Auch mit den Ketzern nahm Chrysostomos den Kampf auf; er wollte ihre Konventikel nicht länger dulden. Denn bei aller persönlichen Zartheit und Gesprächsbereitschaft war er in dieser Hinsicht durchaus nicht „liberal" und glaubte an das Recht der katholischen Staatskirche. „Die Juden und Heiden sollen es lernen, daß die Christen die Retter, Beschützer, Vorsteher und Lehrer der Stadt sind" (hom. de stat. 1, 12). Sogar die besonderen kirchenpolitischen Bedürfnisse seines Bischofssitzes finden in ihm einen klarblickenden Verfechter, der tatkräftig neue Bahnen betritt. Das Konzil von 381 hatte dem Bischof von Neurom den ersten Rang nach dem abendländischen Bischof von Altrom zuerkannt; aber sein Verhältnis zu den benachbarten Metropoliten blieb ungeklärt – er besaß eigentlich nur eine exemte Stadt ohne nennenswertes Hinterland. Mit Chrysostomos beginnt das patriarchale Wachstum von Konstantinopel, wobei ihm die Stellung von Antiochia im syrischen Raume als Vorbild vor Augen stand. Er hat u. a. den unwürdigen Bischof von Ephesos abgesetzt und auch in anderen, z. T. schwer verwahrlosten Diözesen Kleinasiens eingegriffen und Ordnung geschaffen. Die fünf Jahre ungestörten Wirkens, die ihm als Bischof vergönnt waren, haben für die spätere Entwicklung Konstantinopels den Grund gelegt. –

Widerstände gegen das kirchenrechtliche Vorgehen und überhaupt gegen den ganzen strengen Reformgeist des neuen Regimes konnten nicht ausbleiben. Bis dahin war man vom Bischof der Hauptstadt vor allem einen glänzenden Aufwand und repräsentatives Auftreten gewohnt gewesen. Er sollte im gesellschaftlichen Leben des Hofes eine Rolle spielen und für alle geistlichen Besucher der Residenz ein offenes Haus und offene Tafel unterhalten. Chrysostomos beschränkte seinen Verkehr auf das Notwendigste. Er speiste grundsätzlich allein, er forderte Sparsamkeit und Sittenstrenge und betonte gern, daß ihm die Fürsorge für die Armen, das Wirken in rein geistlichen und asketischen Bereichen als die einzig wesentliche und wichtige Aufgabe seine Amtes erschien. Für das bisherige Leben und Lebenlassen auf Kosten und im Raum der Kirche zeigte er keinen Humor. Eine Reihe von Bischöfen, die sich ständig in der Hauptstadt und bei Hofe zu schaffen machten, statt daheim ihre Gemeinden zu versorgen, hatte er sich bald zu Feinden gemacht. Aber die ständige Polemik gegen die öffentlichen Lustbarkeiten und den Luxus der oberen Klassen verstimmte auch weitere, einflußreiche Kreise gegen den angeblichen Hochmut dieses galligen Asketen. An Gelegenheit zu Feindschaft und Intrigue fehlte es in Konstantinopel nie. Chrysostomos schlug den vornehmen, aber gefährlichen Weg ein, diese Dinge zu ignorieren und in der einmal begonnenen Richtung unbeirrt fortzuschreiten. Unter diesen Umständen mußte es entscheidend werden, welchen Rückhalt er am Hofe besaß und sich bewahren konnte.

Zunächst war Chrysostomos hier mit großem Wohlwollen begrüßt worden. Arkadios galt als außerordentlich fromm und empfing den neuen Patriarchen, dem der Ruf der Heiligkeit voranging, mit Freuden. Aber für die tatsächlichen Entscheidungen der Regierung kam er kaum in Betracht. Viel wichtiger war es, mit der lebhaften und unternehmenden Kaiserin Eudoxia in ein gutes Verhältnis zu treten. Auch sie kam dem neuen Patriarchen mit hohen Erwartungen entgegen. Bei einer seiner ersten geistlichen Aktionen, der feierlichen Einholung der Phokasreliquien, ließ sie sich herbei, die Gebeine des Märtyrers in der nächtlichen Prozession persönlich durch die Stadt zu tragen. Der Bischof versäumte es nicht, in der anschließenden Festpredigt diese Äußerung einer allerhöchsten Devotion entsprechend hervorzuheben und zu bewundern. Chrysostomos beherrschte, wenn es sein mußte, auch den überschwenglichen Stil der höfischen Rhetorik, und die Verehrung des christusliebenden Kaiserhauses war für ihn eine Selbstverständlichkeit, mit der er sich nichts vergab. Es ist sicher, daß seine Stellung bei Hofe in den ersten Jahren nicht schlecht gewesen ist. Als Eutrop hier 399 gestürzt wurde, hat ihn seine geistliche Fürsprache gerettet. Eutrop hatte sich zum Altar der Kathedrale geflüchtet. Chrysostomos nahm die Gelegenheit war, der Gemeinde wieder einmal die Hinfälligkeit aller irdischen Größe zu demonstrieren und hielt dem elend Gestürzten das Register seiner Sünden erbarmungslos vor. Aber er vermochte auch, ihm auf diese Weise wenigstens das Leben zu erhalten. Die Verstimmung gegen ihn begann in den Kreisen einiger lebenslustiger Hofdamen und scheint dann auch das Verhältnis zu Eudoxia getrübt zu haben. Feindselige Zwischenträger versäumten es nicht, auch harmlos gemeinte Äußerungen des Bußpredigers zu mißdeuten und zu fälschen. Besonders soll es Chrysostomos geschadet haben, daß er sich einmal einer Witwe annahm, die durch Eudoxia in ihrem Besitz gekränkt war, und in diesem Zusammenhang hat er sie vielleicht einmal wirklich mit der alttestamentlichen Königin Isebel (I.Kön. 21) zusammengebracht. Zur Katastrophe führten all solche Dinge aber doch erst dann, als sich auch auswärtige, hierarchische Gegner mit dem Hofe verbinden und ihn von hier aus überspielen konnten.

Die Eifersucht des alexandrinischen Patriarchen gegen Konstantinopel war alt und empfing durch das tatkräftige Vorgehen des Chrysostomos ständig neue Nahrung. Der Gegensatz spitzte sich zu, als Theophilos seinerseits in Konstantinopel verklagt wurde. Es handelte sich um einen größeren Kreis von Mönchen, die von den vier sogenannten „langen Brüdern" geführt wurden und sich über das gewaltsame Kirchenregiment des Patriarchen und die ihnen widerfahrenen Ungerechtigkeiten beschweren wollten. Theophilos hatte sie um ihrer origenistischen Bildung willen kurzerhand zu bösartigen Ketzern gestempelt und schließlich aus Ägypten vertrieben. Von seinen gehässigen Rundschreiben allenthalben verfolgt, wandten sie sich nun an Chrysostomos um Hilfe. Dieser war für das Gefährliche der Situation keineswegs blind. Er suchte die empörten Männer, die er außerhalb der offiziellen kirchlichen Herberge unterbringen ließ, zu beruhigen und zu bremsen, schrieb an seinen alexandrinischen Kollegen einen höflichen und korrekten Brief und tat alles, um eine Ausweitung des Konflikts zu verhindern. Aber Theophilos lehnte jede Vermittlung ab; die Mönche gewannen mit der Regierung Fühlung, die ihre Klageschrift annahm, und zur Regelung der Sache ein Konzil nach Konstantinopel einberief, auf dem Theophilos als Angeklagter erscheinen und Chrysostomos das Urteil fällen sollte. Sein ohnedies erbitterter und kampflustiger Kollege wurde so ungewollt zum Äußersten getrieben, und das Verhängnis nahm seinen Lauf.

Theophilos dachte nicht daran, sofort zu erscheinen; aber er übersah die Situation vollkommen und blieb keinen Augenblick müßig. Er ließ in Antiochia Nachforschungen über das Vorleben seines Rivalen durchführen, die allerdings nichts Nachteiliges zutage fördern konnten. Er stachelte einen bornierten Ketzerfeind, Bischof Epiphanios von Salamis auf, nach Konstantinopel zu reisen und hier polemisierend gegen Chrysostomos aufzutreten. Er nahm mit den von Chrysostomos gemaßregelten Bischöfen Fühlung und sparte nicht mit Geld und „Geschenken", um die mißgünstige Partei am Hofe zu verstärken. Besonders wirksam wurde die Verbreitung von mehr oder weniger gefälschten Predigtnachschriften mit anzüglichen Bemerkungen gegen die Kaiserin und den Luxus ihres Hoflebens. Als Theophilos schließlich in Konstantinopel anlangte, hatte er gegen den ausdrücklichen Befehl einen ganzen Schwarm ägyptischer Bischöfe mitgebracht und hielt mit diesem

Gefolge einen pomphaften Einzug. Dann konnte er in einem Eudoxia gehörigen Palaste Wohnung nehmen. Eine Einladung des Chrysostomos hatte er schroff abgewiesen. Alles war darauf angelegt, die Rolle des Beklagten mit der des Klägers zu vertauschen. Trotz dieser bedrohlichen Anzeichen verhielt sich Chrysostomos zunächst abwartend. Das war korrekt, aber zweifellos das Ungeschickteste, was er tun konnte. Ja, als Arkadios, der offenbar immer noch zu ihm hielt, schließlich den Befehl gab, das Verfahren zu eröffnen, erklärte er sich aus übertriebener kirchenrechtlicher Bedenklichkeit, vielleicht auch in der Hoffnung, Theophilos auf diese Weise zu beruhigen und zu versöhnen, hierzu selbst für unzuständig. Damit hatte er diesem in Wirklichkeit nur den Weg zu weiteren eigenmächtigen Vorgehen freigemacht.

Im September des Jahres 403 ließ Theophilos in einem Kloster an der „Eiche", vor den Toren der Stadt nunmehr seinerseits eine Synode seiner Anhänger zusammentreten, die jetzt Chrysostomos vorlud und zur Verantwortung zog. Chrysostomos lehnte selbstverständlich ab; aber er protestierte doch nicht schlechthin, sondern zeigte sich – allzu demütig und gewissenhaft – trotzdem bereit zu erscheinen, wenn nur seine erklärten Gegner aus dem Gremium, das ihn richten wollte, vorher entfernt seien. Natürlich geschah nichts derartiges. Eine weitere Abordnung, die Chrysostomos an die „heilige Synode" abfertigte, wurde verprügelt, und dann wurde gegen ihn das Verfahren in absentia eröffnet. Es kam entsprechend der eindeutigen Zusammensetzung des Konzils schnell genug zum Abschluß. Wir können darauf verzichten, die sechsundvierzig Klagepunkte, deretwegen er verurteilt wurde, einzeln aufzuführen. Besondere Bedeutung hatten natürlich die Beschwerden wegen der Ausweitung seines Einflußgebietes. Aber im ganzen ist es nur ein tolles Gemisch von Verleumdung, kindischem oder gewolltem Mißverstehen und kirchenpolitisch-politischen Anklagen, deren Zweck von vornherein deutlich ist: Chrysostomos ist der Bestechung und Begünstigung schuldig, „er ißt allein und lebt wie ein Cyklop", er hat Gewalttaten begangen und ist ein Beleidiger der kaiserlichen Majestät. Trotzdem wurde dieses Urteil vom schwachen Kaiser bestätigt. Das Volk war erbittert, und hätte Chrysostomos gewollt, so hätte er sich wahrscheinlich sträuben können. Aber er war nicht der Mann, um revolutionäre Chancen auszunutzen, geschweige denn von sich aus einen Widerstand zu organisieren. Ruhig und gefaßt übergab er sich den Soldaten und ließ sich im Dunkel der Nacht unauffällig aus der Stadt bringen. Schon damals sah es so aus, als wäre seine Rolle als Bischof von Konstantinopel zu Ende gewesen.

Aber mit einem Male wandte sich das Blatt. Man erkennt die ganze Planlosigkeit und Launenhaftigkeit des kaiserlichen Kirchenregiments, wenn man erfährt, was jetzt, einen Tag nach der Verbannung, die Rückberufung des vermeintlichen Verbrechers veranlaßt hatte. Eudoxia, die während dieser ganzen Zeit offenbar die Drähte hinter den Kulissen gezogen hatte, erlitt eine Fehlgeburt. Mit Schrecken glaubte sie an ein himmlisches Strafgericht, und Johannes sollte augenblicklich zurückkehren. Nur mit Mühe erreichte er eine einigermaßen geordnete Annullierung der gegen ihn gerichteten Beschlüsse: alles sollte vergeben und vergessen sein. Aber das einmal gestörte Verhältnis ließ sich so leicht nicht herstellen. Schon wenige Wochen später hatten die Spannungen wieder ein bedrohliches Maß erreicht, und die Entwicklung drängte von neuem zur Katastrophe. Anläßlich der Einweihung einer Ehrensäule für die Kaiserin hatte der Lärm der Volksbelustigungen den Gottesdienst gestört. Die gereizten Bemerkungen, die Chrysostomos darüber entschlüpften, gelangten selbstverständlich zu Eudoxias Ohren. Dann begann er bei einem Fest Johannes des Täufers seine Predigt mit einem Hinweis auf Herodias, die „wiederum" nach dem Haupte des Johannes verlange – und es fragt sich, ob seine Gegner in diesem Falle nicht sogar Recht hatten, wenn sie aus diesen Worten eine feindselige Anspielung heraushörten. Die alte kirchliche Opposition war nicht tot. Theophilos hatte zwar das Weite gesucht; aber die bischöflichen Berater des Hofes verschanzten sich jetzt hinter der Behauptung, das Verfahren gegen Chrysostomos sei ja immer noch nicht zum Abschluß gebracht. Eudoxia griff dies auf und erklärte schließlich, sie werde die Kathedrale nicht mehr besuchen, ehe dies geschehen und der Bischof von allen Anschuldigungen gereinigt sei. Praktisch war es kaum möglich, ein solches Verfahren durchzuführen. Man wünschte offenbar, Chrysostomos loszuwerden, ohne von neuem zur Gewalt greifen zu müssen, und er selbst zeigte sich gegen die von allen Seiten einsetzenden Intriguen wieder ganz hilflos. Einerseits weigerte er sich mit Entschiedenheit, freiwillig die Herde zu verlassen, die ihm Gott übertragen habe. Andererseits ließ er es aber doch geschehen, daß eine neue, in keiner Weise befugte Versammlung gegen ihn zusammentrat. Als die Lage zu Ostern des Jahres 404 noch immer nicht geklärt war, suchte die Regierung die zu dieser Zeit üblichen Taufen des Bischofs mit militärischer Gewalt zu verhindern, und es kam zu einem Blutvergießen. Zuletzt blieb dem widerstrebenden Kaiser nichts anderes übrig, als noch einmal ein Verbannungsdekret zu unterschreiben. Chrysostomos versammelte die ihm ergebenen Geistlichen und Bischöfe zu einem letzten Gebet in der Sakristei und ermahnte die treuen Diakonissen und Helferinnen, auch künftig ja nicht im kirchlichen Eifer zu erkalten. Dann traf er selbst .die Vorkehrungen, etwaige Unruhen zu vermeiden, und begab sich in aller Stille zum zweitenmal mit militärischer Bedeckung in die Verbannung und Gefangenschaft.

Eine verworrene und für ihn nicht mehr haltbare Lage war damit zu Ende gebracht. Es ist klar, daß die Indolenz und Beeinflußbarkeit des Arkadios daran die Hauptschuld trug. Er hatte sich zu keinem durchgreifenden Handeln entschließen können und die Entscheidungen praktisch seiner Frau und den parteiischen geistlichen Beratern überlassen, die sich um sie drängten. Chrysostomos aber hatte es verschmäht, den schwankenden Boden auch nur zu betreten, auf dem der Kampf allein zu gewinnen war. Er mußte unterliegen, obwohl ihm das Schicksal zweimal die Möglichkeit eines Sieges zu bieten schien. Nicht als Kirchenfürst und -regent, aber als Märtyrer seines Amtes und seiner Treue sollte er den Weg vollenden, der noch vor ihm lag. –

Der Kaiser hatte zunächst wohl nur den Wunsch gehabt, mit der Verbannung des Chrysostomos die verfahrene Situation wieder zurechtzubringen und wünschte darüber hinaus weder ihn noch seine Anhänger besonders empfindlich zu treffen. Aber die Gegner sorgten dafür, daß es nicht dabei blieb. Unmittelbar nach seinem Abzug ging die Kathedrale des Chrysostomos aus ungeklärten Gründen in Flammen auf, und selbstverständlich gab man seinen Anhängern daran die Schuld. Die „Johanniten" ihrerseits weigerten sich zum Teil, mit dem neuen Bischof die Fühlung aufzunehmen, und wurden grausam verfolgt. Auch Chrysostomos fand auf seiner langen Reise je nach der Einstellung und dem Charakter seiner Amtsbrüder wechselnde Behandlung und Aufnahme. Die zahlreichen Briefe an seine alten Freunde geben über seine Lage und seine Empfindungen lebendigen Bericht. Das Briefeschreiben galt damals als eine Kunst, und so tragen sie auch jetzt noch alle einen leisen Hauch der rhetorischen Bewußtheit, die kein gebildeter Grieche der nachklassischen Zeit gänzlich verloren hat. Aber vor allem ergreifen sie durch die Menschlichkeit und Reinheit ihrer Gesinnung. Chrysostomos fühlt sich sehr geschwächt und leugnet nicht, daß er unter der schlechten Behandlung, der Ruhelosigkeit, der Kälte, dem Fehlen von Arzneien und dergleichen mitunter sehr zu leiden habe; aber er sucht die Empfänger doch immer wieder mit der Versicherung zu beruhigen, daß es ihm jetzt wieder gut ginge. Er möchte sie vor allem selber trösten und ermuntern; er bleibt auch aus der Ferne ihr Seelsorger.

Als er an seinem Bestimmungsort, dem unwirtlichen Kukussos

in Armenien angelangt ist, beginnt sich seine Lage ein wenig zu bessern. Sein größter Schmerz ist, daß er kaum je zum Predigen Gelegenheit hat. Aber die Freunde sorgen dafür, daß es ihm nicht am Gelde fehlt, mit dem er vor allem wieder anderen zu helfen sucht, versorgen ihn regelmäßig mit Nachrichten und orientieren ihn besonders über alle Versuche, die zu seinen Gunsten unternommen worden sind. Chrysostomos nimmt an allem Teil, warnt und gibt Ratschläge. Die Briefe sind seine größte Freude; nichts kränkt ihn so, als wenn sie ausbleiben, wenn seine einstigen Freunde aus Trägheit oder Angst sich nicht mehr an ihn zu wenden wagen. Aber er ist mit seinen Gedanken keineswegs nur in Konstantinopel bei seinen Anhängern, seinen Geistlichen und seinen Armen. Er erspäht auch neue Aufgaben kirchlicher Arbeit. Einst hatte er sich um die Bekehrung und kirchliche Versorgung der in Konstantinopel weilenden Goten bekümmert; jetzt geht sein Blick in das benachbarte Persien hinüber und er erwägt hier – was kaum ein anderer Führer der griechischen Kirche getan hat – die Möglichkeiten einer ausgreifenden christlichen Mission. Außerdem sucht Chrysostomos mit dem Bischof von Rom und anderen einflußreichen Vertretern der westlichen und östlichen Kirche in Fühlung zu bleiben. Er gibt seine Sache nicht verloren und hofft noch immer auf die kirchliche Befriedung und einen Sieg des Rechts.

Daß diese Bemühungen nicht ganz erfolglos blieben, hat wahrscheinlich dazu beigetragen, ihn endgültig zu vernichten. Schon nach einem Jahr, im Spätsommer 405, mußte Chrysostomos das von Barbaren bedrohte Kukussos wieder verlassen. Er kam nach Arabissos, und auch hierhin folgte ihm alsbald ein Strom von Pilgern, die ihn sehen, besuchen und sprechen wollten. Im Hochsommer des Jahres 407 langte ein neuer Befehl an, ihn an den äußersten Winkel des Reiches, nach Pityos am Schwarzen Meere zu verlegen. Nach eigenem Zeugnis griff Chrysostomos nichts so sehr an wie das Reisen, und offenbar war es die Absicht, ihn durch einen Fußmarsch durch die rauhesten Gegenden zugrunde zu richten. Jede Erleichterung blieb ihm versagt. Man setzte den schwer leidenden Mann absichtlich dem Sonnenbrand und dem Regen aus; man gönnte ihm keine Erholung und trieb ihn unausgesetzt weiter. Noch am Vorabend seines Todes mußte er, hoch fiebernd, acht Kilometer weit bis zum Städtchen Komana marschieren. Hier nahm ihn die kleine Gemeinde liebevoll auf; aber schon am nächsten Morgen mußte er weiter. Nach fünfeinhalb Kilometern erneuter Wanderung brach er endgültig zusammen. Man schaffte ihn nach Komana zurück, hüllte ihn hier in weiße Sterbekleider und reichte ihm zum letztenmal die heilige Eucharistie. Chrysostomos bekreuzigte sich und starb mit einem Lobpreis für sein ganzes Leben: „Gott die Ehre für alles! Amen."

Der Kampf um seinen Namen und sein Recht ging weiter. Das Abendland weigerte sich nach wie vor, die Absetzung und Verbannung als gültig anzuerkennen; aber auch in der griechischen Welt ließ sich das offenbare Unrecht je länger um so weniger vertuschen. Im Jahre 438 ließ der Sohn des Arkadios, Kaiser Theodosius II., die Gebeine des Heiligen feierlich überführen und in der Apostelkirche von Konstantinopel beisetzen. Der Nachruhm des Chrysostomos war unermeßlich. Keines anderen Kirchenvaters Schriften sind so viel gelesen und in einer solchen Fülle von Handschriften verbreitet worden wie die seinen. Er wurde früh auch ins Lateinische und dazu in verschiedene orientalische Sprachen übersetzt. Noch heute genießt Johannes Chrysostomos bei allen Konfessionen Liebe und Verehrung. Er, dessen Leben die Gegner verbittert und zerstört hatten, hat in der Nachwelt keinen Feind mehr. Chrysostomos war als Theologe weder tiefsinnig noch originell. Er war ein typischer Vertreter seiner Schule, seiner Zeit und ihrer kirchlichen und asketischen Ideale. Aber an ihm kann man neben den vielen enttäuschenden Bischofsgestalten der verweltlichten Staatskirche erkennen, welche moralischen und geistlichen Kräfte in ihr trotzdem noch immer lebendig waren. An seinen Predigten sieht man, daß auch die Theologie ihre kirchliche Aufgabe noch immer in hohem Maße erfüllen konnte. Die Homilien des Chrysostomos können wohl als einzige aus dem ganzen griechischen Altertum zum Teil noch heute als christliche Predigten gelesen werden. Sie spiegeln etwas vom echten Leben des Neuen Testamentes wieder, gerade weil sie so sittlich, so einfach, und so nüchtern sind.

Nach der bei Migne mit Ergänzungen wieder abgedruckten Ausgabe Montfaucons (1718–38) ist in neuerer Zeit keine Gesamtausgabe mehr versucht worden, und auch die Sondereditionen sind spärlich und unbedeutend.

Eine alle Literatur verzeichnende, weitschweifige Biographie in zwei Bänden lieferte Chr. Baur, Der heilige Johannes Chrysostomus und seine Zeit (1929/30). Daneben kommt noch V. Schultzes Darstellung im dritten, Antiochia behandelnden Band seiner „altchristlichen Städte und Landschaften" (1930) in Betracht. Theologische Untersuchungen sind selten; vgl. jetzt G. Fitthan, Der Begriff des Mysteriums bei Johannes Chrysostomus (Theophaneia IX, 1953).

12. Kapitel

KYRILL VON ALEXANDRIEN

In Chrysostomos und Theophilos hatten nicht nur zwei Persönlichkeiten miteinander gerungen: zwei Landschaften, zwei theologische Traditionen und zwei grundverschiedene geistige und geistliche Haltungen hatten sich aneinander gemessen. In Chrysostomos ist das griechische Bildungserbe ganz sittlich, ganz asketisch-heilig geworden und so tief mit dem Geiste des Christentums durchdrungen, daß er nicht zu besiegen war und noch in seinem Tode triumphierte. Aber der kirchenpolitische Sieger – das darf nicht verkannt werden – war zunächst doch nicht er, sondern sein Gegner, der Patriarch von Alexandrien. Ägypten, das zu jener Zeit von niemand zum Bereich des griechischen „Ostens" gezählt wurde, war kirchlich eine eigene, streng zentralisierte Welt, und die rechtgläubige Herrschertradition seiner „Päpste" (hier gewinnt das Wort zuerst seinen amtlichen Klang) war noch niemals geschlagen worden. Sie reicht von Demetrios über Athanasios bis zu Theophilos und sollte sich in der nächsten Generation wieder in einer mächtigen Gestalt verkörpern, die ihren Vorgängern an folgerichtiger Energie nicht unterlegen war und sie in der Kühnheit des Wollens noch übertraf. Das war Bischof Kyrill, der letzte große Kirchenvater und der vornehmste Heilige der byzantinischen Orthodoxie. Als sittlicher Charakter ist er mehr als anfechtbar. „Ich glaube nicht", meint selbst der Kardinal Newman, immer noch etwas verschämt, „daß Kyrill damit einverstanden wäre, wenn man seine äußeren Taten zum Maßstab seiner inneren Heiligkeit nähme." Aber Kyrill hat dem Strom der weiteren dogmatisch-kirchlichen Entwicklung das Bett so tief gegraben, daß sie es, aufs Ganze gesehen, nicht mehr verlassen hat. Mit ihm, den auch das Abendland als „doctor ecclesiae" preist, können wir die Reihe der griechischen Kirchenväter zum Abschluß bringen.

Die typischen Züge eines ägyptischen Hierarchen sind in Kyrills Persönlichkeit mit solcher Bestimmtheit ausgeprägt, daß wir es kaum als Mangel empfinden, von seiner Jugendgeschichte und Entwicklung fast gar nichts Näheres, Persönliches zu wissen. Kyrill war ein Sproß derselben großen alexandrinischen Familie, der auch sein Oheim und Vorgänger Theophilos angehört hatte. Die geistliche Laufbahn dürfte für ihn früh festgestanden haben. Jedenfalls nahm er im Gefolge seines Oheims schon 403 an der

Eichensynode teil, die Chrysostomos von seinem Throne stieß. Zeitlebens sah Theophilos darin einen berechtigten Triumph seiner Kirche. Die Erinnerung an dies Ereignis hat Kyrill ähnlich bestimmt wie Athanasios die Teilnahme am Konzil von Nicäa. Nach dem Tode des Theophilos gab es nur einen kurzen Wahlkampf. Der dem Rang nach am höchsten stehende Bewerber, der Archidiakon Timotheos, mußte zurückweichen, und schon zwei Tage nach Erledigung des Patriarchenstuhls, am 17. Oktober 412, wurde Kyrill zum neuen Bischof geweiht. Er kann damals noch nicht alt gewesen sein; nicht weniger als zweiunddreißig Jahre lang hat er den Thronos des heiligen Markus innegehabt, und er versah ihn bis zuletzt mit Wachsamkeit und ungebrochener Kraft.

Es wäre indessen nicht richtig, Kyrill nur als Kirchenpolitiker und geistlichen Regenten zu verstehen. Viel mehr als sein Oheim wollte er auch Theologe sein und die wahre Glaubenstradition nicht nur hierarchisch repräsentieren, sondern auch lehrend vertreten und verkörpern. Kyrill ist Prediger und zugleich ein ungemein fruchtbarer Schriftsteller, dessen erhaltene Werke heute noch zehn stattliche Druckbände füllen. Die literarische Arbeit machte ihm Freude und zeugt in ihrem Umfang von einem eisernen Fleiß. Kyrill war als Schriftsteller nicht ohne Ehrgeiz, obschon sein gelegentliches Bemühen um rhetorische Effekte und Eleganz der Form nicht weit führt. Sein geräuschvoller Stil ist breit, monoton und gespreizt. Mit plumper Nachdrücklichkeit geht er auf das Ziel los, dem seine Darlegung jeweils dienen soll. Aber das, was er sagen will, bringt er stets unmißverständlich zum Ausdruck. Man merkt es seinen Büchern an, daß ihr Verfasser ein klarer und systematischer Kopf ist, obschon es ihm an feinerer Bildung und methodischer Gewissenhaftigkeit mangelt. Philosophische Begriffe werden nur gelegentlich und ganz oberflächlich herangezogen. Kyrill verachtet die heidnischen Philosophen, die sich in ihrer Weisheit so oft „widersprechen“ und ihr Bestes doch nur von Moses gestohlen haben. Ebenso ist Origenes für Kyrill ein mit Recht verdammter Ketzer, „weil er nicht wie ein Christ dachte, sondern dem Geschwätze der Hellenen nachfolgte“ (ep. 81, Migne 77, 373). Von Chrysostomos hatte er natürlich erst recht nichts lernen können und nichts lernen wollen. Nur widerstrebend und als es ganz unvermeidlich geworden war, ließ er sich überhaupt herbei, dessen gestrichenen Namen in den „Diptychen“, d. h. in den amtlichen Bischofslisten, wiederherzustellen. Kyrills Schriftauslegung hält gegen den auflösenden Spiritualismus des Origenes grundsätzlich am „historischen“ Sinn der heiligen Texte fest. Aber in Wirklichkeit lebt seine Auslegung ganz von der traditionellen Allegorese und Typologese, und mit der unmittelbaren, menschlichen Bedeutung der biblischen Geschichten kann sie kaum etwas anfangen. Das bestimmende Interesse ist ausschließlich dogmatisch und polemisch, d. h. die Bibel widerlegt die Irrlehren der Häretiker und begründet die rechte Anschauung von der Heiligen Dreieinigkeit und der gottmenschlichen Person des Erlösers, auf die sich die wahre Frömmigkeit aufbaut. In der Anbetung dieser göttlichen Geheimnisse, im Empfang der lebenwirkenden Sakramente und in den asketischen Tugenden der Mönche kommt die christliche Heiligkeit dann zur Vollendung.

In seinem Verständnis der Heilswahrheit fühlt sich Kyrill als Erbe aller früheren Kirchenlehrer, vorab der großen, rechtgläubigen Leuchten seiner Stadt Alexandrien. Athanasios ist für ihn der Sprecher der Kirche schlechthin. Kyrills dogmatisches Erstlingswerk, der mächtige „Thesaurus", die „Schatzkammer" einer rechten Erkenntnis „der heiligen und gleichwesentlichen Dreifaltigkeit", ist zu einem Drittel weiter nichts als ein Exzerpt aus den entsprechenden athanasianischen „Reden". Daneben wird noch Didymos, ein blinder Theologe aus der zweiten Hälfte des vierten Jahrhunderts, als Laie und Origenist zwar nicht ausdrücklich genannt, aber, wie es scheint, nicht minder fleißig benützt, und durch ihn ist Kyrill auch einiges aus der Arbeit der Kappadokier zugeflossen. Im übrigen kümmert er sich zunächst nicht viel um neuere theologische Auseinandersetzungen. Es sind immer noch die alten, traditionellen Feinde, gegen die er unermüdet zu Felde zieht: Arius, Eunomios und der „gottlose" Kaiser Julian, zu dessen Widerlegung er noch einmal ein Riesenwerk in dreißig Büchern verfaßt. Die rechte Lehre erscheint dabei immer als feste, offenbarte und überlieferte Gegebenheit, die nur ein teuflisch böser Wille verdrehen und verkennen kann. Christus als der göttliche Logos, d. h. als Gott selbst, steht im Mittelpunkt. Als bloßer Mensch hätte er uns nichts nutzen können. Es ist der eigentliche Sinn seiner Fleischesannahme, unsere Natur mit der Gottheit zu vereinigen und ganz ins Göttliche zu überführen – so wie sich die Elemente des Abendmahls mit göttlicher Kraft füllen müssen, um uns Heil und ewige Lebenskraft zu vermitteln. Eine „abgetrennte" Betrachtung Jesu als Menschen erscheint daher als vollendete Gottlosigkeit: es ist immer nur der eine, fleischgewordene Gottessohn, der unser Heil bewirkt. Die Gefahr, daß die Menschheit Jesu verflüchtigt oder verkürzt werden könnte, nimmt Kyrill dagegen nicht tragisch. Er weiß zwar aus der Verurteilung des Apollinaris von Laodikea, daß man die menschliche Seele der Person des Erlösers nicht absprechen darf; aber was das systematisch bedeutet, macht er sich nicht klar. Als Kyrill im Kampf mit seinen antiochenischen Gegnern später genötigt wurde, seine Christologie etwas präziser zu entwickeln, hat er unbekümmert die apollinaristischen Formeln ins Feld geführt, die er zu Unrecht für athanasianisch hielt, und von der „einen fleischgewordenen Natur des Gott-Logos" gesprochen. Im Sinne der späteren dogmatischen Formulierung ist seine Christologie also durchaus inkorrekt und „monophysitisch". Aber Kyrill zweifelt niemals daran, daß der Christusglaube nur in der ihm gewohnten Weise richtig bekannt und vertreten werden könne. Alle „toleranten" Abschwächungen und Diskussionen um die Wahrheit sind ihm verhaßt, und wo er die Macht besitzt, da ist er ohne weiteres bereit, sie auch anzuwenden und jeden Widerstand gegen seine geistliche Herrschaft erbarmungslos niederzuschlagen.

So stehen zu Beginn seines Regiments alle Zeichen in Ägypten auf Sturm. Die bestialische Ermordung der Hypatia wird von Geistlichen organisiert und fällt Kyrill wenigstens mittelbar zur Last. Die Kirchen der Novatianer, die sich bis dahin als rechtgläubige und sittenstrenge Sektierer noch stets der offiziellen Duldung erfreut hatten, läßt er gewaltsam schließen. Es folgen Austreibungen der Juden und Häretiker, und als sich der kaiserliche Statthalter für sie ins Mittel legen möchte, nimmt er den Kampf mit ihm ebenfalls auf. Kyrill kennt kein Nachgeben. Seine hierarchische Autorität ist in Ägypten ebenso unangreifbar wie seine wirtschaftliche Macht als des Herrn der Kornflotten und weiter Ländereien des koptischen Hinterlands. Seine stärkste geistliche Hilfstruppe bilden die Mönche, die er besucht, mit Rundschreiben versorgt und in jeder Weise an sich zu fesseln sucht. Kyrill ist bestrebt, den Kampf seines Vorgängers gegen den Origenismus und die origenistisch gebildeten Mönche zum Abschluß zu bringen, und stützt sich dazu in erster Linie auf die ungebildeten, koptischen Heiligen. Nur die äußerste Barbarei der sogenannten „Anthropomorphiten", die sich Gott selbst in körperlicher Gestalt wie einen Menschen vorstellten, mußte auch von ihm theologisch zurückgewiesen werden. Aber schließlich regte sich auch diesmal eine verzweifelte Opposition, die sich nicht kampflos erdrücken lassen wollte. Im Jahre 428 erscheint in Konstantinopel wieder eine Abordnung ägyptischer Mönche und erhebt beim dortigen Patriarchen Nestorios Klage gegen das gewalttätige Regiment ihres Kirchenfürsten – nach Kyrills Ausdrucksweise: nur eine Reihe verkrachter Existenzen vom „Dreckhaufen Alexandrias". (So übersetzt Ed. Schwartz, Kyrill und der Mönch Viktor S. 19, die Wendung der ep. 10, ACO I, 1, S. 111, 22). Damit greift der interne Streit auf das Feld der großen Kirchenpolitik über, und eine Katastrophe, deren Folgen noch niemand übersehen konnte, hatte begonnen.

Kyrill war sich über den Ernst der Lage, wie es scheint, sofort im klaren. Die Ähnlichkeit mit dem Chrysostomoshandel sprang in die Augen und wurde zum Teil auch vermerkt. Nach einer längeren Periode kirchenpolitischer Unselbständigkeit und Schwäche saß auf dem Throne der Hauptstadt wieder ein antiochenischer Mönch von geistigem Rang, als Theologe und Charakter unanfechtbar, furchtlos und hart, aber wieder wie einst Chrysostomos der politischen Kompliziertheit seiner Aufgabe kaum gewachsen. Wieder war der Ägypter durch seine eigenen Untergebenen vor ihm verklagt, und wenn Nestorios nicht freiwillig zurückweichen wollte, so stand Kyrill abermals vor der Frage, ob er den Spieß nicht umkehren und seinerseits zum Angriff übergehen sollte, um den alten Machtkampf mit Konstantinopel zu Ende zu führen und die eigene Vorherrschaft im Osten endgültig zu sichern.

Kyrill unterhielt wie seine Vorgänger in Konstantinopel eine stehende Gesandtschaft. Seine „Apokrisiare" waren dazu da, die Geschäfte beim Kaiser wie beim Patriarchen laufend zu erledigen, und wir besitzen zum Teil noch die Briefe, in denen er ihnen die genauen Instruktionen für ihr Verhalten mitteilt. Als sie Nestorios in durchaus korrekter Weise über die eingegangenen Klagen informierte, begegneten sie ihm sofort mit herausfordernder Unverschämtheit. Sie erklärten es für ungebührlich, gegen einen so großen Bischof, ihren „Papas", Beschwerden überhaupt anzunehmen, zumal er Nestorios bisher doch durchaus anerkannt und freundlich behandelt hätte; und sie ließen, als dieser festblieb, deutlich durchblicken, daß es für ihn recht gefährlich werden könnte, wenn sie über das Vorgefallene nach Alexandrien berichten würden. Nestorios antwortete stolz, daß er keiner Freundschaft bedürfe, die ihn dazu verpflichte, Unrecht gut zu heißen oder zu dulden. Offenbar hatte Kyrill allen Grund, eine nähere Untersuchung der schwebenden Angelegenheit zu hintertreiben; aber dann durfte der bisherige Weg einer sachlich-korrekten Verhandlung nicht weiter verfolgt werden. Nach einer schon von Athanasios erfolgreich angewandten Taktik, erschien es vielmehr das Beste, den rechtlichen Streit sofort auf das Gebiet des Glaubens hinüberzuspielen. Rückte der Kritiker von Kyrills zweifelhaften Amtsgebarungen in den Verdacht einer verborgenen Ketzerei, so mußte eine solche Gefahr alle früheren Beschwerden beiseite drücken und der lästige Angreifer war wieder der Beklagte geworden, den sein Vorgehen selbst ins Verderben reißen mußten.

Eine theologische Anklage war nicht schwer zu begründen, ja

man kann annehmen, daß Kyrill hierbei vielleicht nicht einmal gegen seine Überzeugung gehandelt hat. Nestorios war ein typischer Vertreter der antiochenischen Theologie mit ihrer scharfen Unterscheidung der göttlichen und menschlichen „Natur" Christi, die für Kyrill ein Greuel war; und anders als seiner Zeit Chrysostomos fühlte sich Nestorios in starkem dogmatischem Selbstbewußtsein gerade dazu berufen, die seiner Meinung nach richtige Lehre überall bestimmt herauszuarbeiten und zur Anerkennung zu bringen. Auch er hatte sich bereits als Feind der Irrlehrer und Sektierer in und um Konstantinopel einen Namen gemacht und Widerstände hervorgerufen. Seine Gegner waren sofort bereit, mit Kyrill zusammenzuarbeiten und ihm verfängliche Predigtnachschriften und dergleichen zur Verfügung zu stellen. Ganz besonders hatte es verstimmt, daß Nestorios die geläufige Bezeichnung Mariens als „Gottesgebärerin" einer öffentlichen Kritik unterzog. Zwar hatte er als billig denkender Seelsorger immerhin zugegeben, daß auch dieser Ausdruck in gewissem Sinne durchaus fromm und rechtgläubig gemeint sein könnte. Aber grundsätzlich müsse man sich darüber im klaren sein, daß die göttliche Natur als solche weder geboren noch Mensch werden noch am Kreuze leiden und sterben könne. All diese Aussagen seien vielmehr auf die menschliche Seite der Person zu beziehen und Maria habe dementsprechend nur den Menschen Jesus und nicht den ewigen Logos Gottes geboren. Nestorios empfahl, um dem aufflammenden Streit ein Ende zu machen, sie lieber als „Christgebärerin" zu titulieren, womit alle zufrieden sein könnten. Das war im antiochenischen Sinne völlig konsequent gedacht; aber mit so trockenen, rationalistisch-theologischen Erwägungen ließ sich die Öffentlichkeit nicht mehr zur Ruhe bringen. Die vermeintliche Kritik an der Würde und Herrlichkeit der Gottesmutter rührte an einen empfindlichen Punkt der volkstümlichen Frömmigkeit, und Kyrill wußte, was er tat, wenn er seinerseits gerade dieses Stichwort der „Gottgebärerin" zum entscheidenden Kennzeichen alles wahren Christusglaubens proklamierte. Das war von seinem theologischen Standpunkt aus nicht nur genau so konsequent, sondern damit sicherte er sich für die künftigen Verhandlungen auch den weiten Widerhall in den Massen der Bevölkerung. Religionsgeschichtlich gesehen, ist der Sieg, den er hinsichtlich des Christus-Dogmas über Nestorios gewinnen sollte, als erster, großer Triumph des volkstümlichen Marienglaubens zu beurteilen.

Doch dauerte es noch eine Weile, bis der Gegensatz zur vollen Entfaltung gelangte. Nestorios zeigte, wie zu erwarten war, in seinem gereizten Eifer und Selbstgefühl wenig diplomatisches

Geschick. Er wünschte den Bruch zu vermeiden, gab sich aber im Bewußtsein, gerecht handeln zu müssen und im Rechte zu sein, verschiedene taktische Blößen. Kyrills Gewandtheit und Begabung zeigt sich dagegen – wenn man das moralische Urteil einmal beiseite läßt – sofort in glänzendem Licht. Alle Mittel der geräuschlosen Intrigue wie der ins Weite reichenden Propaganda sind ihm recht, auch das damals so verbreitete Mittel der massiven Bestechung durch Versprechungen und kostbare „Geschenke“. Während sein polternder, sittenstrenger Amtsbruder über die „goldenen Pfeile“ spottete (ACO I, 5, S. 43, 17), mit denen er verletzt werden sollte, sammelte Kyrill unermüdlich das „Material“, das ihn kompromittieren sollte, knüpfte Beziehungen mit allen ihm feindlichen Kreisen und schürte – ohne offenen Angriff – die um sich greifende Erregung gegen die angebliche, neue Ketzerei. Mit der Wahrheit nahm er es dabei keineswegs genau; aber nach außen blieb er immer in der Rolle des besorgten und zugleich vornehm zurückhaltenden, besonnenen Kirchenführers, der nicht aus persönlicher Gereiztheit handeln will – und die ersten Schritte bleiben darum den Freunden und Mittelsmännern überlassen.

Auf zwei Instanzen kam es bei dem bevorstehenden Konflikt besonders an: auf den Kaiser in Konstantinopel und auf den Bischof Coelestin von Rom. Papst Coelestin I. stand als Abendländer bis zu einem gewissen Grade außerhalb der verhandelten theologischen Gegensätze und war, wie Nestorios richtig sagte, jedenfalls „viel zu einfältig um in die feinere Bedeutung der Lehrwahrheiten eindringen zu können“ (ACO I, 4, S. 25, 34). Aber man sorgte dafür, daß ihm die christologischen Thesen des Nestorios in einer so rohen Karikatur vorgelegt wurden, daß er sofort geneigt war, gegen diese „offenbaren Gotteslästerungen“ (ACO I, 2, S. 8, 1) Stellung zu nehmen. Der ganze Streit lebte ja sozusagen von der dogmatischen Konsequenzmacherei. Nestorios selbst hat die Annahme „zweier Gottessöhne“, die man ihm zur Last legte, auch später niemals als seine Meinung anerkannt. Aber sein in ruhigem, kollegialem Tone abgefaßtes Schreiben nach Rom, versäumte es in den hier erwarteten Formen für gut Wetter zu sorgen, während Kyrill den jüngeren Amtsbruder sogleich als seinen „heiligsten und gottgeliebtesten Vater“ anredete und sich ihm mit geflissentlicher Demut zur Verfügung stellte. So hatte er ihn bald ganz für sich eingenommen. In einem gnädig gehaltenen Schreiben wurde er von Coelestin zum Stellvertreter ernannt und damit beauftragt, die gefährliche Angelegenheit kräftig weiter zu verfolgen.

Weniger Glück hatte Kyrill in Konstantinopel. Er wollte nicht nur beim Kaiser, sondern auch bei der Kaiserin und vor allem bei der energischen Prinzessin Pulcheria gegen Nestorios Stimmung machen. Aber Theodosius II. war von dem Recht seines Patriarchen vorläufig noch überzeugt, und die Dedikation getrennter theologischer Abhandlungen wurde Kyrill als Versuch ausgelegt, innerhalb der kaiserlichen Familie Zwietracht zu stiften. Trotzdem war bei Hofe noch nicht alles verloren. Auch Theodosius war ein Schwächling wie sein Vater und pflegte seinen Eunuchen und sonstigen wechselnden Ratgebern nachzugeben, die für die Briefe und das Gold Kyrills nicht unerreichbar blieben. Ein erster Erfolg zeigte sich darin, daß man dem Konzil, das zu Pfingsten 431 nach Ephesos berufen wurde, zunächst nur den Glaubensstreit als Verhandlungsgegenstand zuwies und weitere Verhandlungen gegen einzelne Mitglieder ausdrücklich untersagt wurden.

Kyrill hatte die Einberufung der Synode seinerseits nicht abgewartet. Nachdem er lange scheinbar gezögert, war es ihm jetzt deutlich, daß nur rücksichtslose Schnelligkeit den Sieg sichern konnte. Gestützt auf die römische Blankovollmacht, ließ er ein Konzil seiner ägyptischen Suffragane in Alexandrien zusammentreten, das Nestorios ohne weiteres als Irrlehrer verurteilte. Die „Anathematismen“, mit denen er diesen Spruch rechtfertigte, waren so schroff und einseitig auf die völlige, im göttlichen Logos ruhende Einheit der Christusperson abgestellt, daß sie im antiochenischen Lager mit Recht als apollinaristisch empfunden und allgemein abgelehnt wurden. Aber das parteiische und überstürzte fait accompli gab Kyrill die Möglichkeit, Nestorios in Ephesos sofort als notorischen Ketzer zu behandeln, mit dem keine Gemeinschaft und kein Verhandeln erlaubt sei. Der Ortsbischof von Ephesos, der nach Unabhängigkeit strebte, hatte sich gegen Konstantinopel gewinnen lassen und stellte Kyrill alle Kirchen der Stadt zur Verfügung. Nestorios war praktisch ausgeschlossen. Unbekümmert um die Proteste des mit der Leitung beauftragten kaiserlichen Beamten wartete man das Eintreffen der fehlenden Syrer und auch der römischen Legaten nicht mehr ab, sondern konstituierte Kyrills Anhängerschaft als allein rechtmäßige Synode. Sie zögerte nicht, Nestorios in aller Form als Ketzer zu exkommunizieren. Jubelnd feierte das Volk in den Straßen den Sturz des „Feindes der Heiligen Jungfrau“ und die „Ehre der großen, erhabenen, ruhmreichen Gottesmutter“. Als Bischof Johannes von Antiochien und der weitere Anhang des Nestorios endlich eingetroffen waren, blieb ihnen gar nichts anderes übrig als ihrerseits ein getrenntes Konzil abzuhalten, das nun umgekehrt Kyrill und seine Gefolgschaft verurteilte. Der ratlose Kaiser gab zunächst beiden Parteien Recht und ließ sowohl Kyrill wie Nestorios in Gewahrsam nehmen. Es begannen langwierige und undurchsichtige Nachverhandlungen, bei denen Kyrill mit seinem „bekannten Überredungsmittel“, der Bestechung (ACO I, 1, 5, S. 136, 17), schnell einige Vorteile errang. Entscheidend wurde jedoch, daß Nestorios in der Meinung, dem Frieden dienen zu müssen, zuerst nachgab und seinen Rücktritt anbot. Man nahm ihn an und gestattete, daß er sich in sein altes antiochisches Kloster zurückzog. Dann ließ man aber Kyrill nach Alexandrien entwischen, wo er sofort nach allen Seiten hin den Triumph der Wahrheit und den Sieg über seine gottlosen Widersacher als das Ergebnis der heiligen Synode verkünden ließ. Mit dieser, der Wahrheit durchaus widersprechenden Darstellung hat er sich schließlich – freilich erst Jahrzehnte später – endgültig durchgesetzt. Die widerrechtlichen Sitzungen, die er mit seinen Gefolgsleuten veranstaltet hatte, gelten noch heute als das „dritte ökumenische Konzil von Ephesos“, das die Gottesmutter geehrt und den wahren Christusglauben vor Verdrehung gerettet habe. Und er selbst ist darüber zum Heiligen geworden.

Hat Kyrill seine eigene Darstellung der Dinge jemals glauben können und wirklich geglaubt? Eine solche Frage ist wahrscheinlich nicht richtig gestellt. Sie setzt einen Grad von Gerechtigkeitsliebe und Unparteilichkeit voraus, dessen der leidenschaftliche und erbitterte Hierarch niemals fähig gewesen ist. Rechthaberisch, gewaltsam und verschlagen, durchdrungen von der Größe seines Stuhles und der Würde seines Amts, hat er immer nur das für Recht gehalten, was seiner kirchlichen Macht und Autorität von Nutzen und seiner theologischen Tradition und Schulung gemäß war. Die Brutalität und Skrupellosigkeit seiner Kampfmittel hat ihn niemals bedrückt, und man mag es ihm als mildernden Umstand zugute halten, daß ähnliche Methoden in den kirchenpolitisch-theologischen Kämpfen der Folgezeit noch öfter begegnen. Das, was ihn am stärksten belastet, ist aber dies, daß er zuletzt auch theologisch nicht fest geblieben ist und, seine äußeren Erfolge zu retten, tatsächlich das meiste von dem, was er in Alexandrien und Ephesos behauptet hatte, aus taktischen Gründen wieder preisgab. Die Gegenpartei hatte sich nach der Abdankung des Nestorios und nach Kyrills Flucht theologisch nicht geschlagen gegeben. Im Gegenteil, unter der geschickten Führung Johanns von Antiochien erhob sich im ganzen Osten ein Sturm des Protests gegen die zynische Verurteilung einer christologischen Denkweise, der die Mehrheit der griechisch gebildeten Theologen und Bischöfe immer noch anhing. Da sich auch die Regierung ins Mittel legte, mußte Kyrill schließlich nachgeben. Nach langwierigen, im einzelnen wieder höchst unerfreulichen Verhandlungen nahm er 433 eine Ausgleichsformel an, die seine schärfsten Thesen einfach unter den Tisch fallen ließ und die auch Nestorios jederzeit unterschrieben hätte. Aber dies eben war der Punkt, in dem Kyrill unerbittlich blieb: der Fall Nestorios wurde nicht wieder aufgerührt. Nestorios blieb als Ketzer verdammt, und nach außen hin stand Kyrill somit doch immer noch als der Mann da, der die Lästerer entlarvt und die Wahrheit zum Siege geführt hatte. Ja, er ruhte nicht, bis der Unglückliche, den seine eigenen Freunde und Parteigänger preisgegeben hatten, auch seinem antiochenischen Zufluchtsort entrissen und in Kyrills eigenen Herrschaftsbereich verschleppt wurde. Nestorios wurde an einem weltentlegenen Ort am Rand der ägyptischen Wüste interniert; er hat Kyrill noch überlebt und ist, innerlich ungebeugt, erst anderthalb Jahrzehnte später gestorben.

Man ist leicht geneigt, Kyrill um dieses empörenden Verhaltens willen den theologischen Ernst überhaupt abzusprechen und in ihm nur noch den kalten Machtpolitiker zu sehen, dem sein persönlicher Erfolg über alles geht. Daß eine solche Deutung dem eigenen Empfinden Kyrills keinesfalls entspricht, wurde schon gesagt. Aber es ist nicht genug, wenn man in diesem Vorschlagen des kirchenpolitischen Interesses gegen die Forderung einer ernsthaften Theologie lediglich den Ausdruck parteiischer Subjektivität und Leidenschaft erkennt. Es erscheint darin eine bestimmte Art der Kirchlichkeit, die sich überhaupt nicht mehr in der alten Weise an die Theologie bindet und den Sieg des Glaubens viel mehr in der entschiedenen Bejahung der kirchlichen Autorität und der „wahren" kirchlichen Tradition zu sichern und zu behaupten wünscht. Die alte Frage nach den Grenzen der Theologie, die schon Athanasios gefühlt und Basilios theologisch reflektiert hatte, findet jetzt praktisch eine Antwort, die die Korruption des systematischen Denkens und der theologischen Gewissenhaftigkeit sozusagen grundsätzlich rechtfertigt. „Die Herde denkt doch so, wie es ihr Lehrer wünscht" (ACO I, 4, S. 227, 19). Auf die Sauberkeit und Eindeutigkeit der erzielten Formel kommt es nicht mehr entscheidend an, wenn nur die richtigen Männer, die Männer der richtigen Partei das Heft in der Hand behalten. Dann kann man den Frieden der Kirche, der taktisch gewonnen ist, auch erbaulich verteidigen mit dem gewohnten Hinweis auf die Unergründlichkeit des religiösen Mysteriums und der Ablehnung einer eitlen Neugier zugunsten der ewigen kirchlichen Weisheit und ihrer geltenden Überlieferung. „Es ist nicht recht, die uralte und von den heiligen Aposteln selbst auf uns gekommene Glaubensüberlieferung mit unserem übertriebenen Scharfsinn aufzulösen und das, was die Vernunft übersteigt, mit auf die Spitze getriebenen Untersuchungen bezwingen zu wollen oder gar mit gewissen Definitionskünstlern leichtfertig vorzutreten und zu erklären: dieses ist richtig, dies dagegen verhält sich anders. Es wäre vielmehr nötig und erfreulich, dem allwissenden Gott den Weg seiner eigenen Beschlüsse wahrhaft zu überlassen und das, was er für gut befunden hat, nicht mit frevelhafter Kühnheit zu kritisieren" (de fide recta ad imper. 17, ACO I, 1, 1, S. 53, 10).

Hier zeigt sich die Grenze oder, wenn man will, die Eigenart Kyrills als Lehrers der Kirche. Kyrill wollte, wie wir sahen, tatsächlich Theologe sein. Aber die Theologie lebt für ihn innerhalb der Kirche nicht mehr in eigener geistiger Verantwortung. Sie ist zur Sache des Lehramts geworden und folgt unter allen Umständen der kirchlichen Tradition. Kein Früherer hat die Bedeutung der „Väter" so unermüdlich hervorgehoben wie Kyrill. Er ist davon überzeugt, daß sie schlechterdings „nichts Notwendiges ausgelassen oder übersehen haben" und daß jeder, der die Rechtgläubigkeit bejaht, in ihren „Bekenntnissen und Erklärungen" das Dienliche finden wird, um „jegliche Ketzerei und gottlose Frechheit" jederzeit zu widerlegen (de symb. 4, ACO I, 4, 4, S. 50, 22). Durch ihn ist es üblich geworden, die Glaubensfragen grundsätzlich nicht mehr allein nach der Schrift, sondern auch mit Hilfe entsprechender Zitate und Zitatensammlungen aus den früheren, anerkannten Schriften und vorab mit der Autorität des großen Athanasios zur Entscheidung zu bringen. So versteht sich auch seine eigene Schriftstellerei, die von Anfang an so weitgehend auf dem Übernehmen und Exzerpieren beruhte. Dies gilt jetzt als der wahre „Königsweg" der Theologie: „allenthalben den Bekenntnissen der heiligen Väter nachzugehen, die durch Eingebung des Heiligen Geistes zustande kamen, und ihrer Gedanken Spur fest im Blick zu behalten" (ep. 17, 3, ACO I, 1, 1, S. 35, 12). Die schöpferische Epoche der altkirchlichen Theologie ist damit zu Ende. Man kann Kyrill mit diesem theologischen Programm als den ersten byzantinischen Scholastiker bezeichnen. Er ist in der griechischen Welt der letzte Kirchenvater, indem er es, streng genommen, schon selbst nicht mehr zu sein wünscht. Gerade darum gilt er, wie die späteren Theologen sagten, als „Wächter der Genauigkeit" (Eulog. Al. bei Photios, Bibl. cod. 230) und bildet das abschließende „Siegel der Väter" (Anastas. Sin., viae dux 7)

Die einzige Gesamtausgabe der Werke Kyrills von Joh. Aubertus (1638) ist bei Migne, Patr. graeca 68–77 wieder abgedruckt. Seine antinestorianischen Schriften finden sich jetzt fast vollständig im ersten Tomus der „Acta conciliorum œcumenicorum“ (= ACO) von Ed. Schwartz.

Dessen Einleitungen und zerstreute Abhandlungen haben zur Klärung der kirchenpolitischen Vorgänge das Beste geleistet; vgl. besonders: Cyrill und der Mönch Viktor (1928). Eine ausreichende moderne Biographie Kyrills steht noch aus. Für seine theologische Stellung innerhalb der alexandrinischen Tradition ist wichtig: J. Liébaert, La doctrine christologique de Saint Cyrille d'Alexandrie avant la querelle nestorienne (Lille 1951); für seine exegetische Methode: A. Kerrigan, St. Cyrill of Alexandria, Interpreter of the Old Testament (Rom 1952). Viel Stoff findet sich auch bei H. du Manoir de Juaye, Dogme et spiritualitée chez Saint Cyrille d'Alexandrie (Paris 1944).

DAS ENDE DER GRIECHISCHEN VÄTERZEIT

Überblickt man die Reihe der vor- und nachnicänischen Kirchenväter, so überrascht die reiche Mannigfaltigkeit durchaus verschiedener Charaktere, selbständiger Standpunkte und eigener Wege und Ausdrucksformen. Es ist ein großes Gebiet geistigen Lebens, das sie im Lauf dreier Jahrhunderte angegangen sind, erobert, durchdrungen und theologisch gestaltet haben. Ihre Arbeit vollzog sich nicht nach einem festen Plan, aber doch im Bewußtsein einer sehr bestimmten Gemeinsamkeit der Sache und in der Verantwortlichkeit einer die Vernunft achtenden Freiheit des Glaubens. Alle Väter, die wir betrachtet haben, fühlen sich als Glieder der einen, „katholischen" Kirche und suchen der Verkündigung, der Wahrheit Gottes und des Glaubens zu dienen. Die Bibel und die biblisch bezeugte Christus-Offenbarung bildet den selbstverständlichen, tragenden Grund, den gemeinsamen Ausgangspunkt und die Norm ihrer Forschung und Arbeit. Von hier aus suchen sie die „Irrtümer" abzuwehren und eine Auflösung und Zersplitterung der Kirche von innen her zu verhindern. Aber sie blicken zugleich nach außen, auf die Welt, ihre sittlichen Fragen und ihre philosophischen Probleme: alles soll für Gottes „Logos" gewonnen, durch ihn geläutert und in ihm neu verstanden werden. Ihre Theologie ist zugleich „Philosophie"; sie ist antihäretisch und missionarisch, polemisch und apologetisch in einem gemeint. In ihrer frischen Siegeszuversicht erscheint sie mitunter fast naiv; aber sie bleibt in der Treue zum Einen, „was not ist", lebendig und beweglich, sie schreitet fort und behauptet trotz innerer und äußerer Schwierigkeiten die Überlegenheit über ihre Gegner und behält den Sieg.

Die Frage nach dem Ende der Epoche führt auf mancherlei Ursachen, auch solche der allgemeinen, politischen, soziologischen, kultürlichen und biologischen Entwicklung; sie kann wie jede letzte geschichtliche Frage nie eindeutig und abschließend beantwortet werden. Wir haben sie schon in der Einleitung gestreift und dann im Lauf unserer Darstellung vor allem auf die inneren Voraussetzungen des kirchlichen Lehrertums geachtet. Es erfolgt eine langsame Umformung des theologischen Bewußtseins und der kirchlichen Stellung der Lehrer, die durch ihre eigene Arbeit und durch die Wirkung, die sie in der Kirche ausübte, geschichtlich hervorgerufen wurde und hervorgerufen werden mußte. Diesen Veränderungen kommt in unserem Zusammenhang auf alle Fälle eine erkennbare und wesentliche, bestimmende Bedeutung zu. Von Anfang an war das Bekenntnis zur Bibel als Urkunde der göttlichen Offenbarung und die hohe Schätzung der „natürlichen" Vernunft mit einer unbefangenen Bejahung der kirchlichen Autorität und der Überlieferung zusammengegangen. Die Verstärkung dieser Bindungen und ihres politischen Gewichts und die fortschreitende Systematisierung des immer reicher und schwieriger werdenden theologischen Erbes selbst bilden einen wesentlichen Anlaß für das allmähliche Starrwerden des geistigen Lebens und das dadurch bedingte Ende der „klassischen" patristischen Periode.

Wir können diesen Ausgang zum Schluß nur noch andeutend skizzieren. Den folgenreichsten Einschnitt im Ablauf der Entwicklung bildet ohne Zweifel die Konstantinische Wende, die Entstehung der mit dem Staat und der öffentlichen Ordnung engstens verbundenen Reichskirche. Sie brachte neue, ältere Tendenzen verstärkende politisch-juristische Bindungen und gefährliche Verwicklungen mit sich, die eine härtere Beachtung der dogmatischen Einheit und aller kirchlichen Entscheidungen nach sich zog. Erst jetzt erscheint im Osten das „Bekenntnis" als eine die Kirche im ganzen bindende dogmatisch-rechtliche Norm. In diesem Zeichen ist der Sieg der nicänischen Orthodoxie erfochten worden. Sowohl Athanasios wie Basilios beriefen sich unermüdlich auf die einmal gefallene Entscheidung von Nicäa; aber sie wollten beim Nicaenum gleichzeitig stehenbleiben und weiteren dogmatischen Festlegungen aus dem Wege gehen. Auch in Ephesos (431) blieb man bei dem alten, in Konstantinopel 381 lediglich „erweiterten" Bekenntnis, und noch in Chalkedon (451) wurde ein zäher, zuletzt freilich vergeblicher Kampf gekämpft, um eine neue Glaubensformel zu verhindern. Dagegen ist man schon seit längerem bestrebt, die flüssige Vorstellung von der „echten" und maßgebenden Überlieferung deutlicher zu bestimmen und faßbar zu machen. Den ersten Schritt in dieser Richtung tat Kaiser Theodosius der Große, als er für die Neuordnung der östlichen Kirchen (380/381) eine Reihe von Theologen ernannte, an denen sich die übrigen orientieren sollten. Bald darauf (383) berief man sich auch auf ältere, nicht mehr lebende Väter, die die Wahrheit in der rechten Weise verkündigt hatten und kirchlich anerkannt waren. Später genügt auch diese summarische Regelung nicht mehr. Es werden bestimmte, normative Schriften von Athanasios und anderen alten

Lehrern und „Vätern" herausgestellt, die als Richtmaß dienen sollen. Aber auch diese werden in der Folgezeit von den technisch noch leichter zu handhabenden Florilegienbüchern verdrängt, d. h. dogmatischen Zitatensammlungen, deren Auswahl nach dem Bedürfnis der theologischen Polemik wechselt und die mit echten, aus dem Zusammenhang gerissenen Zeugnissen vielfach auch verfälschtes und unechtes Material mitverarbeiten. Es ist vor allem Kyrill von Alexandrien, der diese Methode in seinen Kämpfen befolgt und zur Herrschaft gebracht hat. Sie erscheint gleichzeitig aus analogen, praktischen Bedürfnissen auch innerhalb der Jurisprudenz. Das kaiserliche „Zitiergesetz" von 426 bindet die Rechtsprechung ganz formell an bestimmte, anerkannte Autoritäten der Vergangenheit. Die endgültige Verurteilung des Origenes durch Justinian (543) bringt die staatlich-kirchliche Bemühung um eine Standardisierung der Tradition zum Abschluß.

Der Mut und die Fähigkeit zu selbständigem theologischem Forschen und Lehren geht über dem allem zurück. Wer wirklich Neues sagen will, der wagt es am ehesten unter falscher Flagge. So hatten schon die Apollinaristen im späteren vierten Jahrhundert ihre verurteilte Literatur mit dem Namen des heiligen Athanasios gedeckt. Um die Wende des 5. zum 6. Jahrhundert greift ein Monophysit gar nach der Maske des Apostelschülers Dionysios vom Areopag (Areopagita, Apgsch 17, 34), um seine mystisch-neuplatonischen Gedanken über die Kirche und Liturgie in Umlauf zu bringen. Auf einem Religionsgespräch, das 532 in Konstantinopel stattfindet, werden seine Schriften noch als unecht zurückgewiesen; in der Folgezeit haben sie sich durchgesetzt.

Es läßt sich nicht vermeiden, daß durch diese Sakralisierung der kirchlichen Tradition die Bibel selbst mehr und mehr in den Hintergrund tritt. Die offizielle Theologie wird von ihrer revolutionierenden Kraft nicht mehr erreicht. In den Anfängen des Mönchtums erwacht sie zwar zu neuem und unmittelbarem Leben; aber ebendarum mißtrauen die Mönche vielfach aller Dogmatik und schulgerechten Theologie. Der bedeutendste Kritiker der bisherigen Entwicklung, der Führer der „euchitischen" (messalianischen) Bewegung, Symeon von Mesopotamien († Ende des 4. Jahrhunderts) wird verketzert und lebt als (Pseudo-) „Makarios" wieder nur unter falschem Namen fort.

Dazu kommt nun die Verwirrung und Verwicklung der dogmatischen Überlieferung in sich selbst. Die Fiktion einer ungebrochenen Einheitlichkeit widerspricht der Wahrheit und muß durch einen immer größeren Aufwand formalistischen Scharfsinns gerettet werden. Verhängnisvoll ist in dieser Hinsicht besonders die

Wirkung des Konzils von Chalkedon. Es bedeutete der Sache nach eine schwere Niederlage der alexandrinischen Theologie, die zwanzig Jahre zuvor in Ephesos triumphiert hatte. Aber eben dies wurde verschleiert, indem man gerade den Sieger von Ephesos, Kyrill, in Chalkedon mit höchstem Überschwang als Lehrer der Kirche pries und dem ganz andersartigen Bischof Leo von Rom an die Seite stellte. So entbrennt alsbald der Streit um die Auslegung des Chalcedonense, die hundert Jahre später, unter Justinian, in einer, historisch geurteilt, widersinnigen (nämlich alexandrinisch-„monophysitischen") Weise zum Abschluß gebracht und dann durch ein neues ökumenisches Konzil (Konstantinopel 553) selbst wieder dogmatisiert wird.

Ähnliche Schwierigkeiten und künstliche Harmonisierungen betreffen die Sätze und Methoden der Philosophie als gleichfalls überlieferter Voraussetzungen des dogmatisch-theologischen Systems. Die älteren Kirchenväter waren alle mehr oder weniger reine Platoniker gewesen, und vor allem die Trinitätslehre war ursprünglich platonisch-neuplatonisch gedacht. Im 5. und 6. Jahrhundert beginnt sich dagegen die aristotelische Logik stärker durchzusetzen und wird nun – innerhalb wie außerhalb der Theologie – mit den neuplatonischen Traditionen kombiniert. So entsteht eine Apparatur von furchterregender Kompliziertheit, die im Grunde doch nicht aus sich selber lebt, sondern jeweils nach den besonderen metaphysisch-theologischen Sätzen zurechtgebogen wird, die sie begründen soll.

Das Ergebnis all dieser Veränderungen ist die byzantinische Scholastik, eine siebenfach gepanzerte, wissenschaftliche Theologie, in der sich nur noch die gelehrtesten Fachleute, Mönche und Kleriker, zurechtfinden können. Es ist schon ein ungewöhnlicher Fall, wenn ein Mann wie Maximos Confessor († 662) in der elementaren Kraft seines Geistes und Glaubens es fertigbringt, in dieser Rüstung so zu kämpfen, daß er verstanden wird, daß die ganze Kirche dadurch in Bewegung gerät und die sublimen Irrtümer des Monotheletismus als Glaubensirrtümer offenbar werden. Für gewöhnlich wird die lebendige Frömmigkeit von der Dogmatik nicht mehr erfaßt; die Fragen der Mystik oder des Bilderstreits werden nicht ohne Kunst, aber doch erst „nachträglich" mit ihr verknüpft und so zur Entscheidung gebracht. Hier ist besonders Johannes von Damaskus (Damascenus, † 749) zu nennen, mit dem die ganze dogmengeschichtliche Entwicklung des Ostens zum Abschluß gelangt. Unter dem Schutz der islamischen Herrschaft polemisiert er gegen die bilderfeindlichen Kaiser von Byzanz und verfaßt in typischer Verbindung von Scharf- und Stumpfsinn das mächtige dogmatische Sammelwerk „Quelle der Erkenntnis“, das dann für unzählige spätere Handbücher, auch des Abendlandes, vorbildlich geworden ist. Es umfaßt vor der eigentlichen Theologie auch noch eine philosophisch-begriffsgeschichtliche Einleitung, die „Dialektik“, und eine aus unzähligen älteren Autoren zusammengezogene Häreseologie. Jede mögliche Frage rückt hier endgültig an den „richtigen“, ihr gebührenden Platz.

Die griechische Theologie ist an ihrem Traditionalismus langsam erstickt. Alle mehr oder weniger berechtigte Bewunderung für ihre begriffliche Feinheit, ihren Tiefsinn und ihre Sublimität können an diesem Urteil nichts ändern. Die „Väter“ waren so heilig geworden, daß sie zuletzt keine Söhne mehr zeugen konnten, die ihnen an Lebenskraft gleichkamen. Die Theologie lebt in ständiger Rückbezogenheit für sich selbst und verliert mit der Unmittelbarkeit zur Bibel überhaupt jeden Kontakt mit einem auswärtigen oder andersartigen Leben. 529 hatte Justinian die Schule von Athen geschlossen, und die letzten heidnischen Philosophen verließen das Reich. Die Mission drang nur in die Gebiete vor, wo sie politisch gewünscht wurde und die kultürliche Überlegenheit des Reiches ihr die Wege ebnete. Gegen den Islam war die Kirche machtlos, und die ungeheuren Einbußen, die sie ihm gegenüber erlitt, waren keineswegs nur äußerlich und militärisch bedingt. Am auffallendsten ist, wie das neue theologische Leben, das im 4. und 5. Jahrhundert im Abendland erwacht ist, auf den Osten keinerlei Rückwirkung ausübt, während man dort umgekehrt nie aufgehört hat, auf griechische Theologie zu hören. Vielleicht war es gerade dies Gefühl der Entfernung von den Ursprüngen, die Notwendigkeit des Zuhörens und Wachsens im Bewußtsein der echten historischen Verschiedenheit, was der lateinischen Theologie die Kraft des selbständigen Lebens schenkte, obschon sie in ihren Anfängen nicht weniger als alles den Griechen verdankte. Diese fühlten sich schon längst am Ziel. Im gleichen landschaftlichen und sprachlichen Raume befangen, ruhte ihre Kirche auf der eigenen Vollkommenheit aus, im Glauben an eine immer gleiche, unzerstörte und unzerstörbare Übereinstimmung mit den Aposteln und Vätern der Vergangenheit, deren Taten sie bewunderte, ohne die veränderten Aufgaben zu bemerken, und deren geistiges Erbe sie bewahrte, ohne es selbst zu erneuern.

ZEITTAFEL

138–161	Kaiser Antoninus Pius	144	Markion bricht mit Rom
161–180	Kaiser Mark Aurel	um 165	Justin †
		177/78	Irenäus Bischof von Lyon
202	Septimius Severus verbietet den Übertritt zum Christentum	202/03	Klemens verläßt Alexandrien, Origenes Vorsteher der alexandrinischen Katechetenschule
		230/31	Origenes siedelt nach Caesarea in Palästina über
		235	Hippolyt von Rom †
250/51	Christenverfolgung des Decius		
		253/54	Origenes †
257–259	Christenverfolgung Valerians		
		um 270	Gregor der Wundertäter †
303	Beginn der großen Christenverfolgung unter Diokletian		
		309?	Pamphilos †
324	Konstantin d. Gr. Alleinherrscher		
325	Konzil von Nicäa		
		328	Athanasios Bischof von Alexandrien
337	Konstantin d. Gr. †		
		339	Eusebios von Caesarea †
		356	Antonius 105jährig †
361–363	Kaiser Julian		
		373	Athanasios †
379–395	Kaiser Theodosius d. Gr.	379	Basilios der Große †
381	Konzil von Konstantinopel		
		389/90	Gregor von Nazianz †
		394	Gregor von Nyssa †
395–408	Kaiser Arkadios	398	Chrysostomos Bischof von Konstantinopel
403	Eichensynode		
408–450	Kaiser Theodosius II.	407	Chrysostomos †
		410	Synesios Bischof von Ptolemais
		412	Kyrill Bischof von Alexandrien
		415	Ermordung der Hypatia
431	Konzil von Ephesos		
451	Konzil von Chalkedon	444	Kyrill von Alexandrien †

PERSONENREGISTER